山西省高等学校人文社科基地黄河文化生态研究院项目——山西黄河沿岸方言词汇的地理分布与历史层次（HH202016）

山西省哲学社会科学规划课题——地理语言学视阈下的汾河流域方言词汇比较研究（2022YJ128）

运城学院博士科研启动项目——晋南方言词汇比较研究（YQ-2023016）

|光明社科文库|

晋南方言词汇研究

李仙娟 ◎ 著

光明日报出版社

图书在版编目（CIP）数据

晋南方言词汇研究 / 李仙娟著． --北京：光明日报出版社，2022.11
 ISBN 978－7－5194－6946－7

Ⅰ.①晋… Ⅱ.①李… Ⅲ.①西北方言—词汇—研究—山西 Ⅳ.①H172.2

中国版本图书馆 CIP 数据核字（2022）第 230251 号

晋南方言词汇研究
JINNAN FANGYAN CIHUI YANJIU

著　　者：	李仙娟		
责任编辑：	杜春荣	责任校对：	房　蓉　李佳莹
封面设计：	中联华文	责任印制：	曹　净

出版发行：光明日报出版社
地　　址：北京市西城区永安路 106 号，100050
电　　话：010-63169890（咨询），010-63131930（邮购）
传　　真：010-63131930
网　　址：http：//book.gmw.cn
E － mail：gmrbcbs@ gmw.cn
法律顾问：北京市兰台律师事务所龚柳方律师

印　　刷：三河市华东印刷有限公司
装　　订：三河市华东印刷有限公司
本书如有破损、缺页、装订错误，请与本社联系调换，电话：010-63131930

开　　本：170mm×240mm
字　　数：237 千字　　　　　　　　印　张：16.5
版　　次：2024 年 1 月第 1 版　　　印　次：2024 年 1 月第 1 次印刷
书　　号：ISBN 978－7－5194－6946－7
定　　价：95.00 元

版权所有　　翻印必究

内容简介

  本书以晋南23个方言点作为调查对象，分别从内部与外部两个角度对晋南方言词汇进行横向与纵向比较，反映出词汇的一致性特征和差异性表现，揭示了晋南方言词汇的独特性与古老性。考察晋南方言的人物词与动物词，折射出不同地域的社会文化与民众的情感认知。分析晋南方言多功能词语的语义演变，探寻词义引申发展的规律性。研究晋南方言词汇的地理分布，从而观察词汇扩散的轨迹与演变路径，由此加深对晋南方言词汇的整体认识，反映晋南方言与周边方言的亲疏关系，揭示晋南方言词汇的渐变性与过渡性特征。

序 言

汉语方言词汇研究在方言词典编纂方面已经取得了辉煌的成就，但在方言词汇的综合考察方面，如方言词汇的结构方式、语义特点，方言语音与词汇的关系（尤其是文白异读、连读变调同词的结构、语义、风格的关系），区域方言词汇的内、外关系，方言词汇的历史层次，利用方音特点划分的方言片区与词汇特点的对应关系，"方言特征词"与方音特征在方言分区中的作用是否相当等问题，还有很大的研究空间。方言词汇研究难，一方面是因为词汇的系统性弱、开放性强，与社会发展和文化心理息息相关，传播路径、方式多样，捕捉起来颇不容易；另一方面是由于方言词汇研究还没有形成一套比较成熟、大家基本认可的研究范式。在理论方法上，除了李如龙先生提出的"方言特征词"理论和业已成熟的考本字方法，能够运用的理论、方法的确不多，不像方言语音、方言语法研究已经基本形成了一定的范式、套路，而且有可以依凭的理论、话语体系。

为了探索方言词汇研究的理论、范式、方法，推动方言词汇研究的发展，从2011级开始，我们安排了几位博士生，将区域性方言词汇研究确定为博士论文选题。如张永哲《关中方言词汇研究》、贺雪梅《陕北方言词汇研究》、代少若《湖南赣语词汇研究》、李仙娟《晋南方言词汇研究》。他们的论文根据各自的考察区域不同，具有不同的特色。其中，《关中方言词汇研究》（陕西师范大学出版社，2020年）、《湖南赣语词汇研究》（入选"清华语言学博士丛书"，中西书局2021年）已经出版，现在李仙娟的论文也要付印了，我感到由衷的高兴。

李仙娟的论文以晋南地区的中原官话汾河片为考察对象。汾河片的语音、语法面貌和特点，以往的研究已多有揭示，而其词汇面貌，人们只能从《山西方言调查研究报告》《洪洞方言研究》《万荣方言词典》《河津方言研究》等著作中窥其一斑，至今还没有一部专门的研究著作。从这个意义上说，本书具有填补空白的价值。

作者参照现有的方言词汇调查表和有关著作，编制了包含26类、1531条词语的调查条目表，对晋南23个方言点做了调查，设点均为县区所在地。

全书共七章，分别进行晋南方言词汇的内部比较、外部比较、历时考察，专章讨论晋南方言人物词与动物词、多功能词语的语义演变，运用地理语言学方法考察晋南方言词汇的地理分布及其类型。本书宏观上较为系统地展示了晋南方言词汇的整体面貌，微观上挖掘出了该区域方言词汇的一些显著特点。下面略陈几点，作为我指导论文、阅读书稿的体会。

第一，较充分地展示了晋南方言词汇的基本面貌。

作者用1531条词语，在晋南方言内部不同方言之间进行了仔细比较，统计了各义类词语相同和差异的情况。统计结果是：（1）晋南方言中全部相同的词语有476条，占总数的31%，其中448条与普通话相同，占这476条的94%，剩余28条与普通话不同。也就是说，晋南方言内部完全一致的词，绝大多数也是与普通话相同的词。（2）晋南方言中半数以上方言点相同的词语有845条，占总数的55%，其中575条与普通话相同，占这845条的68%，剩余270条词语与普通话不同。将以上两种情况看作方言内部基本一致的词语，二者相加，总共有1321条，占调查总条目的86%；其中与普通话大致相同的词语有1023条，占总条目的67%；与普通话不同的508条，占总条目的33%。

从以上统计数字看，晋南方言词汇的一致性是很高的，有86%的词语基本相同（有的条目在某方言点可能有多种说法，其中一种说法与其他方言相同）。而方言与普通话相同的比例则不算太高，达67%。这一点凸显了汾河片作为中原官话的一个次方言，与普通话在词汇上还存在不小的差别。如果扩大调查范围，不同的比例还有可能更大些。需要指出的是，一般说普通话的词汇以北方方言为基础，实际上其基础大致是淘汰了部分"土气"的北京话的词汇，又加上了一部分书面语词汇。因此，晋南方言词汇与它有这么大的差异，并不出人意料。

汾河片作为晋语与中原官话的过渡方言，与关中方言、晋语方言的关系很值得考察。作者以1531条词为基础，进行了粗略的比较：

我们统计晋南方言内部基本相同且与普通话不同的词语共184条（同一词目至少16个以上方言点相同的词语），这正反映了晋南方言内部的个性特征。我们将184条词语与太原方言、西安方言做比较，结果显示：太原方言与晋南方言相同的词语有73条，占40%，西安方言与晋南方言相同的词语有105条，占57%，据此看来，晋南方言与西安方言词汇的一致性要高于太原方言，所以晋南方言与西安方言的关系更为密切。

这个统计数字虽然很小，但还是能反映一定的实际情况。晋南人在文化认同上与关中地区更亲近。鲁顺民在《山西古渡口——黄河的另一种陈述》（辽宁人民出版社，2004年）中曾说："即便在今天，晋南农村人说到省上去，也指的是到西安，而不是上太原。"词汇的异同也印证了这一点。单就方言关系来说，汾河片与关中片同属中原官话，汾河片跨河分布，语言关系自然更近些。

第二，彰显了晋南方言词汇的复杂性。

作者详细罗列了晋南各地存在差异的词语，令人眼界大开。其中词形最多的是"捉迷藏"，共有19种说法，23个方言点几乎是各说各话（不排除有的属于词音变异的关系，下同）：

躲老猫、防猫乎、藏暗暗儿、藏猫乎、躲猫猫、藏马捂、躲猫乎、藏猫咕、藏巴巴、藏咪咪、藏猫猫、防（邢按：可能是"缩"的白读）猫呼噜、躲猫咕咕、捂瞎猫、捉瞎眼、逮猫乎儿、逮老母、捂躲躲儿、藏母鸡待窝。

"屎壳郎"屈居亚军，有16种说法：

屎壳郎、粪牛、屎官官、粪穿牛、粪圪垯、屎扒牛牛、屎螳官、粪虫、牛屎扒扒、屎扒牛、屎瓣蜗牛、屎瓣牛、臭扒牛、牛屎帮、屎胖牛、稀婆娘。

"向日葵""开裆裤""舒服"并列第三名，各有14种说法：

葵花、照日红、月正莲、日照莲、向阳葵、转阳葵、盘子、日照葵、太阳花、日头花、转花、照红、当当葵、喜凤莲。

开裆裤、露屁眼裤子、开拨拨裤、圪杈裤、露包裤、扯扯裤、露巴裤、露沟子、露裆裤、没裆裤、夹板子裤、开屁眼裤、露板板裤、扯裆裤。

舒服、熨帖、爽快、平正、受活、好活、洒落、品麻、舒坦、贴胃、得劲、安然、卡贴、美气。

看到这里，笔者不禁想套用一句时下颇为流行的话：方言词汇中那些奇奇怪怪的说法，"只有你想不到的，没有老百姓说不出的"。我们由衷地赞叹汉语词汇的丰富性，赞叹方言区人民的语言智慧！读古书多的人喜欢到古籍里寻找中华文化的博大精深，但做方言调查研究所看到的则是普通老百姓的无穷智慧！我们的民族，实在是一个善于创造各种新奇表达方式的民族！

从以上罗列的语料可见，作者在写论文的时候，的确是下了笨功夫、真功夫，拿出了干货。有了翔实的语料，方言研究才能说话硬气！本章后半部分关于方言词汇内部差异的原因，也才显得言之有物。

第三，微观分析颇能反映晋南方言的词汇特点。

书稿第三章考察晋南方言词汇的外部关系。以方言与普通话的差异为例，就音节数量看，许多晋南方言的单音节词，普通话是双音节词。例如：

裤——裤子　谷——谷子　虱——虱子　舍——房子　儿——儿子

同时，晋南方言的不少多音节词，普通话是双音节词，尤其是带"疙瘩"之类后缀的词：

鼻疙瘩——鼻子　芥疙瘩——芥菜　柿疙瘩——柿饼

拳骨都／锤骨头——拳头

以上两种对应关系中，相反的情况当然有，但比例较小，尤其是方言与普通话的单、双音节对应，给人的印象很深。两头比下来，普通话双音节词更占优势、方言双音节词较少的特点，就显示出来了。

书中的例词还显示，一部分普通话的"子"缀词，方言是单音节独立成词。那是不是方言的"子"缀词就比普通话少了呢？事实正好相反：晋南方言的"子"缀词大大超过普通话，后者中的许多复合词，晋南方言带后缀"子"。例如：

冰雹——冷子　红包——封子　饭馆——馆子　酒席——摊子

面条——旗子　褡裢——褡子　包袱——袱子　改锥——起子

狐狸——狐子　漏斗——溜子　厕所——茅子

同时，通过对晋南方言存在的大量重叠式名词的研究和分析，进一步说明重叠式是其小称的主要表达方式。实际上，从汾河片往西，整个西北方言的单音节词、"子"缀词都比普通话多得多。而重叠式名词发达，也是晋语和西部官话的共同特征。

除了以上几点，本书在方言词汇的历史层次、地理分布类型及其解释等方面，也做了不少细致的考察，得出了一些有价值也很有趣的结论。

比如，方言词汇的历史层次，作者运用我们在《秦晋两省沿河方言比较研究》中提出的"底层词、上层词"概念及其离析方法，分析了10组代表性词语，使人对晋南方言词汇的层次性和存古性有了更深刻的认识。如"母亲"，晋南有"姐、娘、妈、奶、嬷"五种说法，作者认为"妈"属于上层词，"姐、娘、奶、嬷"属于底层词。山西晋语中也有用"姐"指母亲的，而陕北神木话则把"外祖母"叫"姐婆"，把娘舅家叫"姐家家"，都反映"姐"指母亲的古老历史。陕北晋语把父亲、母亲的"被领属格"称为"老子的、娘的"，也表明"娘"指母亲在秦晋方言中是很早的。再如"马扎"，晋南有"交床、马扎子、马扎床儿"几种说法，作者分析道："将'小板凳'称作'床床''床儿''小床'应是晋南方言的底层现象，其白读音[ˌpʰo]/[ˌfo]/[ˌsuo]/[ˌsuo]也符合早期读音特点……"因此，"交床"为晋南方言底层词，'马扎'为上层词。襄汾'马扎床儿'是'马扎'与'床儿'的一种融合"。将词语的历史层次与读音的文白结合起来，能够观察到方言语音与词汇的关系，也符合我们提出的判断"底层词、上层词"的标准。

本书的分析也有一些可商之处。如第七章讨论晋南方言词汇的地理分布及其类型，其中"炕"一条，分为"炕"系、"焙"系，河津、万荣、临猗、永济、芮城、运城等方言说"焙"[pʰeiˀ]。在讨论"焙"的历史来源时，作者把它跟"煏"联系起来：

《集韵·火部》："焙，蒲昧切。"《正韵》："步昧切，音佩。煏也。"《正字通》："普妹切。音佩。焙也。"《字汇》："焙，步昧切。音佩。焙也。"《说文·火部》："焙，火干也。"《字汇》："焙，皮亦切。火乾物也。""焙"的基本义是"微火烘烤"，作动词。……又指焙茶的装置或场所。……后引申指烘物之具。……"焙"的本义是"用火烘干"，同"焙"。……

"炕"在宋代时已作为北方的"床具"而存在，"焙（焙）"虽作器具，但文献没有明确记载曾作过"床具"，很可能是晋南方言解州小片的独特用法。

"焙"的本义是"火干物"，现代晋语、西北官话等普遍使用。它在这个意义上是"焙"的同义词，但并未在方言中表示"炕"，因此，上面的表述就有欠严密。

李仙娟2014年入学，2020年论文答辩，其间念书、调查、工作、照顾家庭，辗转于运城和西安之间，又赶上疫情暴发，备尝辛苦。她以坚韧的毅力克服了诸多困难，用六年时间完成了学业。作为导师，尽管不断地督促"快、快、快"，其实心里有诸多不忍。现在她的毕业论文就要出版了，我感到十分欣慰。因此说了上面一些话，权作序言。

邢向东
2022年10月15日于西安

目 录
CONTENTS

第一章　绪论 ………………………………………………… 1
   第一节　晋南地区概说 ……………………………………… 1
   第二节　晋南方言概说 ……………………………………… 4
   第三节　研究内容、价值与方法 …………………………… 9
   第四节　调查点、材料来源及调查合作人简况 …………… 12

第二章　晋南方言词汇的内部比较 ………………………… 15
   第一节　晋南方言词汇的一致性 …………………………… 16
   第二节　晋南方言词汇的差异性 …………………………… 38
   第三节　晋南方言词汇差异性的因素 ……………………… 59

第三章　晋南方言词汇的外部比较 ………………………… 68
   第一节　晋南方言词汇与普通话的比较 …………………… 68
   第二节　晋南方言词汇与周边方言的比较 ………………… 77

第四章　晋南方言词汇的历时考察 ………………………… 88
   第一节　晋南方言的底层词和上层词 ……………………… 88
   第二节　晋南方言古语词 …………………………………… 104

第五章　晋南方言人物词与动物词研究 …………………… 119
   第一节　晋南方言人物词 …………………………………… 119
   第二节　晋南方言动物词 …………………………………… 130

第六章　晋南方言多功能词语的语义演变 ……………… 141
  第一节　普通多义词 ……………… 142
  第二节　异类多义词 ……………… 163

第七章　晋南方言词汇的地理分布及其类型 ……………… 193
  第一节　晋南方言词汇的地理分布 ……………… 194
  第二节　晋南方言词汇的地理分布类型及特征 ……………… 230

参考文献 ……………… 237

后　记 ……………… 249

第一章 绪论

第一节 晋南地区概说

一、晋南历史沿革

晋南是中华民族和中华文明的发祥地之一。早在180多万年前，晋南就有人类活动的足迹。距今10多万年前，汾河谷地就有我们的先祖丁村人生活的印记。2万年前的新旧石器人类遗址也在晋南发现与出土。在西侯度遗址曾发现中国最早的用火遗迹。

据史书记载，上古时期尧建都平阳，舜建都蒲坂，禹建都安邑，均属晋南。中国奴隶制社会的第一个王朝——夏朝也诞生于此，晋南是夏人聚居和活动的重要地区。商朝时晋南是中央政权直接统治的地区，分属冀州之地。西周实行封邦建国，"桐叶封弟"的典故即发生于此。周成王封其弟叔虞于唐，叔虞的儿子将唐改成晋，即春秋时期称霸一方的晋国。晋国的中心即在今曲沃、侯马、襄汾一带。战国初期，韩赵魏三家瓜分晋国，运城属魏，都城在安邑。临汾属韩，都城在平阳。秦汉时期改设郡县制，全国36郡，晋南属河东郡，辖安邑（夏县）、左邑（闻喜）、皮氏（河津）、蒲坂（永济）、平阳（临汾）、北屈（吉县）等县，所辖范围大致相当于今天的运城、临汾两地，治所安邑。西晋时晋南为司州平阳郡、河东郡。北魏孝昌中置唐州。隋朝分属临汾郡（583年置，临汾得名沿用至今）、河东郡。唐时运城为河东道，治所河中府（今永济），临汾为晋州（魏晋南北朝后期，临汾称为晋州）。北宋时期运城为陕西路永兴军路，治所京兆府（今西安市）。宋代始置平阳府，后划归陕西路（后属永兴军路），临汾属平阳府。元代实行省、路、府、县制，晋南属中书省山西宣慰司晋宁路（临汾），明代设立山西布政使司，也是晋南地区以太原为省府的起点。元明清时期运城、临汾同属平阳府，治所平阳（今临汾）。自元明清以来，晋南一直和山西各地同属一个辖区。民国三年（1914年），废府设道，以道辖县，晋南属河东道。民国十六年（1927年），废道直属山西省。民国二十八年（1939年）置运城，辖安邑、汾城、襄陵、解县、虞乡、猗氏、临晋、万泉、荣河、曲沃、翼城等20县。

中华人民共和国成立初期，运城、临汾设立晋南行政公署，属陕甘宁边区政府晋南区。1950年，晋南28县划归山西省，成立运城、临汾专区。1954年，两专区合并为晋南专区。1970年，按原建制划分为运城、临汾两个地区。2000年，撤地设市，成立临汾市、运城市。

由此可见，历史上晋南是山西的经济、文化、军政中心，直至元明清时期太原才在经济文化上超越晋南，晋南地区也才逐步归属于以太原为省会的行政区划之下。

二、晋南地理人口概况

晋南位于山西省西南部，拥有独特的人文民俗和厚重的历史文化。晋南北靠韩信岭与晋中、吕梁接壤；东依太岳山、中条山与长治、晋城市为邻；西、南隔黄河与秦豫相望。晋南主要包括今临汾市和运城市以及所辖县市。

运城北依吕梁山与临汾接壤，东峙中条山与晋城毗邻，西、南与陕西省渭南市、河南省三门峡隔黄河相望。所以说运城处于晋陕豫三省交界处，占据了中原的黄金地段。运城因"盐运之城"而得名。运城介于东经110°15'—112°04'，北纬34°35'—35°49'之间，东西长201.87千米，南北宽127.47千米，总面积13968平方千米，占山西省总面积的9%。运城地形相对复杂，相对高差明显。境内有平原、丘陵、山地、台地、盆地等多种地貌类型，其中平原面积最为广泛，占总面积的58.2%。境内主要有中条山、稷王山、吕梁山、孤峰山四大山脉。

截至2021年年底，运城常住人口为470多万人，主要为汉族，有少量回族、满族、苗族、朝鲜族等。目前运城市辖1个区2个县级市10个县，分别是盐湖区、河津市、永济市、临猗县、万荣县、稷山县、新绛县、绛县、闻喜县、夏县、垣曲县、平陆县、芮城县。

临汾市东倚太岳，与长治、晋城为邻；西临黄河，与陕西省延安市、渭南市隔河相望；北起韩信岭，与晋中、吕梁毗邻；南与运城接壤。临汾因处汾河之滨而得名。临汾介于东经110°22'—112°34'，北纬35°23'—36°57'之间，东西最大横距约200千米，南北最大纵距170千米，总面积20275平方千米，占山西总面积的13%。临汾地理位置相对重要，自古兵家必争之地。临汾四周环山，中间平川，大体呈"凹"字形分布，境内有丘陵、山地、盆地三大地形。其中丘陵面积51.4%，平川19.4%。境内有太岳山、中条山、吕梁山等山脉。

截至2021年年底，临汾常住人口为390多万人，主要为汉族，有少量回族、土家族、蒙古族、苗族等。临汾市辖1个区2个县级市14个县，分别是尧都区、侯马市、霍州市、曲沃县、襄汾县、翼城县、浮山县、洪洞县、安泽县、古县、吉县、乡宁县、大宁县、隰县、永和县、蒲县、汾西县。

晋南境内主要有两条大的河流：黄河与汾河。黄河经由永和、乡宁、吉县、河津、万荣、临猗、永济、芮城、平陆、夏县、垣曲等地，最后在芮城拐弯向东一路入海。

汾河发源于晋北，纵贯山西，流经山西6市29县区（晋南占10个：临汾市的霍州、洪洞、尧都、襄汾、曲沃、侯马，运城市的新绛、稷山、河津、万荣），在万荣汇入黄河。汾河为黄河的第二大支流，在山西的政治、经济、文化中都起着重要的作用，是山西的母亲河。

晋南自古以来也是交通咽喉，黄河渡口较发达，其中蒲津渡、风陵渡、大禹渡等都发挥过重要作用，尤其对沟通关中的经贸往来、文化交流起着贯通作用。

第二节　晋南方言概说

一、晋南方言分区

根据《中国语言地图集》(1987)，晋南方言属于中原官话汾河片，并将其分作三小片。平阳小片：汾西、洪洞、襄汾、临汾、霍州、古县、浮山、沁水、闻喜；绛州小片：新绛、绛县、垣曲、曲沃、侯马；解州小片：蒲县、吉县、乡宁、安泽、翼城、运城、临猗、永济、河津、稷山、万荣、夏县、芮城、平陆。

《中国语言地图集》(2012)对中原官话汾河片的分布略微做了一些调整，新划归汾河片的有陕西的宜川、韩城、合阳、大荔，不再以黄河为关中片和汾河片的分界；从原汾河片划归晋语的有晋南的汾西、蒲县（吕梁片）和安泽（上党片），划归中原官话关中片的有河南的灵宝、陕县、三门峡。

侯精一、温端政(1993)、王临惠、张维佳(2005)、沈明(2008)、王临惠(2010)[①]等学者对晋南方言的分区亦做过探讨，基本观点较一致，只是小片分区略有差异。综合以上研究成果，结合笔者的调查，我们借鉴沈明(2008)、王临惠(2010)的观点，除了将万荣归到解州小片之外，其余归类一致。即山西南部24个市县方言属于中原官话汾河片，内部分三个小片，分别是平阳小片（包括临汾、霍州、洪洞、古县、曲沃、翼城、浮山）、绛州小片（包括襄汾、侯马、新绛、稷山、绛县、闻喜、夏县、垣曲）、解州小片（包括运城、永济、临猗、芮城、平陆、万荣、河津、乡宁、吉县）。

二、晋南方言特点

晋南方言属于中原官话汾河片。与周边方言相比，晋南方言与晋语有一

---
① 钱曾怡.汉语官话方言研究[M].济南：齐鲁书社，2010：182.

定共性，与关中方言又有相当的一致性。但是在语音、词汇、语法方面也有自己的特色。以下从三个方面简要介绍。

（一）晋南方言的语音特点

1. 古全浊声母今逢塞音、塞擦音不论平仄基本都读送气音。

2. 文白异读现象丰富，且内部一致性较高。主要表现在：

（1）古假摄三等字有文白异读，文读韵母为[iɛ、ɤ]，白读韵母为[ia、a]，如"姐、借、些、斜、爷、夜""遮、车、蛇、舍、骓、赊"等。

（2）古知系合口字，宕江摄开二、三等庄组字，部分县市的声母读[pf、pfh、f、v]。而遇合三庄组字、通合三入声字除外。

（3）古止开三日母字，部分县市的白读声母为z，例如，"二、儿、耳"等。

（4）古见晓组二等字白读声母未腭化，读作[k、kh、x]。例如，"街、鞋"等。

（5）宕江摄舒声字的白读音并入同摄的入声韵，且与果摄字、假摄字韵母合流。例如，"汤＝托＝拖""争＝窄＝遮"等。

3. 部分方言[n l]在开口呼、合口呼前不分，即男＝兰[l-]。

4. 存在"支微入鱼"现象。例如，"醉、穗"分别读作[tɕyˀ]与[ɕyˀ]。

5. 不分尖团音。

6. 咸深山臻摄舒声字韵母变读鼻化音或纯元音，前鼻音尾失落。

7. 遇摄舒声一等精组、庄组字、通摄入声一等、三等屋韵部分字，韵母裂化变读[ou]/[əu]。

8. 部分方言存在小称变韵、子变韵母现象。

9. 没有入声，入声舒化，其中全浊入归阳平，清入、次浊入归阴平或去声。

10. 大多数方言有4个声调，侯马方言有3个声调。其中阴平多读降调，阳平读升调，上声读降调或平调，去声读平调或降调。

（二）晋南方言的词汇特点

1. 词缀较为丰富，尤其是名词后缀。例如，"子""货""俗""鬼""蛋"等。
2. 存有一定数量的"圪"头词。
3. 时间词往往后加词缀"个"，尤其是表年份和日子的时间词。例如，今年个、年时个去年、今儿个、明儿个、后个、前个等。
4. 变调别义现象较丰富。
5. 保留大量的古语词，尤其是宋元以来白话作品的词语沿用较多。
6. 有一定数量的合音词和逆序词。例如，"这搭"合音[tṣa]，"兀搭"合音[ua]，"不要"合音[piau]/[pau]，"一个"合音[iɛ]/[iɛ]。逆序词有"齐整""划计""争竞""保准""叔伯"等。
7. 一词多义现象较丰富，口语中存在一定量的多功能词语。
8. 有一批方言特征词，内部一致性较高。例如，"室哥内兄、赚人骗人、焙炕、舅舍爷外公、舅舍娘外婆"等。
9. 有一批特色四字格词语。例如，恶水浪叽、五麻六道、胡煽冒撂、黑麻咕咚、痴眉楞眼等。

（三）晋南方言的语法特点

1. 人称代词的单数形式基本相同，第三人称代词"他"声调类化读上声。复数形式在其后加"的、底、家、都"等词尾，并伴随一定的变调或合音现象。
2. 指示代词大多分近指、远指两种类型：这、兀，个别方言点有三分法：这、那、兀。"这、兀"与其他语素组合成复合式代词时，语音变化较复杂，存在人称代词与指示代词共享形式。
3. 重叠式丰富多样，名词、动词、形容词、量词都可构成重叠式。
4. 丰富多样的程度表示法。既有程度副词，例如，"憨、向、真"等限制、修饰形容词或动词，也有"扎、太太、死"等词作为形容词或动词的补语成分，另有部分词缀修饰形容词用来表示一定的程度，例如，"精浅/瘦/湿、生咸/疼、焦黄/绿"等。

5. 处置标记、被动标记较丰富。前者有"把、到、拿、□ mao、得",后者有"着、到、得、叫"等,同一词语可作两种语法标记。

6. 助词"了₁"和语气词"了₂"不同音,很容易将二者区分清楚。

三、晋南方言词汇研究现状

关于晋南方言的研究,自20世纪80年代以来,在语音、语法等方面已经取得巨大的成就,而词汇方面相对来说比较薄弱。目前的研究成果主要有以下六类。

(1) 共时的描写记录,包含在地方志、单点方言著作以及方言词典中。如吴建生《万荣方言志》(1984),潘家懿《临汾方言志》(1990),吴建生、李改样《永济方言志》(1990),朱耀龙《新绛方言志》(1990),蔡权《吉县方言志》(1990),吕枕甲《运城方言志》(1991),侯精一、温端政主编《山西方言调查研究报告》(1993),吴建生《万荣方言词典》(1997),乔全生《洪洞方言研究》(1999),史秀菊《河津方言研究》(2004),王临惠《临猗方言研究》(2007),李雅翠《平陆方言研究》(2009),余跃龙、郝素伟《浮山方言研究》(2009)等。这些语料主要是罗列词目,丰富翔实。

(2) 从历时层面对晋南词语进行考证,结合文献资料,考释方言的存古性。如陈庆延《山西稷山话所见宋元明白话词语选释》(1984),潘家懿、郭望太《临汾方言里几个保留古义的口语词》(1985),王雪樵《河东方言语词辑考》(1992),张青龙《河津话所见古白话词语例释》(1999),王临惠《〈方言〉中所见的一些晋南方言词琐谈》(2001),史秀菊《"一头拾来"的"拾"本字为"射"考》(2002),姚美玲《唐代墓志中所见晋南方言词语拾零》(2005)、《〈汉语大词典〉释义商补——以"擘画""搂搜""索落""硬证""柱脚"为例》(2012),秋谷裕幸、邢向东《晋语、中原官话汾河片中与南方方言同源的古语词》(2010),张惠叶《秦晋方言词语本字考释二则》(2012),张向真《关汉卿〈窦娥冤〉中河东方言口语词汇论析》(2012),蔡萍《新绛方言古语词例释》(2012),孙改霞《元曲方言词语河津话释例》(2014)、《上古词语在晋南方言中的遗存——以〈尔雅〉与〈方言〉为例》(2018)等。

（3）从特色词着手，结合相应文化习俗进行研究，凸显地域文化特征。如潘家懿、辛菊《山西晋南的馍文化词语》（1996），辛菊《从河东文化看山西晋南的民俗文化》（1997），翟维奇《晋南民俗文化中的吉祥语》（2000），吴建生《万荣"zeng"考》（2001），吴云霞《"挣"字小考》（2001），史秀菊《从"师傅""书房""生活"等方言词看晋南尊师重教的文化传统》（2006），常海星《浮山话已婚妇女称呼的社会语言学解读》（2008），李小平、曹瑞芳《汉语亲属称谓词"姐"的历时演变》（2012），段慧玉《山西襄陵方言的亲属称谓语》（2014）等。

（4）对单点方言词汇或词汇的某个方面进行全面研究，大多为著作或硕博论文。如孙玉卿《山西方言亲属称谓研究》（2005），吕美红《翼城方言研究》（2006），家洁慧《河东方言词语例释》（2008），石华华《洪洞方言古词语研究》（2010），卫岩《永济方言词汇研究》（2010），刘玲玲《晋方言特征词研究》（2010），张晶《临汾方言与太原方言、西安方言词汇比较研究》（2011），卫水水《山西临汾方言词汇研究》（2012），裴雅琳《临汾市尧都区城郊河东方言词汇研究》（2012），张宇《闻喜方言词汇研究》（2013），李丽《芮城方言研究》（2013），贾盈荣《近代汉语所见洪洞方言词研究》（2013），毛苗苗《曲沃方言的词汇研究》（2015），张向真《山西解州方言研究》（2015）等。

（5）晋语、秦晋词汇研究、方言分区中涉及晋南方言词汇的：如王临惠《论中原官话汾河片的归属》（2005），邢向东《秦晋沿河方言词汇差异的语音变异》（2009），秋谷裕幸、邢向东《"门槛""拿"义词在晋语和中原官话汾河片的读音考察》（2009）等，从不同方面论证晋南方言词汇的特色。邢向东、王临惠、张维佳、李小平《秦晋两省沿河方言比较研究》（2012）一书对秦晋两省沿河方言词汇进行了深入比较、分析，其中涉及晋南7个市县。

（6）运用地理语言学、社会语言学研究方法，对晋南方言词汇的具体条目进行研究。如王红红《语言接触视角下的霍州话词汇变化研究》（2016），卢凡《运城居民方言词语使用情况调查研究》（2017），黄晓东、张倩《汾河下游方言的 Glottogram 研究——以稷山方言为例》（2017），赵雪伶《用GIS手段探讨山西方言"蜻蜓"的俗词源》（2016），冯良珍、赵雪伶《山西霍州方言的视觉动词》（2018）、《用 GIS 考察过渡区方言词汇的传播路径》（2019）等。

以上研究成果发掘了不少语言事实，提供了相当丰富的资料，分别从不同的角度分析晋南方言词汇，理论上也进行了一定探讨，这些为后人研究奠定相当的基础。但由于时代和学术视野的局限，还存在一定的不足。

（1）大多是方言点的词汇描写或词汇的某一方面的描写，缺乏对整个区域性的方言词汇进行系统考察。

（2）在词义的比较和词汇的历史层次方面挖掘不多。

（3）特色词汇的系统考察及其源流的追溯还有很大空间。

（4）方言词汇内部的差异性探讨，尤其是方言词汇的地理分布及其分析，缺乏深入比较与系统考察。

（5）方言词汇与地方文化相结合的考察，方言词汇的文化价值，尚待进一步挖掘。

以上不足都为晋南方言词汇的进一步研究提供较大的空间。

第三节　研究内容、价值与方法

一、研究内容

本书研究内容除绪论外共包含六章。其中第二章到第四章运用共时分析、历时比较等方法，对晋南方言词汇的一致性和差异性进行了详细论证，从底层词、古语词等角度分析了晋南方言词汇的古老性。第五章对晋南方言人物词、动物词进行深入分析，从而反映出不同地域的社会文化与民众的情感认知。第六章分析多功能方言词语的语义演变，探寻词义引申发展的规律性。第七章分析晋南方言词汇的地理分布，从而观察词汇扩散的轨迹与演变路径。具体如下：

（一）晋南方言词汇的内部比较

以晋南方言23个调查点的1531个词语为对象，分别对晋南方言词汇的一致性与差异性词语进行统计分析，再从几种构词现象和晋南方言差异的主要类型两方面分析一致性与差异性具体表现，结果发现晋南方言词汇的一致性较高，而差异性是其丰富性与复杂性的体现。结合语言内外两个方面，探寻方言词汇差异性的因素。

（二）晋南方言词汇的外部比较

从外部比较的角度对晋南方言词汇进行横向分析。分作两部分：一是晋南方言与普通话的比较。分别从音节数量、构词方式、语素顺序、词义比较等方面比较二者的异同。二是晋南方言与周边方言的比较。分别以太原方言、西安方言作为山西晋语、关中方言的代表点，与晋南词汇进行比较分析，结果发现晋南方言与关中方言（西安方言）的关系更为密切，亦显示出晋南方言处于山西晋语与关中方言之间的渐变性与过渡性。

（三）晋南方言词汇的历时考察

从历时比较角度对晋南方言词汇进行深入分析。结合底层词和上层词概念，根据土俗性、普遍性、古老性等原则，对晋南方言10组词语作历史层次的判断划分。根据文献典籍资料对晋南方言40个古语词进行考释，每个词条包括注音、释义、文献例证、用法举例，并探讨词义的发展演变。

（四）晋南方言人物词与动物词研究

通过对人物词的音节分析、构词方式、表义手段、文化功能等方面的分析，揭示其独特的地域色彩和民众心理，了解人物词形象幽默的语言表达效果。对动物词的构词方式、命名理据与特征以及动物俗语的研究，反映动物词的区域特征与民众的认知情感。

（五）晋南方言多功能词语的语义演变

借助语义演变模型，结合历史文献资料，对晋南方言9个多功能词语的语义发展进行研究，探讨语义引申的过程与路径，揭示语义之间的关联性，并对其功能转变的机制进行分析。

（六）晋南方言词汇的地理分布及其扩散轨迹

运用地理语言学的方法，选取15组词条绘制方言地图，将其在23个方言点的地理分布呈现出来，并将不同说法与周边方言进行比较，展示晋南方言词汇的地理分布类型，观察扩散路径，从词汇方面确立方言分区，考察方言之间的亲疏关系。

二、研究价值

（一）有助于区域性方言词汇研究

近年来晋南方言研究取得了丰富成果，但语音、词汇与语法各方面的研究并不平衡，对晋南整个区域的词汇研究并未展开，因此对晋南方言词汇全面、系统的研究，有利于进一步了解晋南方言的整体面貌，对拓宽区域性方言词汇研究提供一定的帮助。同时对促进汉语方言词汇的区域性研究，具有重要的价值。

（二）有利于晋语、官话词汇研究

晋南方言处于山西晋语、关中方言的中间地带，既保留晋语的部分特征，也存有关中方言的很多特征，同时又具有自己的独特之处。对晋南方言词汇的研究，无论对晋语的研究，还是官话的研究，都将从词汇方面提供更丰富的材料，有助于进一步理解晋语与官话的关系。

（三）有利于地方文化的保护

汉语方言是宝贵的文化资源，而方言词汇更是传承了独特的地域文化。但随着城市化进程加速，原生态的方言词汇也正在快速消失。因而晋南方言词汇的研究，对地域文化的继承与显现，具有十分重要的应用价值。

三、研究方法

（一）田野调查法

本书材料的获取基本上都是实地调查得来的，在此过程中，辅助一些图片，并结合语音录制分析软件相互印证的方式。

（二）描写法

在详细调查的基础上，对晋南方言词汇进行全面、细致、准确的描写，揭示晋南方言词汇基本特征和整体面貌。

（三）比较法

从共时和历时两方面进行比较，探讨晋南方言词汇的内部异同，并与周边方言词汇做比较，为晋南方言的归属提供词汇佐证。

（四）统计分析法

对晋南方言词汇进行内部、外部比较时，运用统计分析法对多种语料做量化分析，从而观察晋南方言词汇内部的异同及晋南方言与周边方言的亲疏关系。

（五）文献考证法

晋南方言源远流长，对其古语词、底层词的分析，必须借助字书、文献的考证，探讨词汇的历史层次、方言的源流与词义的演变规律等，都需要一定的考据。

（六）地理语言学方法

绘制方言地图，用地理语言学的方法分析方言词汇的地理分布，显示词汇扩散的行径轨迹。

第四节　调查点、材料来源及调查合作人简况

一、调查点说明

晋南方言属于中原官话汾河片，内部分作平阳小片、绛州小片、解州小片。根据调查材料和晋南方言特征，本书选择了23个方言点，分别是临猗、

运城、永济、芮城、稷山、夏县、闻喜、绛县、新绛、垣曲、平陆、万荣、河津、临汾、侯马、襄汾、翼城、浮山、曲沃、洪洞、霍州、吉县、乡宁。

二、材料来源

本书使用的材料由两部分构成：一是笔者2015—2017年田野调查所得，2018—2019年再次经过核对的方言材料，主要的方言点有临猗、运城、永济、稷山、夏县、闻喜、绛县、新绛、垣曲、平陆、临汾、侯马、襄汾、翼城、浮山、吉县、乡宁等；二是参考其他学者已发表的材料或硕博论文，主要有潘家懿《临汾方言志》（1990），朱耀龙《新绛方言志》（1990），侯精一、温端政主编《山西方言调查研究报告》（1993），吴建生《万荣方言词典》（1997），乔全生《洪洞方言研究》（1999），余跃龙、郝素伟《浮山方言研究》（2009），邢向东、王临惠、张维佳、李小平《秦晋两省沿河方言比较研究》（2012），李丽《芮城方言研究》（2013），史秀菊《河津方言研究》（2014），冯良珍、赵雪伶《霍州方言研究》（2014），毛苗苗《曲沃方言的词汇研究》（2015）以及晋南各县志等。

三、调查合作人简况

方言点的调查合作人一般为1—2人。在调查过程中合作人都给予了很大的帮助，在此一并致谢。现将合作人信息介绍如下：

李胜林，男，1962年生，教师，本科文化，运城市席张乡席张村人。

王趁心，女，1963年生，教师，高中文化，运城市席张乡席张村人。

米淑琴，女，1961年生，教师，本科文化，垣曲县新城人。

安云华，男，1959年生，工程师，中专文化，垣曲县新城人。

温金星，男，1955年生，农民，初中文化，临汾市尧都区吴村镇台村人。

宋兴天，男，1950年生，农民，初中文化，翼城县隆化镇上吴村人。

宋海荣，女，1981年生，教师，研究生文化，翼城县隆化镇上吴村人。

王会仙，女，1957年生，农民，初中文化，襄汾县汾城古城镇北焦彭村人。

张维民，男，1957年生，农民，初中文化，襄汾县汾城古城镇北焦彭村人。

贾汉民，男，1953年生，退休职工，高中文化，侯马市新田乡西侯马村人。

段文龙，男，1956年生，退休职工，高中文化，侯马市新田乡西侯马村人。

姚天强，男，1977年生，教师，研究生文化，浮山县天坛镇姚家安村人。

李云峰，男，1953年生，退休干部，高中文化，绛县古绛镇人。

撒俊鸽，女，1980年生，记者，本科文化，绛县古绛镇人。

张王平，男，1985年生，教师，研究生文化，新绛县阳王镇苏阳村人。

张平义，男，1954年生，农民，初中文化，夏县庙前镇张郭店村人。

曹福来，男，1942年生，农民，初中文化，平陆县常乐镇人。

张皎玲，女，1964年生，教师，本科文化，永济市城北区人。

尚进平，男，1959年生，干部，高中文化，永济市城北区人。

李月巧，女，1957年生，农民，初中文化，临猗县城关镇崇相西人。

李入社，男，1954年生，退休职工，初中文化，临猗县嵋阳镇上朝村人。

郅永果，女，1972年生，教师，本科文化，稷山县化峪镇胡家庄人。

任孝杰，男，1963年生，教师，本科文化，稷山县翟店镇翟东村人。

兰振发，男，1959年生，教师，本科文化，稷山县稷峰镇小杜村人。

张樊辰，男，1948年生，农民，小学文化，闻喜县薛店镇苏店村人。

张永娥，女，1948年生，农民，初中文化，闻喜县薛店镇苏店村人。

张戴娣，女，1950年生，农民，初中文化，乡宁县昌宁镇冯家沟村人。

刘建民，男，1970年生，农民，初中文化，乡宁县双鹤乡后冬峰村人。

王彦平，男，1966年生，农民，初中文化，吉县车城乡上阳庄村人。

胡国强，男，1949年生，退休干部，初中文化，洪洞县大槐树镇涧桥村人。

柴群才，男，1957年生，农民，高中文化，曲沃县里村镇文静村人。

第二章　晋南方言词汇的内部比较

为了深入了解晋南方言词汇特征，我们对其进行横向分析，分别从内部比较和外部比较两个方面进行。本章主要从内部比较的角度观察晋南方言词汇的一致性与差异性，下一章从外部比较的角度进一步分析晋南方言词汇的个性与特殊性。本章以《汉语方言词语调查条目表》（2003）[①]为基础，参照《秦晋两省沿河方言词汇对照表》（2012）[②]，结合晋南方言的特点，对晋南23个方言点的词汇进行调查与分析。条目共分26类，包括天文，地理，时令、时间，农业，植物，动物，房舍，器物用品，称谓，亲属，身体，疾病、医疗，服饰，饮食，红白大事，日常生活，交际，商业、交通，文化教育，文体活动，动作，形容词，方位，代词，副词、介词，量词，共1531条。

为行文方便，本章涉及晋南23个方言点，文中有时会用简称，由北到南依次是霍（州）、洪（洞）、临（汾）、浮（山）、翼（城）、襄（汾）、新（绛）、稷（山）、侯（马）、（曲）沃、绛（县）、垣（曲）、闻（喜）、夏（县）、吉（县）、乡（宁）、（河）津、万（荣）、（临）猗、运（城）、平（陆）、（永）济、芮（城）。

本章对晋南23个方言点词汇进行内部比较，分为三部分：一是晋南方言词汇的一致性。首先统计晋南方言内部基本一致的词目，再从几种构词现象整体分析晋南方言词汇的一致性。二是晋南方言词汇的差异性。通过对差异性较大的词目进行统计分析，从而展现词汇内部的丰富性。再分别从音节数

[①] 中国社会科学院语言研究所方言研究室资料室.汉语方言词语调查条目表［J］.方言,2003（1）：6-27.

[②] 邢向东,王临惠,张维佳,等.秦晋两省沿河方言比较研究［M］.北京：商务印书馆,2012：371-625.

量、构词法、词义比较等方面具体分析词汇差异的主要类型。三是从内部因素与外部条件相结合的角度，分析晋南方言词汇差异的因素，从而更充分了解区域方言的语言特征。

第一节　晋南方言词汇的一致性

晋南处于中原的黄金地段，交通便利，气候适宜，人们的生活习性接近，民俗文化相近，区域认同感较强。因而晋南方言具有较高的一致性。本节主要从两方面分析晋南词汇的一致性：一是从数量上分析晋南方言一致性词语。二是从构词法上分析晋南方言词汇一致性。

一、晋南方言词目的一致性

为了更直观地观察晋南方言词汇的内部特征，我们尽量选择23个方言点都普遍存在的常用词语，这样的比较会更有效。本书所指词语，不仅包括词，也包括一部分短语。总体来说，晋南方言词汇内部一致性较高。具体表现如下：

（一）完全相同的词语

所谓完全相同的词语，指词根、词缀、构词方式、基本意义相同的方言词。若一种方言共存几种说法，只要有一种符合要求，就算与其他词语完全相同。下面以义类为纲，列出相应词条，义类后"（）"中的数字为相同词语与义类词条的数字比，注释用小号字表示。

（1）天文（15/45）：风、大风、雨、下雨、云、雷、虹、雪、下雪、雨夹雪、露水、雾、霜、（天气）热、（天气）冷。占33%。

（2）地理（22/59）：地、坡地、旱地、菜地、荒地、空地、山、河、水、凉水、热水、泥、铜、铁、铝、汽油、钢炭、玉、城墙、城门、城楼、老家。占37%。

（3）时令、时间（16/61）：立夏、夏至、立秋、立冬、阴历、阳历、阳历年元旦、清明、八月十五、腊八（儿）、正月、腊月、闰月、大尽、小尽、年年每年。占 26%。

（4）农业（12/40）：收秋、井绳、水塔、桶、犁、耧、磟、镰、杈、簸箕、扫帚、笤帚。占 30%。

（5）植物（32/71）：庄稼、粮食、麦芒、大米、芝麻、红薯、苜蓿、绿豆、豌豆、茄子、黄瓜、冬瓜、葫芦、韭菜、葱、蒜、菠菜、白菜、芹菜、生菜、芫荽、萝卜、油菜、石榴、桃、梨、李子、西瓜、葡萄、核桃、菊花、牡丹。占 45%。

（6）动物（23/93）：马、牛、羊、绵羊、骚胡公山羊、圪羝公绵羊、驴、猪、猫、狗、鸡、公鸡、鸡蛋、狼、蛇、鸟窝、蛛蛛蜘蛛、虼蚤、尾巴、蜇人、鱼、鲤鱼、草鱼。占 25%。

（7）房舍（9/28）：墙、钥匙、椽、圪台台阶、照壁、猪圈、羊圈、狗窝、鸡窝。占 32%。

（8）器具用品（17/85）：家具、镜子、被窝儿、枕头、风匣、炉子、锅、碗、酒壶、筷子、笊篱、擀杖、推子、剪子、烙铁、灯泡、扇子。占 20%。

（9）称谓（9/48）：老汉老头儿、小伙（子）、寡妇、土匪、工人、学生、管家、警察、和尚。占 19%。

（10）亲属（8/60）：姑父、姨夫、室哥、姐夫、妹夫、孙子、先后妯娌、亲家。占 14%。

（11）身体（24/77）：眼窝眼睛、头发、嘴唇、牙、耳朵、胡子、喉咙、手、左手、右手、手心、手背、腿、大腿、小腿、脚后跟、屄、肚子、腰、脊背、骨头、筋、血、血管儿。占 31%。

（12）疾病、医疗（16/49）：病好了、打针、抓药、买药、熬药、膏药、咳嗽、肚子疼、恶心、吐了、痄腮腮腺炎、癣、瞎子、痦子、瘊子、羊羔风癫痫。占 33%。

（13）服饰（12/50）：皮袄、鞋、洋布、袜子、帽子、靴子、簪子、胭脂、项圈、眼镜、伞、手表。占 24%。

17

（14）饮食（38/89）：吃饭、点心、米汤、粽子、旗子面条、挂面、馍（馍）、包子、饸饹、油糕、月饼、饼干、汤圆、臊子、下水、肘子、猪蹄菜、炒鸡蛋、煮鸡蛋、荷包蛋、肚子牛肚儿、豆腐、豆腐皮、凉粉、碱面、木耳、海带、醋、味精、冰糖、白矾、烟、旱烟、茶、泼茶沏茶、汽水、冰棍儿。占43%。

（15）红白大事（8/53）：亲事、媒人、结婚、满月、埋人、碑、上坟、菩萨。占15%。

（16）日常生活（25/63）：穿（衣裳）、脱（衣裳）、做（衣裳）、绱鞋、洗（衣裳）、做饭、淘米、和面、擀（面条）、蒸（馒头）、择菜、舀汤、喝酒、喝茶、起（来）、洗手、洗脸、吐痰、刷牙、刮胡子、刮脸、烤火、歇歇、睡觉、说梦话。占40%。

（17）交际（3/28）：人情、装人、撵出去。占11%。

（18）商业、交通（6/28）：下馆子、贵、盘缠旧/路费、秤、赊、汽车。占21%。

（19）文化教育（9/31）：放假、教室、黑板、粉笔、写仿、铅笔、墨水、书包、纸。占29%。

（20）文体活动（18/46）：放风筝、跳皮筋、跳绳、划拳、打麻将、弹弓、闹热闹、下棋、拔河、扭秧歌、跳舞、唱戏、说书、眉户、锣、鼓、梆子、钹。占39%。

（21）动作（53/139）：坐、走、跑、爬、挤、靠、踩、挪、敲、拔、抽、牵、拉、挡、打、压、背、搬、担、抬、摘、捏、搓、踢、提、㩐、扳、挑（拣）、听、闻、咬、嚼、舔、咽、吹、尝、滚、笑、哭、来、唱、想、摸、绊、撑、抬藏、𣲘、亲、恨、忘、放心、挨打、拾掇。占38%。

（22）方位（2/18）：天上、后头。占11%。

（23）代词（5/32）：我、你、这么、这些、多少。占16%。

（24）形容词（59/128）：好、热、冷、暖和、温、老、嫩、生、熟、硬、软、香、臭、酸、甜、苦、咸、肥动物、胖、瘦、疼、渴、懒、忙、闲、熬煎发愁、乱、穷、难受、合适、快速度、快锋利、慢、早、迟、少、大、小、短、

18

宽、窄、厚、薄、稀庄稼、深、浅、高、低、干、湿、尖、圆、扁、方、松、紧、新、旧、轻。占46%。

（25）介词、副词等（17/55）：最、才、也、就、还、不、没有、不敢、都、到、在、到底、白、对、胡、当面、要是。占31%。

（26）量词（18/55）：一本（书）、一封（信）、一朵（花儿）、一间（房子）、一根（头发）、一页（书）、一层（纸）、一担（水）、一卷儿（纸）、一行（字）、一股（味儿）、一窝（蜂）、一门（亲事）、一瓮（水）、一拃、一成、（吃）一顿、（打）一下。占33%。

小结：统计显示晋南方言内部全部相同的词语有476条，占总数1531条的31%。在这26类词语中，比例最高的是形容词，占46%，其次是植物词，占45%，再其次是饮食，占43%。比例最低的是交际与方位，各占11%，其次分别是亲属、红白大事、代词，分别占14%、15%、16%。

各点相同的476条词语中，有448条词与普通话相同，占94%，剩余28条词语与普通话不同，占6%。分别是：阳历年元旦、大尽、小尽、年年、收秋、芫荽、骚胡公山羊、圪羝公绵羊、蛛蛛蜘蛛、圪蚤、风匣风箱、圪台台阶、照壁、烙铁熨斗、老汉老头儿、室哥、先后妯娌、眼窝眼睛、痄腮腮腺炎、羊羔风癫痫、旗子面条、泼茶沏茶、担、撑、抬藏、熬煎发愁、一担（水）、一瓮（水）。

（二）半数以上方言点相同的词语

半数以上方言点相同的词语，即同一词目半数以上方言点的说法基本一致（一般在12个方言点以上），只有少数方言点的说法不同。下面以义类为纲罗列词语，大号字表示多数方言点的说法，数字表示其分布的方言点数，小号字表示普通话的说法或释义。若同时存在两种说法用"/"隔开。不同词条之间用顿号隔开。写不出本字的，用"□"代替，并附国际音标。合音词放在"[ ]"内。词语中可用可不用的字，放在"（）"内。

（1）天文（26/45）：日头21太阳、天河18银河、星宿20星星、扫帚星21贼星、刮风21、顺风22、顶风14逆风、小雨21、黑云17、下霜16、烧19霞、早烧20早霞、晚烧19晚霞、吼雷17响雷、火闪14闪电、淋雨16、连阴雨20、雷阵雨22、冷子17冰雹、

19

冻凌14冰、下雾14/起雾13、天气18、晴天18、阴天20、天旱20、涝了22。占58%。

（2）地理（30/59）：山地21、山坡20、山顶19、山崖19、石头22、坝20堤、雨水19、水圪窝12水坑、滚水19开水、温水13、砖18砖头、瓦20瓦片、沙14沙子、炭15、木炭21、兰炭21焦炭、煤油19、石灰19、洋灰22水泥、吸铁石22磁铁、金14金子、银14银了、锡12、城外18、村里17、路21、地方22、集17、赶集14、街上12。占51%。

（3）时令、时间（39/61）：春天18、夏天21、秋天18、冬天20、打春19立春、冬至21、过年19、（大年）初一18、正月十五22、端午20、七月七21、今年19、过年19明年、年时个16去年、前年17、先前年14大前年、后年22、大后年17、往年21、前半年22、后半年22、月初17、月底21、早起18早上、前晌12上半天、晌午14、后晌19、日子21、夜（儿）个19昨天、明朝15/明（儿）个14明天、后（儿）个16后天、前（儿）个18前天、礼拜天/星期天12、一天20整天、天天16、擦黑12刚黑、黑了/咯15晚上、以前12、以后12。占64%。

（4）农业（23/40）：锄草20、保墒22、间苗20、场20麦场、打场18、肥料21化肥、井20、绞水19打水、缰绳21、铡刀19、耙19耙子、耩16耩子、碾子19、扇车21风车、碌碡22、筛子18、洋镐19镐、锄21锄头、锹20铁锹、推板16、笸箩16、棒槌17、蹦蹦（车）14三轮车。占58%。

（5）植物（34/71）：麦21麦子、谷21谷子、小米16、糯米14、秕谷18、棉花14/花12、蓖麻13、莲菜16藕、白豆17黄豆、黑豆22、豇豆22、蚕豆20、豆角21、菜瓜19、西葫芦20、洋葱22、洋柿子19西红柿、北瓜12南瓜、麻椒12辣椒、马齿21、蔓菁22、茴子白20、树13、桑树17、柳树16、杨树16、槐树16、苹果13、杏20、枣21、柿饼17、甜瓜19、落花生18、瓜子17。占48%。

（6）动物（55/93）：头牯19畜牲、骒马19母马、骟牛19母牛、犍牛22、牛犊16、骡子20、驴骡20、马骡20、儿骡21公骡、骒骒22母骡、叫驴21公驴、草驴17母驴、山羊22、羯子21、羊羔儿16、母羊12、牙狗13公狗、母狗16、公猫16、母猫14、牙猪13公猪、母猪18、母鸡14/草鸡13、暖鸡娃13孵小鸡、下蛋15、野兽22、狮子20、老虎21、狐子21狐狸、黄鼠狼19、老鼠22、禾鼠20田鼠、野鹊子20喜鹊、飞[ɕi]虫17麻雀、雁15大雁、燕儿12、鸟儿13、老鸹14乌鸦、楼鸽13鸽子、蝴蝶14、夜蝙蝠16蝙蝠、翅膀21、爪子20、蚕19、蝎子20、蝇子19苍蝇、蚊子17、虮21、虱21虱子、蜜蜂21、明火虫（儿）19萤火虫、蚂蚱蚱13蚂蚱、蝎虎子18壁虎、虼蟆18青蛙、螃蟹21。占59%。

（7）房舍（14/28）：房子17、院子17、窑21窑洞、房顶17、房檐16、缝缝14缝儿、檩14檩条、（大）梁12、门闩15、窗（子）18、窗台17、门槛20、锁（子）16、茅子20厕所。占50%。

（8）器具用品（59/85）：柜18柜子、抽匣22抽屉、桌子18、箱子18、椅子16、交床13马扎、被子21、毯子21、毡子15、褥子19、茶盘20、酒壶22、胰子18香皂、洋碱20肥皂、煤油灯21、灯笼21、麻袋19、糨子20浆糊、炕17、洋火18火柴、片夹（子）15钱包、褡裢16、梳子20、暖壶19、缝纫机14、熨斗（新式）14、刨虱15壁虱、脸盆14、锅盖21、烟筒21、酒盅17、坛子15、罐子16、瓢17、瓶子17、礤子21、箅子21、钵碗14特大碗、碟子12、勺子12、水瓮16、案板14、笼17蒸笼、刨子17、尺子16、绳子16、钉子19、攮子20匕首、东西22、手巾18毛巾、手绢儿13、恶水13泔水、抹布／掩布12、电棒19电棍、电灯18、喷壶20、锥子19、鸡毛掸子18、打子20掸子、擦沟子纸17手纸儿、臭蛋20卫生球。占69%。

（9）称谓（27/48）：城里人21、村里人16、（大）把式13内行、力巴20外行、光棍儿17、老女子18老姑娘、小子14男孩儿、女子15女孩儿、要饭的12乞丐、犯人19囚犯、败家子21、骗子20、流氓19、木匠20、手艺人15、当兵的18兵、教员15、小贩（子）17、铜匠19、铁匠14、锢漏锅的／哩22补锅匠、裁缝19、厨子13/大师傅14厨师、剃头的21理发匠、杀猪的21屠夫、喂头牯的21饲养员、姑姑（子）16尼姑。占56%。

（10）亲属（41/60）：爷17爷爷、娘17奶奶、爹／爸17、妈19、后爸／后爹20、丈人18岳父、丈母12岳母、舅舅17、妗子18、姑姑17、姨姨17、大妈13伯母、婆夫俩16两口（子）、男人18丈夫、老婆15/媳妇18妻子、小叔子17、大姑子17、小姑子18、嫂子20大舅子的妻子、小舅子18、大姨子18、小姨子18、弟兄20兄弟、姊妹19姐妹、哥哥12/哥12、嫂子12、姐姐16、妹子22妹妹、弟媳妇18、亲亲18亲戚、挑担13/担子12、小子13儿子、女子13女儿、娃15子女、兄弟13、伯叔（兄弟姊妹）14、外甥13/外甥子12、侄女20、女婿19、孙女18、儿媳妇16。占68%。

（11）身体（43/77）：眉眼16长相、身材13、得脑17头、囟门18、后脑勺儿18、歇顶21秃头、额头21、头皮21、辫子17、脸21、颧骨21、腮帮子16、眵头22眼屎、鼻涕19、眉17眉毛、鼻子16、鼻窟窿22鼻子窟窿、嘴22、脖项13脖子、胳肘窝14、皱纹17、唾沫21、颔水21口水、耳塞18耳屎、下巴19、胳膊22、手指头20、小拇指头13、指甲14、胳膊肘儿16、手掌21、大腿根儿16、圪膝盖儿15膝盖、不脐窝15肚脐眼儿、靥子21痣、沟子16屁股、鸡鸡18赤子阴、鸡巴16男阴、脚背19、脚心21、心口16、肋肢18、奶17乳房。占56%。

（12）疾病、医疗（26/49）：病了14、看病22、开药方18、药膏22、药面儿12、烧哩15发烧、热着了17中暑、头晕15、跑茅子21拉肚子、瘫了13瘫痪、气短14气喘、病轻了14、号脉13、化脓19、长疮16、瘘疮19、热起子17痱子、蝇屎18雀斑、瘸子20、跛子21、哑巴21、憨憨21傻子、秃子18、麻子16、豁豁嘴17豁豁子、聋子17。占53%。

（13）服饰（27/50）：衣裳21、褂褂15坎肩、大衣14/大氅12、棉裤21、夹袄18、领子21、袖子19、里子16、面子16、布袋19口袋、裙子18、裤子15、裤衩（儿）22、扣子15、暖鞋17、鞋溜子19鞋拔子、草帽17、帽檐儿17、雨鞋16、镯子19、项链22、耳环17、粉21、围脖（儿）18、手套（儿）20、别针儿12、屎布12尿布。占54%。

（14）饮食（38/89）：早起饭19早饭、晌午饭21午饭、黑咕饭15晚饭、好吃的13零食、米饭18、撕气21馊了、面20面粉、面饽22、馅儿13、煎馍15煎饼、麻饦13麻花、油条17、芝麻糖21、元宵22、酵子18、馄饨20、蛋糕（老式）16、煎鸡蛋20、变蛋12松花蛋、咸菜21、肉菜20、粉条20、粉面21、颜色19、气味13、素油13、猪油17、酱油19、烟袋21、盐22、面酱19、黑糖15/红糖13、白糖20、调料/调和12、花椒22、纸烟20、白酒16、醪糟21。占43%。

（15）红白大事（37/53）：过事21办红白事、说媒16、见面20相亲、订婚14、嫁女子12、新女婿18、新媳妇19、吃摊子13吃席、淘媳妇13闹洞房、红包16、回门18、小月17流产、要娃20生娃、坐月子21、吃奶19、生日16、双生（儿）18双胞胎、过寿15、白事20丧事、殁了13/老了18死了、木头16棺材、入殓20、灵堂21、守灵17、打墓20、坟14、戴孝15、寿衣13、孝棍（子）19哭丧棒、先人21祖先、家庙20、献19上供、烧香20、庙会18、算卦的14阴阳先生、算卦14算命、神婆子16神婆。占70%。

（16）日常生活（29/63）：裁（衣服）21、量（衣服）18、熨（衣服）19、涮（衣服）18、缲（边儿）20、缠22靿、起面20发面、死疙瘩19、活曲20活结、熬菜15烩菜、

22

敲菜15夹菜、舀饭20盛饭、撑着了14、吃烟21抽烟、涮嘴21漱口、梳头发21、剪指甲14、洗澡15、屙屎14拉屎、晒日头15晒太阳、歇凉18、呵嗳20打哈欠、乏了13困了、睡着（了）20、落枕21、抽筋20、做梦17、熬夜19、打鼾睡16打呼噜。占46%。

（17）交际（20/28）：来往14、请客13、招呼19招待、请帖21、坐席21入席、眊人／看人12探望、看得起16、看不起18、凑份子19、答应17、客人19、作假21客气、上菜21端菜、出洋相19、丢人19、冤家15、套近乎21、倚伙14合伙、舔沟子14巴结、游门（子）12串门。占71%。

（18）商业、交通（19/28）：旅社16、杂货铺14、理发店12、饭馆儿12、肉铺14、赁（房子）19租、摆摊（子）20、算盘19、秤钩21、便宜17、运气好13、分分洋13分分钱、利息19、该15欠、称20、汽路14公路、车子14自行车、小卧车15小轿车、货车16。占68%。

（19）文化教育（19/31）：上学（开始上学）18念书、书房15学校、走书房14上学、放学19、请假16、上课21、下课21、讲台21、黑板擦儿21、橡皮20、水笔20钢笔、圆子笔17圆珠笔、毛笔18/生活13、砚瓦16、墨汁20、第一名14、识字的19、不识字的16、打草稿14。占61%。

（20）文体活动（16/46）：扳不倒20不倒翁、踢毽子21、滚铁环13、玩沙包13、溜冰18滑冰、游泳13、打扑克14、放炮16点炮、放火19放烟花、热闹20社火、耍狮子21舞狮子、打腰鼓17、二胡15、讲故事15、皮影戏15、耍把戏20耍魔术。占35%。

（21）动作（75/139）：立22站、圪蹴12蹲、摆19、躺21、撂20扔、折19、扯21拽、扯20撕、探16、捅16、搁21放、抱17、撞19、端21、扶15、拨22、撑17、搅20、撮21、抓21、衿21系、扽21拽、赶趁22加紧、绑22、砸21、吸20、捻21、喷17、扭19、㨄ⁿau21扛、寻21找、咬13撬；拾21捡、摔12、跳13、缩12、捧/掬12、举17、揉21、揎16推、拿14、抹擦13、抢20、拌13摔、含14噙、碰上/对着12、眊14看、伸手15、懂了16、以为17、相信16、约莫13估量、着急20、反悔15、遗16丢失、爱见喜欢14、惯14偏爱、打算15、生气13、躁了13发怒、说（话）21、听说12听话、顶嘴13、厮赶14一起走、骂16、挨骂19、问21、赚20哄、劝21、亲嘴18接吻、抬杠22、吵架16、打架21。占54%。

（22）方位（12/18）：上头19上面、底下16下面、野地19、里头21里面、前头

19前面、东岸（儿）20东面、西岸（儿）20西面、南岸（儿）南面20、北岸（儿）20北面、左岸（儿）17左面、右岸（儿）17右面、跟前儿14附近。占67%。

（23）代词（18/32）：他19、大家18、我的15、你的15、他的15、这 $_{\varsigma}i\epsilon$ [一个] 18、兀 $_{\varsigma}i\epsilon$ [一个] 15那个、哪 $_{\varsigma}i\epsilon$ [一个] 15、兀些19那些、这搭20这里、兀搭20那里、哪搭17哪里、这会儿19、兀会儿19那会儿、啥时候13、兀么20那么、谁19、啥20什么、为啥22为什么。占56%。

（24）形容词（59/128）：不错17、差不多15、凑合19、瞎19坏、好看17、难看16、要紧20重要、热闹15、结实17、烧20烫、凉22、淡19、辣18/麻13、稠21、稀（粥）15、密15、弯15、干净20、馋21、壮17、乏20累、痒15、笨21、憨22、清楚13、直13直爽、麻14麻木、勤勤20勤快、鏖糟13脏、糊涂17、缺德16、怪19、大方21、恓惶21可怜、凉快20、听说13/乖18、捣16调皮、圪蔫18蔫、凹18、囫囵15完整、鼓14凸、木16钝、长22、对19、错17、端12直、多22、粗20、细21、重20、歪19、（水）清21、浑（浊）16、正17、斜20、陡18、宽展21宽敞、富16、严实17。占46%。

（25）介词、副词等（26/55）：可12十分、更14、太21、刚（刚）13、刚好13、顺便13、也许14、又20/可13、再13、肯15经常、多亏14、趁早17、反正22、背后17、光13、覅14不要、不管13、先14、早晚13、猛猛（地）16突然、仅慢18偶尔、根本17、按照17、贵贱14无论如何、比16、给16。占47%。

（26）量词（33/55）：一匹（马）20、一头（牛）18、一只（鸡）16、一顶（帽子）16、一条（河）21、一条（毛巾）19、一只（手）21、一床（被子）16、一杆（枪）20、一挂（车）15辆、一棵（树）13、一件（事情）20、一种（虫子）13、一伙儿（人）22、一幅（画）16、一撮（毛）19、一绺（头发）17、一块（西瓜）17、一颗（米）21、一面（旗）22、一堵（墙）20、一对（鞋）19、一帮（人）22、一沓（纸）18、一截（棍子）14、一圪瘩（泥）15、一两21、一点点19、（闹）一场16、（下）一阵20、（走）一趟13、（谈）一会儿22、（见）一面20回。占60%。

小结：统计显示晋南方言内部半数以上方言点相同的词语有845条，占总数1531条的55%。在这26类词语中，比例最高的是交际，占71%，其次是红白大事，占70%，再其次是器具用品，占69%。比例最低的是文体活动，占35%；其次是饮食，占43%；再其次是日常生活与形容词等，各占46%。半

第二章 晋南方言词汇的内部比较

数以上方言点相同的845条词语中，有575条词与普通话相同，占68%，剩余270条词语与普通话不同，占32%。分别是（其中"男孩儿"与"儿子"皆称"小子"，"女孩儿"与"女儿"皆称"女子"，实则为268条与普通话不同）：

日头、天河、星宿、扫帚星、烧霞、早烧、晚烧、吼雷、冷子、顶风逆风、火闪闪电、冻凌冰、水圪窝水坑、沙、滚水、吸铁石、山崖、瓦、砖、年时个去年、过年明年、黑咯晚上、前个前天、夜个昨天、明朝明天、后个后天、早起早晨、前晌前半天、后晌下午、场麦场、锄、扇车、锨铁锹、洋镐、麦、谷、白豆、洋柿子、北瓜南瓜、麻椒辣椒、头牲畜牲、骡马、骑牛、儿骡、骡骡、叫驴、草驴、牙狗公狗、牙猪公猪、草鸡母鸡、狐子狐狸、禾鼠田鼠、野鹊子、飞[ɕi]虫麻雀、夜蝙蝠、老鸹乌鸦、楼鸽鸽子、蚂蚱蚱蚂蚱、蝎虎子、蝇子、虱、明火虫萤火虫、虼蟆、照壁、窑、缝缝缝儿、茅子厕所、柜、抽匣抽屉、交床马扎、胰子、洋碱、糨子、刨虱壁虱、钵碗大碗、笼、水瓮、恶水泔水、揞布抹布、手巾、电棒、洋火火柴、片夹钱包、擦沟子纸、臭蛋卫生球、力巴、（大）把式内行、老女子、教员、要饭的、锢漏锅的、剃头的、杀猪的、喂头牲的、大师傅/厨子厨师、姑姑尼姑、爷、娘奶奶、爹、大妈、婆夫俩、嫂子、姊妹、小子男孩/儿子、女子女孩/女儿、娃子女、伯叔、亲亲、眉眼长相、得脑头、脖项脖子、歇顶、头皮、脖头、颔水、眉、耳塞、鼻子、肋肢、胳肢窝、圪膝盖儿膝盖、不脐窝肚脐眼、奶乳房、跑茅子、瘘疮、热起子痱子、烧哩、气短、瘫了、蝇屎雀斑、豁豁嘴、衣裳、大氅大衣、褂褂坎肩、布袋口袋、暖鞋、鞋溜子、围脖、屎布、早起饭、晌午饭、黑咯饭晚饭、澌气馊了、面、煎馍煎饼、麻饦麻花、黑糖、变蛋松花蛋、糖块、过事、淘媳妇闹洞房、吃摊子吃酒席、嫁女子、要娃、双生双胞胎、殁了/老了死了、木头棺材、献、活曲活结、熬菜烩菜、敆菜夹菜、起面、焖饭、歇凉、屃屎、晒日头、呵嗳打哈欠、乏了困了、打鼾睡、涮嘴、瞇人探望、坐席、作假客气、舔沟子巴结、游门串门、赁、该欠、分分钱（洋）、旅社、汽路公路、车子自行车、小卧车、书房学校、走书房上学、告假、圆子笔圆珠笔、生活（花）毛笔、水笔钢笔、扳不倒、溜冰、放火放烟花、热闹、耍把戏、立、圪蹴蹲、揎推、拌摔、遗丢失、扯、搁、衿系、赚骗、扥、搲ʰnau扛、寻、拾、遗丢失、咬撬、厮赶一起走、赶趁、惯偏爱、对遇见、瞇看、爱见喜欢、听说听话、躁了发怒、约莫估量、上头、下头、里头、前头、东岸、西岸、南岸、北岸、左岸、右岸、这ᴊiɛ[一个]、兀ᴊiɛ[一个]、哪ᴊiɛ[一个]、兀些、这搭这里、兀搭、哪搭、兀会儿、啥时候、兀么、为啥、啥、瞎、烧、要紧、乏累、勤勤、恓惶、红火、鏖糟脏、麻麻木、听说乖、捣调皮、囫囵完整、鼓凸、碎小、端直、正、圪蔫、木钝、宽展、仅慢偶尔、可十分、可/又、多亏、耍、猛猛（地）突然、肯经常、贵贱无论如何、（一）对双、（一）挂、（一）疙瘩。

我们将（一）与（二）都看作晋南方言内部基本一致的词语，将二者的数目相加，统计得出总共有1321条，占调查总条目（1531条）的86%。其中与普通话大致相同的词语有1023条，占总条目67%，与普通话不同的词语有298条，占总条目19%。由此看出晋南方言词汇的整体一致性。详见表2-1。

表2-1 晋南方言词汇内部基本一致词语的百分比

词类	天文	地理	时令时间	农业	植物	动物	房舍	器具用品	称谓
词目数	45	59	61	40	71	93	28	85	48
相同数	41	52	55	35	66	78	23	76	36
百分比	91%	88%	90%	88%	93%	84%	82%	89%	75%
词类	亲属	身体	疾病医疗	服饰	饮食	红白大事	日常生活	交际	商业交通
词目数	60	77	49	50	89	53	63	28	28
相同数	49	67	42	39	76	45	54	23	25
百分比	82%	87%	86%	78%	85%	85%	86%	82%	89%
词类	文化教育	文体活动	动作	位置	代词	形容词	介词副词	量词	
词目数	31	46	139	18	32	128	55	55	
相同数	28	34	128	14	23	118	43	51	
百分比	90%	74%	92%	78%	72%	92%	78%	93%	
词目总数	1531								
相同总数	1321								
百分比	86%								

二、晋南方言构词法的一致性

本节从构词法的角度讨论晋南方言词汇的一致性。构词法的一致性，能够反映方言词汇整体面貌的相同之处，与词目的一致性互相印证。至于词目上的一致性，上一节已经讨论过了。

（一）变调别义

变音是汉语构词上的一种特殊手段。所谓变音，"是指用改变字音的声母、韵母或声调来表示另外一种词汇意义和语法意义"[①]。晋南方言存在大量的变音构词现象，这种手段与文白异读现象不是一回事。其中变调别义现象更为丰富。

变调别义指的是改变某字声调的读音来表达另外的意义。变调别义分作两种类型：一种是古代已有两读的，一种是只在晋南存在两读的。

【远】

《说文·辵部》："远，辽也。"《广韵·阮韵》："遥远也。云阮切。"《广韵·愿韵》："离也。于愿切。"由此看出中古时期"远"读音已有两类，意义有差别。

远，今晋南亦两读。一读作上声［ˇyæ］，形容词，表"遥远、久远、距离大、相隔远"等含义，与普通话用法相同。一读作去声［yæ］，动词，指绕路，例如，"你休不要远路啦。""这么走你就远路啦。"此义为方言独特的用法，与古汉语、普通话不同。

【冰】

《说文·仌部》："水坚也。从仌从水。"《广韵·蒸韵》："水坚也。笔陵切。"《洪武正韵牋》："平声，鱼陵切。又去声，陂病切。"

"冰"本义指水冻结而成的固体。《诗经·邶风·匏有苦叶》："迨冰未泮。"《荀子·劝学》："冰，水为之。"后引申出动词，指"结冰""使感到极冷""把东西与冰或冷水放在一起使其变凉"等。宋·杨万里《六月二十四日病起喜雨闻莺》："风月冰人别是乡。"亦作形容词，指"凉、冷""清白、晶莹"等

[①] 侯精一，温端政．山西方言调查研究报告［M］．太原：山西高校联合出版社，1993：12.

含义。

冰，今晋南方言有两种读法。一读作阴平 [piŋ]，作名词，与本义相同，指"水冻结而成的固体"；亦作形容词，指"冰凉"，如"手这么冰。""这衣服摸上冰冰哩。"二读作去声 [piŋ²]，作动词，表示把东西与冰或冷水放在一起使其变凉，例如，"汤这么烧，放到凉水里冰一冰。""夜个_{昨天}摔了一跤，今个_{今天}腿肿得不行，拿冰块冰一冰就好了。"

【泥】

《广韵·齐韵》："泥，奴低切。平声。"本义指"和着水的土。"《易·需》："需于泥，致寇至。"后指"墙壁的涂料。"南朝宋·刘义庆《世说新语·汰侈》："石以椒为泥。"

《广韵·霁韵》："泥，奴记切。去声。"主要作动词，可表"滞留、阻滞"义。《论语·子张》："虽小道，必有可观者焉，致远恐泥，是以君子不为也。"唐·元稹《生春》："晚来低漠漠，浑欲泥幽丛。"后表"涂抹、封固"义。北魏·贾思勰《齐民要术·种枣》："率一石，以酒一升，漱著器中，密泥之，经数年不败也。"南朝宋·刘义庆《世说新语·汰侈》："王以赤石脂泥壁。"

泥，在晋南方言读阳平 [ni]，作名词，与普通话用法相同。

泥，读去声 [ni²]，作动词，表示（用稀泥或稀泥似的东西）涂抹或封固。例如，"你用湿洋灰把兀缝缝泥住，估计就不漏水啦。""和些稀泥，把罐罐泥住封严实，过段时间，（鸡蛋）就变好了。"

由此看来，"泥"在晋南方言的两种读音均是沿袭古汉语。通过声调的转换，"泥"可作名词与动词两种用法。

【奔】

《说文·夭部》："奔，走也。从夭贲省声。"《广韵·魂韵》："奔，走也。《说文》作'奔'。博昆切。"《广韵·恩韵》："奔，甫闷切。"可见中古时"奔"已有平声与去声两个声调。

"奔"在晋南方言中读阴平 [pẽ]，作动词。如"私奔""奔向小康""他都奔（接近）六十的人啦"。

"奔"变调为去声 [pẽ²]，作动词，这与普通话一致，但语义有差别。"奔"

在普通话有阴平与去声两个声调，该语义在晋南方言合并为一个声调。今晋南方言去声"奔"表示"用手等伸向较远的地方去接触某物"。如"树太高啦，奔不着。""你踩凳凳上就奔着啦。"在隐喻机制的影响下，此义进一步比喻为（人）高攀："㖿你是有钱人，我哪能奔着你。"

以上4个词语的变调别义，属于第一种类型，古代已存在两读，今晋南方言沿袭古音，但语义上并非完全沿用。

【绒】

《广韵·东韵》："绒，细布。如融切。"《玉篇·糸部》："绒，细布也。"元·孙周卿《殿前欢·楚云》："楚云空，绿窗闲数唾窗绒，一春心事和谁共？"亦指细羊毛。仇远《送刘竹间归庐陵》："驿路梅花漠漠寒，绒衫絮帽出长安。"

绒，今晋南读作阳平 [vəŋ˨]，作名词，指棉、丝或毛制成的上面有一层细毛的纺织品，如"绒布、丝绒、平绒"等，亦作形容词，如"这布摸起来绒绒的"。

绒，变读去声 [vəŋ˚]，作形容词，表"细"义，与"粗"相对。如"你胳膊就兀么绒那么细。""这绳子太绒了吧，恐怕不结实。"

【弓】

《说文·弓部》："弓，以近穷远。象形。古者挥作弓。"《广韵·东韵》："弓，居戎切。"本指射箭或打弹的器械。《诗·小雅·吉日》："既张我弓，既挟我矢。"三国魏·曹植《七启》："捷忘归之矢，秉繁弱之弓。"后引申指弓形之物或作用如弓的器物。《周礼·考工记·轮人》："弓，凿广四枚，凿上二枚，凿下四枚。"郑玄注："弓，盖橑也。"此指车盖上的弓形盖子。隋·明余庆《从军行》："剑花寒不落，弓月晓逾明。"近代表弯曲之义。唐·段成式《酉阳杂俎·诺皋记》："汝不见我作弓腰乎？"清·恽敬《碧玉说》："唐筓直，宋始弓之。"又表弯身、行礼之义。明·何良俊《四友斋丛说摘抄·经》："昔日张先生进朝，我们要多打个弓。"

由此说明，"弓"虽然多义但语音只有平声。

今晋南方言两个读音。一读阴平 [kuŋ˨]，作名词，表示射箭或打弹的工具，例如，弓箭、弹弓等。二读去声［kuŋ˧］，作形容词，表示弯曲；又作动词，表弯身。例如，"你妈腰都弓成啥啦。""你弓着腰进去就行啦。"去声［kuŋ˧］属于变调表义，表弯身、弯曲之义属于沿用古汉语。

【伸】

《说文·人部》："伸，屈伸。从人申声。"《广韵·真韵》："伸，舒也，理也，直也，信也。失人切。"《字汇·人部》："伸，升人切，音身。舒也。理也。直也。又使直也。又屈伸。"本义为舒展、伸开或向一定方向扩展。《易·系辞上》："引而伸之，触类而长之，天下之能事毕矣。"《淮南子·泛论训》："夫绳之为度也，可卷而伸也。"

伸，在晋南有两个读音，皆作动词，意义有别。伸，读作阴平［sẽ］，表示"舒展开、挺直"之义。例如，"手伸出来。""腰伸展。"

伸，变读作阳平［sẽ］，表示"接住、接下"例如，"我在顶头扔，你在底下伸着。""我伸咾五天活，干完就不做啦。"又引申指"答应别人做某事"，例如，"我伸下人家下果子摘苹果嘞，不去不太好。"又表示"承担、负担"之义。例如，"你好好学就行啦，学费不够我给你伸下。""埋人花的钱，你俩各出五千，剩下的我伸啦。"

伸，读阴平沿袭古用，变读阳平应属方言引申用法。

【行】

行，中古时有四种读音。平声［xaŋ］、［ɕiŋ］与去声［xaŋ］、［ɕiŋ］。［xaŋ］两种读音与用法，晋南方言与普通话基本一致，主要是［ɕiŋ］的读音、语义有变化。

行，读阳平［ɕiŋ］，作动词，与普通话用法相同。

行，变读阴平［ɕiŋ］，作形容词用，表器物不耐用、不牢固。如"这刷子真真行，才用咾一回，就断啦。""这东西一瞅就是行门货不结实、不耐用的东西，用不了几天就坏啦。"此义在文献中有记载。《周礼·地官·胥师》："察其诈伪，饰行儥慝者而诛罚之。"汉·王符《潜夫论·浮侈》："以完为破，以牢为行。"汪继培笺："古者谓物不牢曰行。"清·王引之《经义述闻·周官上》："古人谓物脆薄曰行。"由此说明晋南方言变读阴平［ɕiŋ］，表"器物不牢固"

属沿袭古义，但读音不符。

【对】

"对"读去声[tuei⁼]，作形容词，表示正确。例如，"这道题做对着呢。""对了就行啦，不用再麻烦啦。"亦作动词，表示核对。例如，"考完咱俩对一下答案，估一下到底能考多少。""下班之前对一下账，再休推啦。"

"对"变读阳平[˳tuei]，表示碰撞、遇见。例如，"今个后响在村口一个电动车和小车对啦，电动车对日塌啦。""走路就不瞅，把我美美对咾一下。""我刚到学校就对上娃啦。""你是对上好人啦。"

【一家】

"一""家"本读阴平，两个阴平字相连时，前一个字往往变读阳平，根据此规律，"一家"读[˳i ˳tɕia]，含有3个义项。①一个家族、本家。例如，"伢他得他们是一家嘞，肯定向着他。"②全家。例如，"我一家都去。"③每个家庭。例如，"一家只能分50斤炭。"

[˳i ˳tɕia]则属于变调别义现象，表示"每个人"。例如，"一家[˳i ˳tɕia]发一袋西瓜。""一共十个糖，正好一家[˳i ˳tɕia]五个。"

【各家】

"各""家"都属于阴平字，两字相连时前字变读阳平，这是晋南方言两字组的普遍变调规律。根据此规律，"各家"读[˳kɤ ˳tɕia]，指"每一个家庭"，如"各家各户都能领五百斤蜂窝煤。"

"各家"又读作[ˬkɤ ˳tɕia]，其中"各"读原调，"家"变读阳平，指"自己"，属于变调别义现象，如"都是各家人，不要作假客气。"

【老汉】

"老汉"一词本读[ˬlau·xæ]，"老"读为上声，"汉"变读轻声，指年老的男子。在晋南方言中，"老汉"亦可读作[˳lau ˬxæ]，前字变读为阴平，后字变读为上声，指丈夫。"老汉"一词最初指老年男子。宋·张齐贤《洛阳缙绅旧闻记·安中令大度》："大都是这老汉死日到，罪过淫乱得你如此。"老年男子亦自称为"老汉"。如《景德传灯录·法会禅师》："且去，待老汉上堂时出来，与汝证明。"后来在近代的一些文学作品中引申出"丈夫"的语义。李

31

季《王贵与李香香》第三部:"你那红军老汉跑得没影踪,活活守寡我心里不安生。"

以上8个词语的变调别义,属于第二种类型,只存在于晋南方言。

(二)使感动词

晋南方言存在一批使感动词,也有人称之为"自感动词",形成"×+人"的构式。这类词的特点是"由一个动词、形容词加上'人'构成,该动词、形容词为使动用法,含有使人××的语法意义"[①]。侯精一、温端政(1993)、张成材(2003)、罗昕如(2006)、邢向东(2010)、张雪丽(2010)、吴媛(2011)、夏俐萍(2016)、黑维强(2016)等学者都做过一定研究,这一现象在晋语、官话、湘语、赣语、粤语、闽语等地域普遍存在,是在古代汉语使动结构的基础上形成的。例如:

(1)惊人死啦,你赶紧下来。

(2)看娃这活不好干,可熬人着。

(3)房里头不知道啥味,可熏人着。

(4)放学半天啦娃还没回来,你说急人嘛。

(5)外头太阳可焦着,晒人嘞不行。

例句都表示一种让人产生不适、不舒服的感觉。例(1)"惊人"表示使人害怕;例(2)"熬人"表示使人感觉时间过得非常慢,难以度过;例(3)"熏人"表示气味难闻,使人感觉不舒服;例(4)"急人"表示使人着急;例(5)"晒人"表示太阳热辣使人难受。

"×+人"构式中"×"多为单音节动词、形容词,这些词大多本身可以独立使用,数量较大,范围广泛。结构上,"×+人"具有凝固性,一般不能添加成分,不过有的可以添加"死",表示程度。例如,"熬死人""呛死人""冰死人""乏死人"等。使感动词在句法上相当于形容词,可以受程度副词修饰;在句中主要作谓语,也作宾语、定语等。语义上,一般表示人体对外界刺激产生不舒服、不愉快的感觉,"人"不定指,有些虚化,读作轻声。

---

① 邢向东,蔡文婷.合阳方言研究[M].北京:中华书局,2010:266.

例如：

（6）屋里烟呛人哩不行。

（7）你妈说话兀么难听，能不躁人使人感到发怒嘛。

（8）你不要给娃寻兀挣人使人感到劳累、费力活，就寻一些轻省哩活。

（9）他觉着羞人嘞，哪好意思给你说。

（10）这娃不爱学习，马上就考试呀，可怄人使人发愁着。

例句中"呛人""躁人""怄人"作句中谓语，"挣人"在句中作定语，"羞人"在句中作宾语。"×+人"前面可以添加"可"修饰，后面加"着"表示一种状态。例如，"可呛人着""可躁人着""可挣人着"等。

"×+人"使感动词在晋南方言普遍存在，常见的还有以下词语：

冷人、憨人、挤人、聒人、拗人、气人、劳人因繁忙使人产生体力不支、心力交瘁、闷人因空气不流通使人憋得不舒服、夹人、冻人、酸人使人感觉发酸、耀人、饿人、疼人、咬人使人发痒、勒人、累人、乏人、磨人、臊人说风凉话等。

（三）后置词"行"

"行"在晋南方言是一个使用频率高、构词能力强的口语词。"行"作为后置词（主要存在于解州小片），可以用在名词、代词、数词、数量词的后面，表示处所、时间、关系、范围等，一般读轻声。"行"在全国分布范围较广，亦流行于陕北、晋北、晋中、内蒙古西南部等区域，但语义与功能上有些许差异。

1. "行"的用法与意义

"行"在晋南方言可以作后置词，读作轻声 [xuo] 或 [xɤ]。"行"大多可表示"这里、那里"等语义，在具体语境中含义略微不同。

（1）NP+行，指处所。

手行　村行　锅行　心行　河行

抽匣抽屉行　书包行　布袋行　衣柜行　箱箱行

这里"行"相当于方位词"里面"，只要语义讲得通，大部分名词后面都可以加上"行"。常与"头"结合为"行头"，读作 [ˊxuo] 或 [ˊxɤ]，表示"里面"的含义。

（2）用于时间词之后，指某时间范围之内。

正月行　腊月行　白天行　黑唠行_{晚上}　平家行_{平常}

时间词限于表月份、白天、黑夜等词，相对来说数量不多。

（3）"行"用在某些名词、数词、数量词之后，表示某范围之内，相当于"……之中""……中间"。

弟兄行　女生行　姊妹行　二班行　五个行　这么些行

（4）"行"用在代词之后，表"这里、那里"语义，起指示作用。

我行　你行　他行　谁行　这行　兀行

我这行　他兀行　你这行

代词既可以是人称代词，也可以是指示代词或疑问代词。"行"前面可以单独出现某一类代词，也可出现"人称代词+指示代词+行"的格式。

（5）表排行

大行媳妇　二行媳妇　三行媳妇

"行"用在"大"或"二""三"等数词之后，专指儿媳妇的排行，"行"之后的"媳妇"一词可以省略，不影响语义。例如，"大行媳妇"可以说"大行"。

2."行"的历时语义演变

"行"作为后置词的用法，20世纪已经引起一些学者的关注。张相（1953）列举宋元明词曲大量用例，指出"行"常用于人称代词、名词之后，表示"这里/边""那里/边"。余志鸿（1983、1987、1992）认为后置词"行"的用法是一种语言接触的产物，可能是从阿尔泰语引进的语言现象。后置词"行"与汉语的位置词有相类之处。江蓝生（1998）将"行"的用法分作两种类型："N行"前面有动词或介词与"N行"前面没有动词或介词。其中第一种类型是汉语自古就存在的，第二种类型是元代汉语受蒙古语序影响而产生的新兴句式。孟庆海（1991）、赵秉璇（1992）、范慧琴（2009）、黑维强（2016）等结合不同方言也都对后置词"行"的用法进行过分析。

结合各位学者的研究，我们认为晋南方言后置词"行"源于近代汉语。

"行"，中古属匣母宕摄开口一等唐韵字，今晋南方言舒声字白读音读如入声字，且与果摄合流，因而读作[xuo]/[xɤ]，符合其语音演变规律。"行"在近代汉语主要有三种用法：表方位、表复数、对译蒙语格助词。"行"表方位这一用法在晋南方言中沿袭了下来。这种用法与古汉语表"行辈"义的"行"一脉相承。"行"在甲骨文最初表"道路"，后产生"行列"义。《诗·大雅·常武》："左右陈行，戒我师旅。"《楚辞·九歌·国殇》："凌余阵兮躐余行。"又引申出辈分、排行。西汉·司马迁《史记·汲郑列传》："年少官薄，然其游知交皆其大父行，天下有名之士也。"东汉·班固《汉书·匈奴列传》："汉天子，我丈人行也。"后引申出类别之义。唐·张鷟《朝野佥载》卷六："观法师即是菩萨行人也。"宋元时期，出现表示处所的用法，犹言这里、那里。宋·周邦彦《风流子》："最苦梦魂，今宵不到伊行。"元·王实甫《西厢记》第一本第三折："这小贱人不来我行回话。"明清时期"行"亦作复数标记。明·凌濛初《二刻拍案惊奇》卷十二："唐太守一时取笑之言，只道他不以为意，岂知姊妹行中心路最多，一句开心，陡然疑变。"

江蓝生（1998）指出"行"来源于"上"，这一点在晋南方言有待进一步考证。"上"在晋南方言存在文白异读，白读音为[ʂuo]/[ʂɤ]。"上"可以作动词，也可附在方所词后面。例如，"街上""操场上""车上""腿上""桌子上""墙上"等。相对"行"来说，"上"侧重的是一个开放的或者外部的空间。"行"的其他语义，也无法用"上"表示。

范慧琴（2009）认为"行"存在这样一条演化路径：古汉语"行辈"义虚化之后引申出"类别"，之后虚化引申出"……方面""……那里"，再过渡到方位词。晋南方言"行"表"行辈""类别"义已消失，但由此引申出"……方面""……范围""……那里"的语义。由"这里、那里"进一步引申，范围进一步扩大，产生"里面"义方位词。"行辈"义后来引申出排行，晋南方言"行"表此义时指代范围有所缩小，仅限儿媳妇之间。综上所述晋南方言"行"语义演化路径如下：

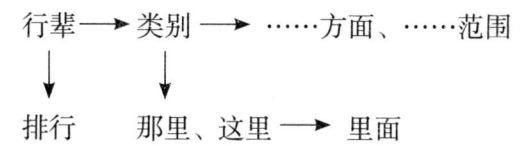

行辈 ⟶ 类别 ⟶ ……方面、……范围
↓　　　　↓
排行　　那里、这里 ⟶ 里面

类似的用法,在晋语区的绥德、吴堡、太原、榆次、原平、灵石、定襄、忻州等地都存在,只是读音与用法不完全一致。在晋语区,"行"有表复数、"家"的含义。晋南方言有类似的形式,但在表义上有差异。例如:

(1) 姊妹行就她厉害。

(2) 这么多学生行还挑不出一两个好的。

(3) 我行装不下,就放你行。

(4) 伢单位过年给职工发咾五百钱,我妈行就不行,才发咾二百。

前两例"行"与复数表示形式相似,但更强调"在……范围之内,在……之间"的语义。后两例可以理解为"这里、那里",但结合具体语境,可指代"我房间、你房间""我妈单位"等含义。尤其是例(3),一般不会与"家"对等,只相当于指代家的一部分,即某个房间。

因而晋南"行"的读音、语义及用法,与近代汉语相比较来说,既有沿用的一面,又有独特性质的一面。与周边方言比较来说,有类似的用法,也有相异方面。

(四)后缀"头"

在晋南方言中,"头"有两种用法:一作实词,读作[ˌthou],意义实在,属于词根,但此读音的部分合成词有词缀化的发展趋势。二作词缀,读作轻声[·thou],意义虚化。

1. 方位词+头

南头　北头　西头　东头　前头

后头　上头　下头　里头　外头

以上"头"用在方位词后面,表示一定的方位概念。其中"南头、北头、西头、东头"中的"头"读作[ˌthou],并未虚化,表示"事物、方向的另一端"。"前头、后头、上头、下头、里头、外头"等词中的"头"变读轻声,已没有实在意义,位置亦固定,因而为词缀。

还有少数"名词+头"结构中的"头"未虚化,属于词根。例如,"焙头"指炕的最前端前面。"年头"指年初。"脚头"指脚的前面。"地脚头"指田地两端的地头。

2. 后缀"头"

这类词在晋南方言的能产性较强，类型丰富。

（1）动词+头

吃头　做头　说头　干头　想头　坐头　咬头
写头　喝头　看头　念头　耍头　靠头

（2）形容词+头

甜头　苦头　短头　兴头　长头　多头　缺头

（3）名词+头

眵头　眼头眼光　瓦头（块）　日头　锅头　槽头　个头

"头"多用作单音节动词、形容词、名词之后，作词缀。"头"有标示名词化的功能。有少量的多音节"头"字词语，例如，"抄娃头"。其中用在单音节动词之后的构词形式最为丰富，具有较大的开放性，大多动词都适用，语义上表示动作行为"有一定意义、值得去 V"的必要性。例如，"这麻托有咬头。这麻花劲道，咀嚼时间长。""套饭有吃头。羊肉泡馍很好吃，值得吃。"这种用法在宋代已有零星记载，明清时期大量使用。宋·苏轼《宿资福院》："月明写炤寺林幽，最是江湖入念头。"明·冯梦龙《警世通言》第七卷："小僧果与新荷有好，一时念头差了，供招是实。"明·凌濛初《二刻拍案惊奇》卷二十六："况且身边无物，没甚么想头了。就是至亲如女儿，心里较前也懈了好些。"

有的语素加上"头"后，意义专指或泛指。例如，"吃头"既指吃的食物，也专指零食。例如，"屋里有啥吃头食物？""好吃头零食拿出来给娃娃分分。""槽头"指给牲畜喂饲料的地方。"眼头"指眼光。"锅头"指农村做饭的锅台。

综上所述，晋南方言"头"作为后缀，既是对古汉语用法的沿用，又是方言本身的引申与发展。与普通话相比，晋南方言"头"缀词有相同语义与功能，也有自己内在的独特性，这也是语言发展不平衡的表现。

（五）后缀"个"

"个"在普通话中常作量词，但在晋南方言中并不作量词，常作后缀。例如：

今儿个　夜儿个　明儿个　后儿个　　外后个

前儿个　大前个　白儿个　黑咾个_{夜晚}　年时个_{去年}

前年个　今年个

这里"个"作词缀，多用于时间名词之后，尤其是表"日""年"的时间词。这种用法在中古时期已出现。宋·苏轼《蝶恋花·雨霰疏疏经泼火》："病绪厌厌，浑似年时个。"宋·李流谦《千秋岁》："把盏对横枝，尚忆年时个。"宋·晁补之《蓦山溪》："记得当初个，与玉人、幽欢小宴。"元·关汉卿《诈妮子调风月》："打秋千，闲斗草，直到个昏天黑地；今年个不敢来迟，有一个未拿着性儿女婿。"清·曹雪芹《红楼梦》第八十五回："贾母道：'你不懂得。今儿个闹了一天，你去歇歇儿去罢，别在这里说呆话了。'"

不同的是，表"日"概念的时间名词之后的"个"一般不能省略，只存在"夜个、后儿个"等说法，表"年"概念的时间名词之后的"个"大多时候可以省略，语义不变，例如，"年时个"可说成"年时"。

第二节　晋南方言词汇的差异性

方言的差异性更能反映其复杂性与丰富性。本节主要从两方面分析晋南方言词汇的差异性：一方面统计分析晋南方言内部差异较大的词目；另一方面分析晋南方言词汇差异的主要类型。

一、晋南方言词目的差异性

词目的差异性指的是同一个词目在晋南方言内部差异较大，至少有四五种说法，而且每种说法分布的地域并不均衡或者不同说法势均力敌，没有明显占优势的一种说法。下面以义类为纲罗列词语，"（ ）"中的数字为差异性词语与义类词条的数字比,行首词目表示普通话说法,后面小字依次是方言的不同说法,数字表示其分布的方言点数,不同说法之间用分号隔开。(一个词目方言点可能会有不同说法,所以有时分布的方言点数总和会大于调查总数。)

(1)天文(4/45):占9%。

月亮5;月明9;月爷(爷)10;月儿爷(爷)5;月明爷爷1;月儿1。

毛毛雨8;箩面雨4;濛生雨4;蝇母尿/台面雨1;濛松雨3;小雨1;麦麦箩子雨1、雾雨1;面面雨1。

暴雨3;猛雨11;骤雨5;瀑雨2;白雨1;鞭杆骤雨1;大雨3。

雪珠子米颗雪10;盐疙瘩雪1;盐颗子雪3;糁糁雪1;雪蛋6;雪疙瘩1;雪糁糁1;盐颗雪2;雪颗颗2;米颗颗雪1;溜溜蛋1。

(2)地理(7/59):占12%。

田埂儿垄上2;圪棱4;地棱2;地圪棱1;埝(儿)3;埝地1;圪棱畔石1;地埝3;埝地1;埝埝2;埝头3。

洪水10;山水6;山水子1;坡水3;大水2;秋水1。

灰尘尘土9;地灰3;垺土5;脏乏4;黄尘1;灰2;气灰2;麈糟2。

泥土4;土10;泥4;泥土子1;面面土1;干泥1;干土3。

(大)土块土疙瘩8;胡墼11;胡墼疙瘩2;胡墼块子3;土坷拉2。

城内城里9;城1;城行(头)6;城里头7;关里1。

胡同5;圪洞儿2;巷里1;旮儿2;巷巷4;巷儿6;小巷3。

(3)时令、时间(6/61):占10%。

除夕年三十8;大年三十1;腊月三十2;月尽10;乱聚下1;乱雪下1。

今天今么个1;今马个4;今马2;今日1;今日个2;今儿个6;今个7。

大后天外后日4;外后儿7;外后儿个4;大后儿个5;大后日6;大后天1;兀儿个1;兀后个1。

大前天先前日1;大前日;大前日个2;前前儿个1;大前儿个8;先前儿个5;先前个6。

白天2;白日里4;白儿里2;白响里;白日10;白儿个2;白儿1;白间2;白个1。

现在2;这会儿6;这乎6;如今1;以么5;这么1;日跟2;以马2;这眼1;以跟眼1;这乎间1;以跟1。

（4）农业（5/40）：占12%。

割麦子3；刮麦5；铍麦11；捏麦1；割麦3。

小平车5；平车子1；拉拉车9；车车子2；车车5；平车2。

施肥上肥3；抓肥1；追肥6；下肥料3；下肥4；上肥（料）2；上粪2；下粪2。

扁担2；水担8；钩担6；担8。

石磨砣6；砣子8；碾子5；石碾1；石磨；磨子2。

（5）植物（5/71）：占7%。

玉米玉稻黍10；稻黍5；玉谷1；玉麦2；棒子4；荄草1。

高粱1；稻黍13；红稻黍4；柴稻黍2；草稻黍1；荄荄1；柴荄草1。

葵花7；照日红1；月正莲2；日照莲1；向阳葵/转阳葵/盘子1；日照葵1；太阳花1；日头花2；转花1；照红1；当当葵；喜凤莲2。

马铃薯山药蛋12；山蔓菁3；山蔓菁蛋1；洋芋7；面蛋2；洋芋蛋3。

姜7；鲜姜9；生姜7。

（6）动物（15/93）：占16%。

公马2；儿马11；子马7；子马子2；儿马子1；种马1。

公牛3；犍牛9；牤牛9；㸺牛3；壮牛1。

啄木鸟2；鸽木鸪1；鸽木木1；鸽木虫1；鸽巴巴7；鸽刨刨9；鸽梆梆2。

猫头鹰鸱怪子11；信猴6；信狐6；幸狐1；鸱鸮子6；鸱角子1；鸱怪怪1；鸱娃子1。

老鹰1；鸷溜溜1；雕溜溜4；丢溜溜2；滴溜溜7；老雕8；雕滴流1；母獠雕1。

兔子3；兔娃儿8；兔7；兔儿5。

猴子8；猴娃儿4；毛猴1；猴8；猴儿4。

蚂蚁蛛蛛蚂1；蚍蜉蚂蚂7；蚍蚍蚂蚂2；蚂蚂虫儿2；蚍虫蚂蚂1；蚂蚂蚌1；蚂蚂蚍蜉5；蚂蚍蜉3；蚂蚁2；蚍蜉蚂1；蚂蜉虫1。

蜗牛5；官牛10；牛蚜1；牛牛2；牛儿1；牛1；水官牛1。

屎壳郎1；粪牛1；粪官官1；粪穿牛1；粪圪灿1；屎扒牛牛1；屎螳官1；粪虫1；牛屎扒扒2；屎扒牛9；屎瓣蜗牛1；屎瓣牛1；臭扒牛1；牛屎帮1；屎胖牛2；稀婆娘1。

壁虱11；臭虫7；壁壁虱1；臭巴虫1；臭虱2；墙虱1。

蚜虫2；油旱4；腻虫6；旱虫11。

40

蜻蜓5；棒槌10；虻儿1；棒槌络络1；麻笸箩1；麻圪袋2；麻圪台1；虻疙瘩1；麻疙瘩1。

蟋蟀1；油葫芦1；黑鱼儿1；促织5；黑狗子1；促蛛3；□səu² 蛛蛛1；地噜噜1；蛐蛐2；蝈蝈1；地狗2；促叽叽4；扁担蹦蹦1。

蝌蚪2；鱼圪蚪1；圪蚪子2；圪蚪蚪1；圪蟆圪蚪11；圪蟆蚪蚪1；圪蟆鱼儿1；圪蚪3；圪蟆儿子1。

（7）房舍（5/28）：占18%。

大门7；道门7；宅门4；街门2；梢门4。

顶棚4；幔子1；遮尘1；伸尘2；棚1；棚尘2；仰尘9；仰尘子1；天花1；楂子1。

角落 角角6；角角子2；角儿2；圪旯9；角角窝1；圪圪落1；圪角角1；圪落2；圪落落2。

厨房1；伙房4；灶房2；饭舍9；做饭屋1；厨舍子1；锅舍3；立炉儿1。

地面（室内的）圪底3；脚地7；地下7；舍脚1；墙墙2；墙地1；墙底2。

（8）器具用品（9/85）：占11%。

小板凳 床儿3；小床（子）5；床床7；床床子2；板床2；小板床1；小床儿1；板凳2。

尿盆10；尿盔子7；尿盔儿1；盔子3；夜壶1；尿葫芦1。

锅铲1；铁匙3；匙儿2；铲子2；锅锹儿1；铲锅锹1；锅锹锹1；小锹1；锹锹1；铲锹3；锅匙1；铁铲2；铲铲3；炒勺儿1。

小勺儿3；调羹匙儿1；小匙匙2；小勺勺1；调羹1；调羹子1；羹子1；羹勺儿1；调羹勺子1；勺勺子1；勺勺3；瓷勺2；撩羹儿1；勺儿2。

斧子6；斧斧1；斧头5；斧4；小斧6；板斧1。

洗衣板2；搓板子2；搓板8；搓板儿2；搓衣板4；衣裳板1；洗衣裳板3；洗行李板1。

蜡烛 洋蜡11；洋烛2；蜡12；烛1。

顶针儿5；针扎5；针扎儿2；针扎子1；针子儿1；顶撑8；顶顶子1。

碎屑 屑屑1；渣渣10；碎渣渣2；碎圪渣1；碎渣2；圪渣6；布圪絮1；碎沫沫1。

（9）称谓（12/48）：占25%。

（已婚）男人6；汉家7；汉里家3；汉家家3；男人家2；汉子1；男的1。

（已婚）女人7；婆姨1；老婆家8；婆娘2；婆娘家1；媳妇子家1；女人家1；女的1。

婴儿 月娃6；月娃子1；胎娃10；小胎娃3；小胎1；毛伢儿1；小月娃1；胎毛子1；娃1；娃娃1；小娃2。

41

老太婆老婆婆7；婆婆5；婆婆子1；老婆儿3；老婆子1；老婆6。

本家4；老一家1；一大家人1；自家6；一家子；一家儿1；自己下1；自己巷1；各家人1；自家屋1；[居舍]下1。

外地人2；外路人8；外些人2；外乡人；一岸人6；外路块/块疙瘩2；外县人1。

自己人5；亲自人1；各家人6；各人人8；自家人4。

外人10；旁人7；二家旁人4；二下旁人1；门汉人1。

吝啬鬼小气鬼10；仔细鬼1；细发鬼2；涩巴鬼1；抠包子1；抠儿1；抠孙1；抠屁眼1；抠死鬼1；贫怂1；贫僧儿1；铁公鸡1；气匠1。

贼11；贼娃子9；贼娃1；绺娃子2；小绺1；绺儿手1。

农民2；做地哩/的1；庄稼户6；庄稼汉4；做庄稼的11；种地的3；种庄稼的2。

接生婆4；收生婆1；拾娃的5；裹娃的2；接生的2；拾娃老婆2；收拾婆1；接娃的3；拾娃娃/伢的2；拾没眼儿的1。

（10）亲属（11/60）：占18%。

外祖父姥爷10；舅舍爷9；舅婆爷3；姥家爷1；外爷2。

外祖母姥姥2；姥娘8；姥家娘1；外婆1；外娘1；舅舍娘10；舅婆娘3。

公公10；公6；阿公3；阿公爹2；夫家爸1；老爷1。

婆婆10；婆6；阿家3；阿家妈2；夫家嬷1；老娘1。

大伯子3；伯伯子5；大伯哥3；大伯1；大叔子1；屋里哥2；夫家哥1；阿伯3；阿伯子2；阿伯哥2。

侄子2；侄儿9；侄儿子7；侄5；侄侄子1。

后妈9；后嬷7；尧婆（子）6；后姐4；后娘3。

伯父伯伯8；伯5；大爸7；大大1；大爹4；爸1。

叔父叔叔7；叔8；小爸7；小大2；爸爸3；爹爹2；小爹1；亲爹1。

叔母婶婶10；小妈4；娘3；婶子3；婶儿1；婶4；妈1；亲妈1。

外孙4；外孙子2；外甥8；外甥子8；小外甥2。

（11）身体（10/77）：占13%。

个子9；汉子6；个头1；个儿3；汉1；条杆1；个2。

酒窝7；笑呆窝1；笑魘圪窝儿2；笑魘骨嘟1；笑魘窝儿3；笑圪窝儿6；福窝1；俏圪窝2。

眼珠10；眼仁1；眼窝仁子2；眼窝珠子3；眼窝珠儿4；眼珠子3。

>>> 第二章 晋南方言词汇的内部比较

眼泪4；泪8；泪颗儿6；泪圪斗2；泪花1；眼窝泪儿3。

肩膀7；胛骨5；胛背2；胛胛1；胛胛骨1；肩膀子3；肩胛1；肩肩2；胛子骨1。

大拇指3；大拇指头9；大拇指指1；老拇指头1；大面指头6；大马指头1；大面手圪斗1；大面手圪头1。

拳头4；圪嘟子3；拳圪斗1；拳头子1；拳骨嘟4；圪嘟1；骨嘟1；槌头子1；槌骨头2；槌骨嘟1；拳骨头1；槌头1；骨头子1。

腿肚子7；猪娃子5；小肚子2；小腿娃子1；小腿锤子1；小腿1；猪娃2；小猪娃1；腿爪1；腿猪娃子2。

胸脯9；胸子1；胸膛子1；胸脯子2；胸口4；胸2；胸前2；胸圪肋1；胸前头1。

乳房咩咩/咩咩圪头1；嬢嬢1；妈妈儿2；麦麦儿1；奶奶5；奶头9；奶4。

（12）疾病、医疗（7/49）：占14%。

着凉11；风发1；冒风1；凉着了5；着风了2；饿风了1；风着了1；伤风1。

狐臭9；臭眼7；臭巴虫窝1；臭虫眼1；臭窝1；臭布袋2；臭个1；臭气1；臭骨头。

背锅6；锅锅3；背锅锅3；背锅子3；弓弓腰3；锅锅腰2；弓腰子2；驼锅1。

结巴5；磕磕子3；急磕子4；结磕子4；磕声1；磕磕2；结结1；结可1；急各子1；急各各1。

六指儿6；六齿儿6；六指头8；六齿子1；六爪爪1；六爪儿1。

拔火罐9；扳火罐儿2；扣火罐儿2；搭瓯子1；合罐子1；拔罐子2；拔火瓯子1；抓火瓯1；抓火罐3；扑罐1。

左撇子10；左刮子1；左瓢儿1；左巴除1；左巴锤2；左逮儿4；左逮逮1；左挂挂2；左瞟1。

（13）服饰（11/50）：占22%。

衬衫8；衫子10；套衫2；衫衫1；小布衫2；背单儿1；单衫子1；小衫儿1；衬衣1。

外衣2；罩衫3；袄罩4；外罩（儿）4；罩子2；外套6；袄2；外袄1；褂子3；外头袄1；罩衣1；大袄2。

汗背心 汗水褂褂1；汗褂儿1；汗褂褂3；汗渮2；□thuei²·thuei5；汗甲1；褂褂6；背心4；裹裹儿1；背裆儿1。

肚兜儿4；裹肚3；裹兜儿1；抹肚儿1；搂肚（子）9；肚肚儿1；小搂兜1；兜头1；勒肚1；抹肚子1；□₋pia·pia1；搂兜1。

棉袄10；腰子11；壮腰子1；棉马墩子2；壮袄1；腰袄1。

开裆裤4；露屁眼裤子3；开拨拨裤1；圪杈裤1；露包裤1；扯扯裤5；露巴裤1；露沟子5；

43

露裆裤6；没裆裤2；夹板子裤1；开屁眼裤1；扯裆裤1。

死裆裤3；扎屁眼裤1；实屁眼裤1；裆裤5；有裆裤5；浑裆裤3；带裆裤2；封裆裤1；合裆裤5；安屁眼裤；合拨拨裤1。

纽扣（中）疙瘩子2；疙瘩扣5；扣疙瘩4；疙瘩儿1；纽门儿1；纽扣儿1；扣门2；襻扣1；襻襻纽1；拨棱疙瘩扣2；桃疙瘩儿1；扣儿3。

围裙11；槽巾1；腰裙子2；火裙子1；苫裙子5；护裙子2；振裙1；衫裙2。

围嘴儿护巾1；护巾布袋1；拦净儿1；牌牌（儿）11；颔水牌牌5；颔水牌儿2；颔水布1；转脖子1。

戒指11；镏子2；戒圈子2；手环儿1；扳子1；扳指3；戒箍銮1；手箍子1；手镯子1。

（14）饮食（13/89）：占14%。

焦了燔了3；燔哩啦1；燔贴啦1；燔底9；煳燔1；锅底2；着了2；烧焦底啦2；燔锅4；焐锅了1。

面片儿7；撅片儿8；撅疙瘩1；揪片儿1；扯片子饭1；揪面片1；碎糊子1；面片子1；掐疙瘩1；面面子1。

花卷儿10；油卷子3；油卷馍3；卷子1；油卷儿3；白卷子1；油心卷1；油层卷1；卷卷1。

猫耳朵7；跐耳朵2；跐儿1；搓儿1；搓圆1；麻食7；跐面1；饦饦儿2；圪饦儿2。

饺子1；煮角子/儿11；捏饭3；扁食11；角角2；疙瘩（子）（肉馅）4；水饺1。

烙饼2；烙馍5；旋子11；厚旋2；燔馍（馍）3；饦饦6。

油饼4；油饦8；油拍拍1；油卷6；油饦子4；拍饦1。

窝头8；窝窝7；窝窝头5；稻黍面馍2；棋糕1。

肥肉8；膘子5；膘子肉2；白肉6；肥膘子肉1；油肉1；膘膘肉2。

瘦肉6；红肉10；红丝丝肉1；丝儿肉1；精肉2；精精肉3；丝丝肉2。

疙瘩汤9；拌汤7；拌羹1；囫囵汤4；面汤1；咕噜汤1。

菜卷5；馅垒4；菜蛇蛇1；芝卷（子）4；卷6；菜馍馍1；菜蛇1；卷子2；卷搓1；卷菜1。

糖块3；洋糖4；糖果儿1；糖疙瘩4；糖蛋6；糖5。

（15）红白大事（8/53）：占15%。

新房7；帐房1；帐房窑1；媳妇房2；新媳妇居舍1；新媳妇舍3；洞房2；新媳妇屋1；媳妇行［xɤ］（里）2；媳妇屋儿1；婚房2。

娶媳妇10；唤媳妇3；唤新妇1；引媳妇2；索媳妇7。

怀孕显显的1；怀上娃啦3；身子不空1；害娃1；有了9；怀身子2；有喜啦4；有娃啦1；喜着了1。

胎盘2；衣布袋2；衣胞（儿）8；衣（儿）7；娃衣2；小娃衣1；衣圪胞1。

头胎8；头首9；头生儿2；头一个娃1；头一胎1；头上1；头首子1。

出殡10；埋人5；埋2；起灵5；灵起身1；发落人4；板出门1；出表1。

冥婚11；捏婚11；办干骨1；结鬼亲1。

灶王爷5；灶君爷2；灶官爷1；灶火爷4；灶爷3；灶神爷2；灶锅爷1；灶爷爷4；灶神1。

（16）日常生活（9/63）：占14%。

生火11；抬火4；安火2；笼火3；燎火2；架火2；烧火9；焐火3；点火1。

打饱嗝儿3；打饱食6；打够5；打嗝6；打嗳嗳4；嗝饮2。

饿了10；饥了7；肚饥了8。

梳辫子10；辫角角6；辫辫子4；绺角角1；梳发发1；梳角角子1；编辫1；梳头辫1。

掏耳朵8；掏耳屎2；掏耳塞10；抠耳朵1；挖耳塞2；挖耳朵2；掏蛹皮1。

打盹儿6；点盹8；摇盹3；眯盹2；倒盹2；盹倒1；丢盹2。

铺床8；铺倒1；铺被子/儿4；铺窝2；铺单1；敞炕1；暖被子2；展被子3；铺炕1；拉炕1。

收工7；下工5；下响11；收响2。

耍10；翻倒5；耍倒1；□tɕi·□tɕi3；□tsʅ·气4；□tɕiɜ·□tɕi1；□tsʅ·□tɕi2。

（17）交际（5/28）：占18%。

走亲戚5；走亲亲8；出门4；跑亲亲4；串亲亲1；眊人家1。

摆酒席9；摆席3；摆摊子4；做席1；设席4；设摊场2；摆席面1；摆桌1。

（俩人）不和不对劲11；不得和1；不说话7；不言语1；不卯3；尿不到一壶2；不恰2；合不来1；不对头1；不对卯3；逊了2；高了5；不和美1。

摆架子3；抖排场1；圪挺挺1；作难1；拿巴3；拽6；肘架子3；肘6；拿架子1；架大2。

斟酒满酒11；看酒7；倒酒10。

（18）商业、交通（3/28）：占11%。

开铺子10；开门市1；开店10；开店铺1；开当铺1；开门面2。

包圆儿10；拾掇3；全买了2；撮底了3；断下了1；打撅8；拾底1；拾掇底子1。

客车10；票车9；卖票车2；大巴车1；大客车1；厢子车1。

（19）文化教育（3/31）：占10%。

零分8；零鸡蛋7；鸡蛋4；零蛋3；大鸡蛋1。

第一名头名11；头儿9；批首1；取首1；老头1。

末名老末儿7；末尾子1；老末尾5；背榜2；坐椅子哩1；□nao²榜1；末嗒嗒1；拽榜1；末胡录1；末古蛋1；最后1；末儿1；末末底1；倒数第一1。

（20）文体活动（12/46）：占26%。

捉迷藏躲老猫1；防猫乎3；藏暗暗儿3；藏猫乎3；躲猫猫4；藏马捂1；躲猫乎1；藏猫咕1；藏巴巴1；藏咪咪1；藏猫猫1；防猫呼噜1；躲猫咕咕1；捂瞎猫1；捉瞎眼1；逮猫乎儿1；逮老母1；捂躲躲儿1；藏母鸡待窝1。

跳房子跳房房6；跳格2；跳院3；干房1；跳梯子1；跫脚1；跫格5；跫跛跛1；顶格格1；踢格1；踢格格1；跳格格3。

荡秋千1；打悠千5；打秋圈5；射秋圈3；打秋秋1；打秋千5；悠秋千2；打吊吊1。

抓子儿8；拿物1；拿五子2；抓五子3；撒子1；叫洋子1；掷颗儿1；抓石子1；抓魁儿1；抓魁来1；拈灰颗1；拾魁1；□ˬtsəu1；□·mə1；□ku1。

猜谜语猜曲儿3；猜枚5；断枚3；断呱句5；断4；猜谜2；打虎1；猜曲子1；出曲儿1；说呱句1。

翻绳6；翻交10；抄交5；翻花子1；撑交2。

摔跤8；玩跤3；扳跤6；□laiˀ跤1；扳架子1；摺轱辘2；捩跤1；□ˬlua跤1。

玩陀螺打皮瓯3；打猴7；打毛1；挨打毛4；打转不溜1；玩转不溜1；打溜不球1；打木猴3；拍猴1；打陀螺1；打转转1；抽猴2；打滚陀1。

掷色子3；打色子4；丢色子6；打点儿4；摇色子5；扔色子2。

翻跟斗翻跟头7；栽跟头2；翻毛轱辘1；翻毛跟头8；翻毛筋斗4；窝筋斗1。

跑旱船11；划旱船3；坐旱船1；耍旱船1；跑船6；玩旱船2。

踩高跷6；扎拐子5；踩拐拐2；栽拐子1；踩拐子4；踩柳木腿2；扎高拐子1；□ˬɕio跷1；蹭高跷1；蹭拐1。

（21）动作（11/139）：占8%。

躲藏防2；抬3；躲9；瘀3；藏8。

轻戳丑11；丑打1；捅/对3；圪捞3；戳5。

抖9；擞5；腾2；腾腾2；筛3；抖擞2；腾1；踢擞1；弹1。

猜想1；猜4；揣1；断7；想1；约莫6；想情3。

怕7；害惊4；着惊1；惊9；吓惊1；吓1；惊怕1。

讨厌9；颇烦3；见不得4；够得1；不爱见7；厌烦2；恶数2。

羡慕眼热6；眼人7；好干1；眼烧1；夸说1；眼红9；眼色1；希诧1。

吹牛装化1；吹活1；吹化1；吹2；贫2；煽9；胡煽7；砍椽2；抢天鬼1；胡煽冒料4；胡谰2；胡抢2；卖乖1；抢1。

喊叫5；吆喝4；央唤1；吆唤6；叫唤1；唤5；叫2。

聊天儿攀搭1；拍搭2；撒说2；卖攀1；攀作1；撒搭2；撒撒1；谝7；谝闲传1；闲谝4；谝闲话2；煽搭1；抢天1。

开玩笑4；说笑话9；说笑2；耍笑9；逗笑1。

(22) 方位（4/18）：占22%。

外面外头9；外些9；外前8；外先2；外岸1；外间1。

中间2；当间儿1；当间窝里1；当中9；当间窝5；当间1；当间里1；当中里3；当中中2；当门中2。

旁边2；跟前6；旁处1；边里1；边（儿）上6；偏岸3；横岸2；半外1；跟下1；边边1；一岸1；圪见1；旁外1。

到处5；众到处1；里外里1；满里乎1；哪搭7；哪3；满都2；满地3；满到乎2；哪里1；可世界1。

(23) 代词（9/32）：占28%。

我们1；我家8；我些1；我都6；我的8；我都起1；我系1。

你们1；你家8；你些1；你都6；你的8；你都起1；你系1。

他们1；他家7；他些1；他都6；他的9；他都起1；他系1；那家1。

咱们咱7；咱都6；咱的8；咱家2；咱都起1。

自己独自个2；自个2；自家7；各已1；各家2；各人10；我个人1；独个2。

人家5；伢家1；人那2；伢10；别人1；伢都4。

这段时间5；这向儿7；这一程子9；这段1；这几天1；这下日子1；这塞时分1；这时候1。

那段时间4；兀向儿7；兀一程子9；那段1；兀几天1；兀下日子1；兀外时候1；兀塞时分1；兀时候1。

怎样1；咋样9；咋个咧1；作么6；咋着4；作个劲1；作样1；咋呢1。

（24）形容词（10/128）：占8%。

舒服2；熨帖1；爽快5；平正11；受活6；好活1；洒落3；品麻2；舒坦7；贴胃1；得劲2；安然2；卡贴2；美气3。

聪明4；灵8；灵醒2；精11；精明2；精干1；能1；能言1。

机灵8；精4；灵醒1；灵泛3；活泛5；活索1；能1；灵1；灵活1；心眼儿多1。

老实3；实受10；实诚3；实在9。

蛮横7；蛮6；横7；恶2；厉害1；歪1。

狡猾2；滑4；奸10；滑头7；鬼5；圆泛1。

模糊4；麻糊5；马虎5；雾哩2；不清楚1；雾掠掠2；雾影1；灰不腾腾1；不清庄1；糊糊地1。

清醒11；清灵6；灵醒1；灵正2；清正2；清庄1；清哩1。

小气11；贫气1；细发6；仔细2；抠5；小抠1；穷气2；穷槽1。

整齐11；齐整3；整庄2；齐楚4；齐对1；周正1；整哉2；整曲1；整明2。

（25）介词、副词等（12/55）：占22%。

稍微稍1；捏个4；沾个3；有点儿7；有些儿7；捏微2；尚1。

差一点儿5；险乎7；险家乎儿1；差乎1；险些2；错一点（点）3；险险乎儿1；险险1；差一些5。

马上4；立马8；立当1；立当个1；当下3；说话2；一马2；日跟1；一绕1。

故意6；当故3；单故5；故意子3；故故2；专故子1；专意1；专故1；存心1；单故意1；故意意儿1。

一定5；保险4；保准4；肯定10。

另外7；单另10；把外1；别2；别另；另1。

独自独自3；自个7；各人4；一个人3；独个4；独一个2；独圪搭1。

一块儿11；厮赶（上）10；厮跟2；相跟1；一伙儿2。

一共共满1；满共11；统共1；总共5；通满1；拢共2；共总1；一伙3。

从赶6；到7；打7；自2；跟1；和1。

把叫1；到6；赶6；得4；给5；拿1；眊2；着1。

被叫1；到6；赶6；得4；拿1；着3。

（26）量词（4/55）：占7%。

一支（笔）6；根7；杆8；外2。

一丛（草）8；片5；扑笼5；扑袭2；堆4。

一嘟噜（葡萄）串儿11；骨抓儿4；圪串1；骨 ₂va2；疙瘩3；串子2。

（洗）一遍雞10；次1；水10；茬1；回2。

小结：统计显示晋南方言内部差异较大的词语有210条，占总数1531条的14%。在这26类词语中，比例最高的是代词，占28%；其次是文体活动，占26%；再其次是称谓词，占25%。比例最低的是植物与量词，各占7%，其次是动作与形容词，各占8%，再其次是天文，占9%。

在上节中，我们已将与普通话不同的词语做过罗列，再加上本节与普通话差异较大的词语，就可以得出晋南方言与普通话差异词语的比例，总共508条，占总条目的33%。详见表2-2。

表2-2 晋南方言与普通话相异词语百分比

词类	天文	地理	时令时间	农业	植物	动物	房舍	器具用品	称谓
词目数	45	59	61	40	71	93	28	85	48
不同数	16	14	20	11	12	42	11	29	24
百分比	36%	24%	33%	28%	17%	45%	39%	34%	50%
词类	亲属	身体	疾病医疗	服饰	饮食	红白大事	日常生活	交际	商业交通
词目数	60	77	49	50	89	53	63	28	28
不同数	27	26	17	19	24	17	21	10	10
百分比	45%	34%	37%	38%	27%	32%	33%	36%	36%
词类	文化教育	文体活动	动作	位置	代词	形容词	介词副词	量词	
词目数	31	46	139	18	32	128	55	55	
不同数	9	17	38	14	21	29	20	9	
百分比	29%	37%	27%	78%	66%	23%	36%	16%	
词目总数	1531									
不同总数	508									
百分比	33%									

二、晋南方言词汇差异的主要类型

这一部分从差异类型的角度探讨晋南方言词汇的区别性，从而直接反映方言词汇的内部差异，与词目的差异性互相印证。

以下主要从音节数量、构词法、逆序词、词义比较等方面着手分析。

说明：这一部分研究对象不局限于晋南方言差异性较大词语，亦包括半数以上方言点相同的词语（内部亦存在一定差异）。举例中只罗列部分方言点。

（一）音节差异

晋南方言词汇以双音节为主，但同一词目在不同方言点之间音节数量并不同，主要体现为双音节与单音节、多音节之间的差异。下面举例先列出普通话说法，冒号后面是方言说法，不同说法用"——"前后隔开，括号内小字表示方言点。

1. 双音节与单音节对应

麦子：麦子（吉、襄）——麦（临、运、平、绛、夏）

痣：黡子（猗、运、津、万）——痣（乡、芮）

顽皮：淘气（闻、新、绛）——捣（猗、津、运、济）

玩耍：翻倒（津、稷、万、夏、闻）——耍（霍、吉、乡、猗）

喊叫：吆喝（洪、临、吉、稷、平）——叫（猗、运）

痔疮：瘘疮（吉、乡、济、洪、侯）——瘘（猗、万、津、霍）

上供：上供（闻、新）/供献（津、夏）——献（临、襄、侯、猗、运）

面粉：白面（临、吉、翼）——面（襄、侯、稷、运、猗）

眼泪：泪颗（临、襄、洪、浮）——泪（吉、乡、夏、猗）

乳汁：奶水（襄、侯、济、绛）——奶（翼、乡、吉、运、夏）

蝴蝶：蝴蝶（洪、襄、临、侯）——蛾儿（翼、乡、河、万、猗）

鸟儿：虫蚁儿（稷、万）——鸟（运、平、侯、闻、垣）

2. 双音节与多音节对应

水坑：水坑（运、芮、平）——水圪窝（霍、临、浮、翼、洪）

菜瓜：菜瓜（临、襄、浮、翼）——地黄瓜（津、万）

花生：花生（吉、翼、沃、津、平）——落花生（运、襄、洪、猗）

滑冰：溜冰（万、津、猗、绛）——溜滑滑（翼、浮）

差不多：傍肩（襄、侯、猗、运、绛）——差不多（霍、吉、浮、翼）

猫耳朵：麻食（万、猗、运、平、新）——趾耳朵（翼、侯）

小汽车：卧车（襄、夏）——鳖盖车（临、侯、乡、芮）

死结：死曲（津、猗、济）——死疙瘩（临、浮、襄、万、夏）

闹洞房：闹房（临、洪）——淘媳妇（翼、侯、猗、夏、绛）

寿衣：老衣（临、吉、襄、猗）——老时衣（万、运、绛、垣）

帽檐：帽檐（猗、济、绛、乡）——帽舌头（襄、翼、侯）

手绢儿：手巾（霍、洪、吉、襄）——小手巾（侯、平）/小手布（翼）

蜻蜓：棒槌（津、万、稷、运、猗）——麻疙瘩（襄、新）/麻圪带（洪）

老鹰：老雕（吉、侯、平、绛、垣）——滴溜溜（新、闻、稷、万）

乌鸦：老鸹（霍、襄、乡、稷）——黑老鸹（洪、吉、临、浮、翼）

这种类型对应相对居多，也从侧面说明晋南方言词汇以双音节为主。

（二）构词语素差异

从构词语素的多少来看，汉语词汇分单纯词和合成词，其中合成词分复合式、附加式、重叠式等。这几种类型在晋南方言中的表现较为复杂，以下讨论合成词的构成差异。其中复合式之间的差异主要表现在偏正式和动宾式，附加式多体现在词缀的运用方面。

1.偏正式复合词

这种差异分两种类型，一种是词根相同，修饰、限定语素不同，此类型更常见。例如：

冰：冻凌（津、万、霍、吉、襄）——冰凌（济、猗、芮、乡、吉）

逆风：顶风（襄、侯、浮、绛、垣）——逆风（猗、万、稷、济、新）

猛雨：猛雨（平、绛、夏、猗）——骤雨（翼、吉、襄）

棉裤：棉裤（猗、运、津）——装裤（霍、吉、翼）

整块砖：浑砖（津、运、猗、万、济）——刚囵砖（临、襄、翼、侯、稷）

花卷：花卷（夏、绛、临、翼、洪）——油卷（霍、乡、浮、垣、猗）

黄豆：黄豆（沃、济、襄）——白豆（运、猗、临、夏、芮）

厢房：耳房（猗、新、翼、垣）——偏房（襄、浮、侯、平）

暖水瓶：暖壶（洪、临、襄、浮）——电壶（猗、济、闻）

纱巾：纱巾（猗、夏、绛、垣）——丝巾（运、济）

另一种是修饰、限定语素相同，词根不同，相对来说数量不多。例如：

山脚：山脚（襄、浮、临）——山根（猗、绛、运）

松树：松树（运、猗、济、夏）——松木（洪、浮、临、稷、万）

油饼：油卷（临、翼、沃）——油饦（运、平、猗、闻）

小产：小产（浮、沃、闻）——小月（猗、济、平、运）

2.动宾式复合词

这种类型分两种：第一种动语不同、宾语相同，这种情况常见。例如：

下雾：下雾（侯、襄、乡、津、济）——起雾（临、翼、猗、绛、新）

打雷：响雷（运、猗、济、芮、洪）——吼雷（吉、津、万、襄、乡）

号脉：号脉（侯、运、临）——抓脉（吉、翼）

拔火罐：拔火罐（乡、绛、芮）——扳火罐（吉、津、翼）——抓火罐（猗、运）

着凉：着风（猗、新、绛、津）——冒风（闻、芮、临）

割草：铍草（猗、平、夏、侯）——刮草（浮、翼、绛、沃）

盛饭：盛饭（翼、济）——舀饭（襄、侯、运、猗）

涮衣服：涮衣服（临、浮、翼）——投衣服（运、济）——摆衣服（侯、乡、芮）

顶嘴：翻嘴（翼、济、猗、运）——犟嘴（吉、稷、芮、平）

骗人：赚人（洪、临、襄、翼）——哄人（吉、乡、济）

抖腿：擞腿（侯、沃、翼、绛、垣）——筛腿（襄、万、津）

跺脚：跺脚（绛、夏、津、猗）——墩脚（临、襄、浮、翼）——踏脚（侯）

探望（人）：眊人（霍、临、襄、翼、侯）——看人（芮、运、绛、吉、猗）

买酱油：灌酱油（翼、侯、运、夏）——把酱油（万、猗、济）

买布：扯布（稷、夏、绛、临、襄）——掰布（侯、猗、济）

第二种类型是动语相同、宾语不同，相对来说数量不多。

熬夜：熬夜（吉、乡、洪、浮、济）——熬眼（猗、万、绛）

吃酒席：吃席（吉、夏、绛）——吃摊子（猗、济、运、万）

上课：上课（侯、襄、津、运）——上堂（临、新）

翻绳（游戏）：翻绳（洪、济）——翻交（临、襄、沃、猗）

跳房子（游戏）：跳房子（吉）——跳院（襄、新、稷）——跳格子（临、闻）

抓阄：拈纸蛋（津、猗、万）——拈蛋（翼、侯）——拈丸（稷、垣）

玩陀螺（旧式）：打皮瓯（猗、济）——打猴（襄、夏）——打毛（吉）——打转不溜（翼）——打溜不球（霍）——打木猴（侯、稷）

另外也有个别词目动语、宾语都不一致的。例如：

走亲戚：走亲亲（临、襄、浮、稷）——出门（运、猗、济、吉）

荡秋千：打悠千（霍、稷）——射［ʂʅ］秋千（襄、猗、运）

摔跤：玩跤（猗、济、运）——扳架子（翼）——撂轱辘（侯、沃）

相对来说，第一种类型在晋南方言中的数量较多。

（三）构词法不同

这里主要指派生词的构词差异。晋南方言词缀较丰富，既有前缀"圪""日"，又有后缀"子""头""货""佬""㞞""鬼"等。关于晋南方言词缀的研究，学界已有不少研究，例如，王临惠（1993、2001、2013）、乔全生（1995、1996、1999、2000）、吴建生（1997）、辛菊（1999）、沈明（2003）、史秀菊（2004）、郝滢（2009）、翟维娟（2015）等。以下主要对"子""里""岸""家"等后缀在不同方言的使用作简要比较。

1. 后缀"子"

"子"作词缀，在晋南方言中的表现尤为丰富。但不同方言点使用"子"的频率、范围并不一致。例如，霍州、襄汾、河津、新绛、吉县等地相对使用得较为高频。其中双音节词语中"子"前面的音节大多为词根，而三音节词语的特点是前两个音节是词根，后一音节"子"作词缀。这里的"子"分两种类型：

一是双音节"子"缀词,"子"一般具有构词作用或加上"子"变成名词。例如:

(1)霍州方言

床子压饸饹的工具、杌子、号子学生宿舍、茅子厕所、围子炕围子壁画、坡子地的倾斜处、鏊子烙饼用的炊具、隔子用以隔离的屏障、褯子袼褙、套子衣物、被褥里面的旧棉絮。

(2)襄汾方言

蝇子、槌子棒槌、褡子褡裢、衬子袼褙、起子改锥、袄子包袄、糨子浆糊、狐子狐狸、母子母羊。

二是三音节"子"缀词,这类"子"缀是否有构词作用,有待进一步考证。例如:

(1)霍州方言

牙花子牙床、肩膀子肩膀、胸脯子胸脯、脸蛋子脸蛋、枸杞子、草帽子草帽、脚尖子脚趾、热起子痱子。

(2)河津方言

飞虫子麻雀、野鹊子喜鹊、黑脖子傍晚遇烟降落的一种黑色虫子、水鸡子青蛙、羊羔子羊羔、儿狗子公狗、牛犊子牛犊、交床子马扎、被面子被面、蒜瓯子蒜瓯、酒盅子酒盅。

(3)新绛方言

布袋子口袋儿、汗巾子手绢儿、护裙子围裙、肉铺子肉铺、洗锣子铜制脸盆、子马子种马、蝎虎子壁虎、手掌子手掌。

2.后缀"里"

"里"用在时间词后面,作词缀,无实在意义。例如:

春(天)里	夏天里	秋(下)里	冬天里
年头里年初	年下里新年	正月里	腊月里
前晌里	后晌里	早起里早晨	白儿里/白晌里白天
黑夜里半夜	黑下里下午五六点	合夜里晚上七八点	

哪些时间词后加"里",只是当地人们的一种说话习惯,没有严格的规

律。这种现象主要存在于霍州、临汾、洪洞、浮山、新绛等地。

3.后缀"家"

(1)"家"用在部分称谓词或方位词后面,作后缀,表示某一类人。例如:

汉家/汉家家男人　女人家/老婆家女人　小娃家　　　穷汉家
娃娃家　　　　　　妮子家女孩　　　　男人家　　　孩家
乳子家小孩　　　　小子家男孩　　　　老汉家老头儿　村里家乡下人
城里家城里人　　　屋里家女人　　　　外前家男人

这种用法主要存在于新绛、稷山、侯马、临猗、霍州、临汾、洪洞等地。不同县市"家"的能产性并不一致。相对来说,稷山、新绛"家"缀词较多。

(2)"家"用在人称代词之后,表示复数。主要存在于霍州、洪洞、襄汾、临汾、吉县、新绛等地。"家"的读音,声母有三个 tɕ、t、ɕ,大多读轻声。[①]

例如,霍州方言[②]:

我家 [ŋu33 ɕi33]　　你家 [ȵi33 ɕi33]
他家 [tʰɣ33 ɕi33]　　咱家 [tsa35 ɕi33]

再如洪洞方言[③]:

我家 [ŋua42]　　你家 [ȵia42]　　俫家 [na21 tia0]

上述例子"我家""你家"的读音属于合音现象。

"家"在洪洞亦可用于少数时间词后面,亦作后缀。

一天家整天　一年家一年

4.后缀"岸"

用在部分方位词后面,表示方向。例如:

左岸　　　右岸　　　南岸　　　北岸　　　东岸
西岸　　　里岸　　　外岸　　　一岸外地　正岸
翻岸背面　半岸　　　这岸　　　兀岸　　　偏岸旁边
边岸一边儿　斜岸　　对岸

[①] 乔全生.山西方言人称代词的几个特点[J].中国语文,1996(1):28.
[②] 冯良珍,赵雪伶.霍州方言研究[M].太原:北岳文艺出版社,2014:246.
[③] 乔全生.洪洞方言研究[M].北京:中央文献出版社,1999:249-250.

这里"岸"的意义已经虚化，也有一定的能产性，但其意义并没有完全虚化。"岸"作词缀在晋南较普遍，仅少部分方言不存在，例如，霍州、洪洞等地。

5.其他

构词差异也表现在复合式、附加式、重叠式这三种结构的交叉中，即同一词条在不同方言点采用的构词方式并不相同。例如：

（1）辫子：辫子（临、万、津）——角角（猗、运、济）

（2）烙饼：烙馍（猗、运、夏）——饦饦（平、猗、垣）——旋子（襄、侯、绛）

（3）红包：红包（襄、临、绛）——封子（侯、运、猗）

（4）粗布：粗布（襄、翼、垣）——棉子（猗、万、运）

（5）蜗牛：牛儿（绛）——牛牛（襄、翼）

（6）瓜蒂：圪蒂（万）——蒂子（临）——蒂蒂（猗）——瓜把把（夏）——瓜圪带（运）

（7）气味：味儿（万、济）——气气（猗、垣）

上述例子中，例（1）（5）（7）是附加式与重叠式的差异。例（2）是偏正式、重叠式、附加式之间的差异。例（3）（4）都是偏正式与附加式的差异。例（6）较复杂，分别是附加式、重叠式、复合式之间的差异。但不同方言之间的构词方式有同有异。"圪蒂"运用前缀"圪"，"蒂子"运用后缀"子"。"瓜把把"与"瓜圪带"都属于偏正式，前者套用重叠式，后者套用附加式。

（四）语素顺序的差异

晋南方言存在一部分同素逆序词，即语素相同、排列顺序相异的一组词。同素逆序词的意义、用法在晋南方言中基本相同。例如：

火闪闪电（翼、猗、夏、绛、垣）——闪火（乡、吉）

叔伯（浮、翼、乡、芮）——伯叔（津、万、猗、襄、临）

脖项脖子（猗、津、万、浮、汾）——项脖（襄、稷、闻、新）

池泊（猗、津、运、济、平）——泊池（襄、浮、翼、新、绛）

蚍蜉蚂蚂蚁（洪、襄、吉、浮、翼）——蚂蚂蚍蜉（津、万、猗、运）

闲谝（闻、平、津、猗）——谝闲（夏、万、运、猗）（"闲谝"是偏正结构，"谝闲"是动宾结构。）

眉眼（临、襄、侯、运、垣）——眼眉（吉、绛、新、浮、翼）（"眉眼"指相貌，"眼眉"指眉毛。）

（五）词义差异

词义差异在方言之间的表现更为复杂。因为"词义差异是反映不同方言区人民之间文化、心理、历史差异的镜子"[①]。晋南词义差异主要表现在以下五个方面。

1. 所指不同

主要指词形相同，而指代内容并不一致的词语，即同形实异。

"油卷"，在临汾、翼城、曲沃等地指称油饼，在霍州、浮山、乡宁等地指称花卷。"大大"，临猗、襄汾读作 [ta33·ta] 指称"伯母"，指的是比母亲年长的无亲属关系的女性；万荣、吉县指称伯父的妻子。"大大"读作 [thɤ51 ta213]，侯马指称伯父。"爹"读作 [₋tia]，在平陆、新绛、永济、临猗指称父亲；读作 [₋tie]，新绛、永济、临猗指称叔父，平陆指称伯父。

2. 词义交叉

即词面相同，词义有交叉，也就是同一个词目，不同方言之间意义有重合（邢向东，2007）。例如：

"抬"在晋南方言中普遍存在以下两个义项：①用手或肩膀搬东西；②藏，例如，"你把东西抬了，要不他就吃完了。"霍州、临汾、河津等地亦可表示③生火，翼城、稷山、襄汾没有③，但有义项④表示放、添加调料之义，例如，"抬点盐。"

"够"在晋南方言中普遍存在两个义项：① 满足一定的限度；② 厌烦、讨厌，例如，"我见他可够着。"但在曲沃方言中亦表示③及、达到之义。例如，"我够不着衣服。"临猗、永济、运城等地没有③，但有义项④表示饱了；饱嗝之义。例如，"我吃够了"表示的是"我吃饱了"。"我吃嘞都打够嘞。"指的是"我吃得太饱了，都打饱嗝呢。"

[①] 邢向东. 关于深化汉语方言词汇研究的思考[J]. 陕西师范大学学报（哲学社会科学版），2007（2）：117-122.

3. 语义范围不同

即相同词语在不同方言点的概念范围、语义指称不一致。"胰子"在晋南大多方言点中指"香皂",而在临汾、霍州兼指"香皂和肥皂",若专指时分别用"洗脸胰子、香胰子"与"洗衣裳胰子、臭胰子"相区别。

"鼻子"在襄汾、翼城可兼指鼻涕。

"喝汤"在洪洞、临汾、襄汾、永济等地兼指吃晚饭。

"经营"在晋南大多数方言中指"筹划并管理",例如,"我爸年轻时可能干着,经营一个面粉厂。"运城、临猗、万荣、永济等方言点还有"照顾、照看、料理"的意思,例如,"你给娃经营吃了再走地你把孩子照顾吃了再去田里干活。""我主要经营娃吃喝。""你把娃经营大了,伢妈啥都不管。"

"憨"在晋南方言中一般作形容词,表示"傻、不聪明",在运城、临猗亦作程度副词,表示"十分、非常",例如,"这西瓜憨甜哩。""兀娃憨能下苦嘞。"

4. 语义色彩不同

语义色彩包含感情色彩、形象色彩、语体色彩三种类型。方言词语大多活跃在当地民众的口语中,一般不存在语体色彩的差异。这里主要分析前两种。

同样的词面,不同方言点蕴含的感情色彩并不一致。

"肥 [ɕi]",万荣、河津、临猗等地既可形容动物肥,也可形容人体胖,并无特殊色彩。临汾、新绛等地主要指动物肥胖,若用来形容人,则带有贬义色彩。

"稠",晋南多数方言表示"与稀相对""密"之义。例如,"汤熬得太稠了。""地里稻黍玉米苗太稠了,要间间苗。"运城、临猗、永济等县市亦可比喻好的东西或人,带有褒义色彩。例如,"刚开始老说不下媳妇,没想到最后伢他还捞了一个稠的。"这里"稠的"指代好媳妇。

除了感情色彩不一致,有些词语的形象色彩也不相同。例如,"雪珠子"在各地的称呼丰富多样,不同的称说使得人们脑海中浮现不同的事物。翼城称作"盐疙瘩雪",新绛、绛县称作"盐颗子雪",永济称作"盐块子雪",

由此脑海中联想起"颗粒状似的盐"。洪洞、临汾、襄汾、河津、万荣、临猗等地称作"米颗雪",由此脑海中浮现出小米颗粒状的雪形象。侯马称作"糁糁雪",垣曲称作"雪糁糁","糁糁"指的是玉米小颗粒,由此会联想到"玉米粒大小似的雪"。

"毛毛雨"在各地的说法亦形象生动。洪洞、吉县、新绛、霍州称作"箩面雨"。"箩子"是一种筛选粉状物质或过滤流质的器具,底部细密,所以将之与小雨构成比喻,更能突出细小的特点。万荣称作"蝇母尿","蝇母"指的是小苍蝇,"蝇母尿"则是更小的水滴,用人们熟知的"蝇母尿"称呼,更形象通俗。翼城称作"雾雨",突出像雾蒙蒙状的小雨。绛县称作"面面雨","面面"指粉状物质,由此脑海中联想起类似细碎的形象。

5. 语义层次不同

这种差异主要指"词面相同,但在各自方言中的语音层次、词汇层次不同,或在语义场中的地位不同"(邢向东,2007)。

"姐",临猗、万荣等方言点存在文白异读。"姐夫"读作 [˚tɕia·fu],指"姐姐的丈夫";读作 [˚tɕie·fu],指"丈夫、女婿",后者与其他方言点语音不同,指代有异,实际是一种层次的差异。"姐"在浮山、临汾、洪洞、翼城等地读作 [tɕia],指"母亲",与其他方言点指代不同。

这种现象是语义层次不同,即词面相同,读音不同,意义相异,实际上它们属于方言词汇中的不同语义场的成员。

再如"娘",读作 [˚ȵyo/ȵio],属于白读音,晋南一般指祖母。如临猗"奶奶"说 [˚ȵyo],文读 [˚ȵiaŋ] 表示叔母(婶婶)之义,运城文读音 [˚ȵiaŋ] 表示伯母之义。垣曲"祖母"用"婆婆"表示,"娘 [˚ȵyo]"表示母亲。这也是一种语义层次不同的表现。

第三节　晋南方言词汇差异性的因素

方言词汇的差异是词汇系统长期发展演变的结果。造成方言词汇差异的原因是多方面的，一方面有语言内部发展的原因，另一面是语言外部因素的影响，或者两种因素相互作用导致形成。其中内部因素是其发展的主要力量，外部影响是其发展的推动力。

造成方言词汇差异的内部原因有：一是语音变化的影响，包括语音历史层次的差异、古音的遗留、变音别义、语流音变、词语相互感染等；二是语言来源不同，有的是古语词，有的是创新词；三是语言接触的影响；四是语言认知的作用。

语言外部因素对方言词汇差异性也有一定影响，具体表现在社会经验、文学艺术、地理因素、心理避讳、历史文化等因素。

一、语言内部因素

（一）语音变异

1. 文白异读

晋南方言存在丰富又复杂的文白异读现象。文白异读是不同时期语音历史层次叠置的反映，这类语音变异有时会形成方言词语间的差异，造成同一词语表达不同的意义。

例如，"起"在晋南文读音为［˚tɕhi］，白读音为［˚khei］。"早起"一词，读作［˚tsau ˚tɕhi］，作动词，表示"早早起床"含义，与普通话用法相同；读作［˚tsau·khei］（临猗、运城、吉县、河津、万荣等地），作时间词，表示"早晨"。例如，"早起天不亮娃就上学去了。"这一含义在元代已存在。例如，元·关汉卿《救风尘》第三折："早起杭州散了，赶到陕西，客火里吃酒，我不与了大姐一分饭来？"元·无名氏《马陵道》第二折："准备文房四宝，传写天书，只待早起修了天书，我便早起杀了那厮，晚夕修了天书，我便晚夕杀了那厮。"

再如"姐夫"，万荣、临猗、河津等地有两个读音。读作［˚tɕiafu］，指的是"姐姐的配偶"；读作［˚tɕiɛ·fu］，指的是"丈夫、女婿"。［˚tɕiafu］属于白读音，反映中古的语音特点，相对来说语音的历史层次更古老些。［˚tɕiɛ·

fu］是文读音，主要受共同语的影响，属于新近的语音层次。从文献来源上说，也可证实这一点。"姐夫"指"姐姐的丈夫"的含义在元代已出现，之后一直沿用至今。元·关汉卿《鲁斋郎》楔子："不是别人，是鲁斋郎强夺了我浑家去了。姐姐、姐夫，与我作主。""姐夫"指"女婿"在《京本通俗小说·错斩崔宁》中已有用例。例如，"直到天明，丈人却来与女婿攀话，说道：'姐夫，你须不是这等算计。'"①句中"姐夫"是岳父对女婿的称呼。现今"姐夫"指丈夫，应是此义的进一步扩展。

2. 合音

在语流中，前后两个音节相互影响，往往会发生合音现象。方言词汇的差异有一部分就是合音造成的。例如，"媳妇（子）"在芮城、河津、稷山等地称作［ɕiəuˀ·tsʅ］，其中［ɕiəuˀ］即是"媳妇"的合音。在表示"家"概念义时，晋南部分方言用"居舍"表示，但读音不同。浮山、洪洞、吉县等地读作［ku53 ʂa44］、［tɕy31·ʂa］，临汾将其合音读作［tɕya21］，"居"声母由［k］到［tɕ］，读音发生腭化。

3. 语音同化或感染

"妯娌"在霍州、洪洞、翼城、运城、河津、临猗、万荣、永济、芮城、平陆、夏县等地称作"先后"。不过各地读音并不一致。临汾、襄汾、侯马、吉县、绛县、新绛、垣曲等地称作"相后/互［ɕiəŋˀ·uəu］/［ɕiaŋˀ·xəu］/［ɕiaŋˀ·xu］"，事实上，本字应为"先后"，只是语音的感染同化造成。"后"的声母为［x］，属于舌根音，"先"韵母中的前鼻音［n］受［x］感染变读为后鼻音［ŋ］，即读作"相后"，"后"语音进一步弱化，读作"相互"。所以这是语音同化造成的词汇差异。这种现象也可能伴有俗词源的产生。称"妯娌"为"先后"也见于陕西、甘肃、宁夏、青海、四川等方言。李荣（1997）对"先后"的读音与分布做过考释。②

"难过"一词在晋南语义中较丰富。不仅指心情低落，也指生病或烦心的大麻烦（事情）。表示后一语义时，临猗、万荣、运城等地的语音略有差异，

---

① 丁崇明.男子配偶称呼语的历时演变、功能配置及竞争［J］.语言教学与研究，2005（1）：44.
② 李荣.考本字甘苦［J］.方言，1997（1）：6-11.

读作［naŋ13 kuo33］。"难"韵母［n］受到"过"声母［k］的影响而发生语音同化，变为后鼻音。

（二）源流不同

方言的形成是一个多来源、多层次的历史过程，方言词汇的形成也是一个不断变化与叠置的过程。在这个动态过程中，既有对不同历史时期词汇的继承与积淀，也有方言词汇的演变与创新，还有语言接触与融合的影响。不同地域方言词的形成各有特色。在继承与保留古语词的数量上，晋南各县的比例并不一致。例如：

表示"房屋"时，临猗、万荣、运城、芮城等地说"舍"，临汾、浮山、翼城、襄汾等地说"房子"。"舍"相对更古老。《礼记·曲礼》："将适舍，求毋固。"《史记·高祖本纪》："遂西入咸阳，欲止宫休舍。"到了近代，"房子"可表示"房屋"。明·凌濛初《初刻拍案惊奇》卷二十："问了姓名，便收拾一间房子，安顿兰孙，拨一个养娘服侍他。"清·曹雪芹《红楼梦》第六十七回："正是高高兴兴，要打算替他买房子，治家伙，择吉迎娶，以报他救命之恩。"

表示"推测、猜想"概念义时，侯马、临猗、永济、万荣、夏县等地说"断"，襄汾、翼城、临汾等地说"猜"。《说文·斤部》："断，截也。"本义指把条状物截开分段，后指判断、决定。《易·系辞》："系辞焉以断其吉凶，是故谓之爻。"《黄帝四经·兵容》："当断不断，反受其乱。"南朝·刘勰《文心雕龙·指瑕》："若夫注解为书，所以明正事理，然谬于研求，或率意而断。"今晋南在此义的基础上进一步引申，表示"推测、猜想"。如"你断我手上有啥。"所以虽沿用"断"，但语义发生了一定变化。

《说文·犬部》："猜，恨贼也。从犬，青声。"本义为嫉恨、怀疑。至迟宋代产生"猜测、推想"之义。北宋·柳永《少年游》："万种千般，把伊情分，颠倒尽猜量。"北宋·王安石《两马齿俱壮》："两马不同调，各为世所猜。问之不能言，使我心悠哉！"今临汾等地沿用此说，是古义的承传。

（三）语言认知上的差异

客观事物的属性、特征是多维的，而不同地域的民众对这些属性、特征的认识往往会有不同的表现。面对同一事物，人们往往用最能凸显事物特点的词语来命名。不同地域人们的社会经验存在一定的差异，关注事物的视角也会有所不同，因而同样的事物在不同方言区就会出现不同的名称。例如：

"别针儿"，襄汾、吉县、平陆、垣曲等地称作"别针"，临猗、河津、万荣、永济、绛县、运城、夏县、翼城、浮山、临汾等地称作"扣针"，主要源于不同民众观察的着眼点、侧重点不同。前者侧重"别上"这一动作，后者侧重合上时"扣"的动作。

"菜瓜"一词的命名，源于其可作为一种蔬菜而食用，这一说法在晋南较普遍。"菜瓜"在河津、万荣称作"地黄瓜"，源于人们关注的焦点是其长势，因其与黄瓜相似，但又不需要搭架就可生长结果。临猗将其称作"腌瓜"，因为当地人们经常用其来腌菜。运城将其称为"脆黄瓜"，则关注的是其口感，相比较黄瓜来说，"菜瓜"更为生脆。

"丝瓜"，运城、临猗、河津、万荣等地称作"擩布瓜"，这种命名侧重凸显"丝瓜"的作用，当其成熟晒干后，可以代替抹布、海绵之类洗刷灶具、碗盘之类，"抹布"在当地被称作"擩布"，因而"丝瓜"即称作"擩布瓜"。宋·陆游在《丝瓜》中也有类似的描述："丝瓜涤砚磨洗，余渍皆尽而不损砚。"其余方言点称作"丝瓜"，主要是受普通话影响，当然也与其果实成熟时里面的网状纤维为细丝状有关系。

"蚜虫"，临猗、襄汾、永济、垣曲、运城、襄汾等地称作"腻虫"，源于其经常黏附、缠绕于树枝、树叶上面，从而称其为"腻虫"。霍州、临汾、侯马、翼城、曲沃、稷山、万荣、夏县、绛县、新绛等地将其称作"旱虫"或"油旱"，则源于其生存的时间与季节，天气越干旱炎热，越容易产生"蚜虫"。

（四）语言接触的影响

相邻地域之间的社会交往较密切，于是方言间的接触就频繁，由此会带来方言词汇的叠置、借贷、替换等现象，尤其是多个方言的混杂区域或过渡地带，词汇间的互相渗透是不可避免的，从而对方言词汇变化也会造成一定的影响。例如：

"丈夫""妻子"在不同县市的说法丰富多样，有的称呼与方言的接触就有一定的关系。晋南对"丈夫"的称呼语有"男人、外前人、老汉、汉家、掌柜"等，对"妻子"的称呼语有"老婆、媳妇、婆娘、屋里（人）、居舍（里）、婆姨、婆婆"等，其中"婆姨"一词带有明显的地域色彩，主要存在于吉县，其余方言点一般说老婆或婆娘。我们知道"婆姨"流行于晋语的吕梁片、并州片、五台片等地，吉县处于晋语区与中原官话汾河片的过渡地带，因而受晋语的影响，将"妻子"称作"婆姨"，与其他方言点存在明显差异。

再如表示"行不行""可以不可以"时，垣曲方言说"中不中"，与晋南其他方言点存在明显差异。之所以说法较独特，与所处位置有很大的关系。垣曲东邻河南济源市，南面与渑池县、新安县隔河相望，两地人们经济往来相对密切，因而语言接触也就较为频繁，长此以往，方言词汇势必相互影响。"中不中"是河南方言的一个特征词，垣曲方言显然是受到其影响所导致的。

二、语言外部因素

语言内部因素对方言词汇差异的形成有一定的影响，但有些差异只靠语言内部因素来解释，并不能说得十分清楚，因而还需要借助语言的外部力量来说明。只有结合语言外部因素的说明，才会对方言词汇之间的差异性有深刻的理解。具体表现在以下四个方面。

（一）社会历史的变迁

社会在发展，时代在进步，客观事物也会随着社会和时代发生一定的变化。20世纪80年代之前，由于经济发展的相对滞后，晋南农村照明多用煤油灯，所以"熄灯"常称作"吹灯"，后来发展为电灯泡，因而变为"拉灯"，再到现今节能灯较普遍，又称作"关灯"。当然与开关的变化亦有一定关系。

这一方面有时也体现在新老派对事物的命名认知上。例如，"路费"一词，在老派的口语中，"盘缠"更为常用。而新派的代表中，多用"路费"。这与社会的发展应该也有一定关系。为了出行的方便和安全，旧时代人们往往将路费藏于衣服之内，缠绕于腰间等部位，因而"盘缠"一说既形象又符合实际。现今人们有更为方便安全的方式，"盘缠"一词亦即成为历史现象。

"浆糊"，晋南称作"糨子"，一般用面粉拌水和成，用来粘贴物体。当形容一个人头脑不清、糊涂做事时，常比作"糨子"。如"兀脑子就是个糨子。"现今生活中很少再见到此物，多用胶水、胶棒等替代，"糨子"逐渐退出人们的生活圈，演变为历史词。

（二）文学艺术的影响

优秀的文学作品不仅陶冶人们的情操，也能提高人们的素质。而经典文学作品塑造的人物形象更是深入人心，因而人们将作品中的人物运用到自己的语言生活中。面对生活中类似的人物时，人们会将其比照作品中的人物形象，从而产生出一些富有特定含义的方言词语。例如：

"刘备"是三国人物，小说中描写其遇事经常以哭来倾诉与感化，达到笼络人心、实现抱负等目的，因而在为喜欢哭的人命名时，这个角色便在运城、临猗、永济、夏县等地的民众脑海中被激活，"刘备"成为爱哭人物的代名词，尤其指称爱哭的孩子，人们常说此类人"你和刘备一样"。

《窦娥冤》是晋南民众比较熟悉的戏剧作品，"张驴儿"为其中人物，因用错药而毒死父亲，由此河津、万荣方言用他指代乱吃药的人物。

（三）地理环境的差异

帕默尔（1983）曾说："决定语言接触的社会交际从根本上来说是在空间中进行的接触和运动。所以言语像一切文化现象那样，为地理因素所决定并受到地理因素的限制。"[①]晋南地处黄土高原，多山体丘陵地貌。不同的地理环境与地形地貌，对区域方言词的形成有一定的影响。

例如，"塬"，指四周是沟的台状高地，四面陡，顶上平。晋南部分县市的地形地貌符合这个特征，因而方言中存在"塬"这个词语，如闻喜、绛县等地，反之则无。

---

① L.R. 帕默尔. 语言学概论［M］. 李荣，王菊泉，周焕常，等译. 吕叔湘，校. 北京：商务印书馆，1983：117.

"峪"指山谷或峡谷开始的地方，反映此地形地貌的词语在地名中常有遗留。例如，中条山横亘绛县东南，绛山俯卧西北，东南高峻，西北平缓，山区占全县67%，因而多个地名使用"峪"，像里册峪、磨里峪、续鲁峪、陈村峪、紫家峪、吉峪、兰峪、前峪、后峪、东晋峪、西晋峪、北晋峪、东峪、西峪、安峪、大虎峪、小虎峪、峪南等。在其他县市，若是广袤平原，不存在沟壑交错，山脉起伏等地貌特征，则少有"峪"类词，如临猗、运城、永济等。

不同的地形地貌也会对当地的房屋建筑类型与风格造成一定的影响。临汾、霍州、浮山、襄汾、平陆等县市境内多为丘陵地带，当地居民的房屋建筑便依山体而建成窑洞，因而与"窑"相关的方言词汇非常丰富。例如，"砖窑""土窑""角窑""墼窑""钻山窑""当窑""暗窑""贯窑"等。

（四）思想观念的影响

不同地域人们的社会观念、习俗、崇尚等意识往往不同，这在一定程度上也会带来方言词汇之间的差异。

对于死亡，一般人在心理上往往忌讳，不愿直接说出来，因而不同地域的民众对"逝世"这一词语的称说就变换多样，相当丰富。例如，称作"老了、殁了、不在了"，这是晋南最为普遍的说法。死亡即离开人世，离开亲人，因而襄汾、浮山、永济、运城等地又称作"走了""去了"。一个人若非正常死亡，尤其是未成年，这对于大多数人来说，都是极其不幸的，因而河津称之为"糟践了"，万荣称之为"扔哉了"；临猗称之为"糟蹋了"；新绛称之为"丢了"。

对于数字"二""四"，大多数人认为不吉利，心理上忌讳，因而遇到与其相关的事物时，总会变换说法或避开它。称谓词"二叔、二婶"，夏县称作"好爹、好嬷"，新绛、稷山称作"亲爹、亲妈"，河津、万荣称作"亲爸、亲嬷"，浮山称作"小爸、小妈"。"四叔、四婶"，浮山称作"五爸、五妈"，稷山称作"好爹、好妈。"

小结：通过对晋南方言词汇的内部比较，我们了解到方言内部的一致性较高，不仅从数量上反映了晋南方言的一致性，也从构词法方面理解了晋南方言整体特征的一致性。方言内部的差异性则反映了其内部的复杂性与丰富性，尤其表现在具体的差异类型方面。结合语言内外两方面的综合分析，我们进一步理解了晋南方言词汇格局的复杂因素，更加清楚了区域方言内部的特征。

第三章　晋南方言词汇的外部比较

这一章我们从外部比较的角度对晋南方言词汇进行横向分析。为了更深入地研究晋南方言词汇，我们将其与普通话、周边方言进行外部比较，从而反映晋南方言词汇的特色。

第一节　晋南方言词汇与普通话的比较

方言词汇之所以称作方言词汇，一个重要因素就在于方言与普通话相比较而言，或多或少都存在某方面的差异。正是因其差异性，才形成不同地域的方言。随着调查资料的丰富、研究层次的提升，方言词汇与普通话有哪些不同，不同学者关注的角度不同，就会得出不同的研究结论。

晋南方言与普通话相同的词目，上一章节已做分析。以下主要从音节数量、构词方式、语义比较等方面将晋南词汇与普通话做比较分析，侧重二者之间的差异性。下面举例说明，其中横线左边是普通话的说法，右边是晋南方言词汇。

一、音节数量的差异

汉语词汇整体发展趋势是由单音节向双音节发展的，但这一特征在方言词汇的发展过程中并不完全平衡。在语音方面，晋南方言与普通话存在许多差异。既有单双音节差异，也有双音节、多音节之间的差异。

（一）双音节与单音节的差异

晋南方言单音节词汇的数量多于普通话词汇。同一词目，普通话词汇是双音节，晋南方言则是单音节。例如：

狡猾——奸	裤子——裤	外套——袄
房子——舍［ʂaʔ］	力气——劲	僻静——背
费劲——努	张狂——张	聪明——精
棉花——花	铁锹——锹	虱子——虱
孩子——娃	熟悉——惯	儿子——儿
山崖——崖	眉毛——眉	麦秸——秸
锄头——锄	镰刀——镰	出殡——埋
兔子——兔	谷子——谷	麦场——场
蒸笼——笼	柴火——柴	疼爱——亲

有的词目普通话是单音节，晋南方言则是双音节。这种类型不多。例如：

冰——冰凌	坑——圪窝	锡——白铁
树——木［₋po］子	瓢——马勺	云——云彩

（二）双音节与多音节的差异

晋南方言多音节词汇多于普通话词汇。同一词目，普通话词汇是双音节，而晋南方言是多音节。例如：

酒窝——笑圪窝/笑餍窝	油条——油炸棍/鬼
香包——香布袋	硬币——分分钱（洋）
鼻子——鼻疙瘩	拳头——拳骨都/锤骨头
泻肚——跑茅子	拌汤——疙瘩汤/囫囵汤
花蕾——花骨嘟	磁石——吸铁石
蛋糕老式小圆形——鸡蛋糕	零分——零鸡蛋
车轮——车脚子	元旦——阳历年
农民——庄稼户	冰锥——冻凌圪穗/滴流子
巴结——舔沟子	窗台——窗圪台

屠户——杀猪的　　　　　　蝌蚪——屹蟆圪蚪

丝瓜——捼布瓜　　　　　　钱包——片夹子

芥菜——芥疙瘩　　　　　　地衣——地蔓蔓

柿饼——柿疙瘩　　　　　　龙葵——野葡萄

蒺藜——刺溜核　　　　　　辘轳——井轱辘

石臼——蒜圪窝/石窝子　　山沟——山圪儿

有的普通话是多音节，而晋南方言是双音节。这种类型相对较少。例如：

猪/牛舌头——口条　　　　　猫头鹰——信狐/鸥怪

松花蛋——变蛋　　　　　　走亲戚——出门

自行车——洋车　　　　　　运气好——行运

毛衣针——签子　　　　　　芝麻糖——泡糖

猜谜语——断枚　　　　　　万年青——冬青

卫生球——臭蛋　　　　　　差不多——傍肩

开玩笑——耍笑　　　　　　大伯子——阿伯

打哈欠——呵嗳　　　　　　向日葵——葵花

二、构词方式的差异

普通话合成词的构词方式有复合式、重叠式、附加式，方言词的构成方式也不例外，不过具体词语的表现上二者并不一致。其差异性体现在复合式与附加式的对应、复合式与重叠式或重叠式与附加式的相互对应方面。

（一）复合式与附加式的对应

即同一词目普通话是复合式，而晋南方言是附加式。这种类型居多。例如：

冰雹——冷子　　　　红包——封子　　　　面粉虫——牛儿

棺材——木头　　　　饭馆——馆子　　　　田埂——圪棱

酒席——摊子　　　　台阶——圪台　　　　太阳——日头

面条——旗子　　　　眼屎——眵头　　　　褡裢——褡子

包袱——袱子　　　改锥——起子　　　狐狸——狐子

漏斗——溜子　　　捣鬼——日鬼　　　厕所——茅子

声音——声儿　　　事情——事儿

也有普通话是附加式，而晋南方言是复合式。这种类型相对来说不多。例如：

梳子——木梳　　　脖子——脖项　　　栗子——毛栗

柱子——柱脚　　　鸽子——楼鸽　　　黍子——糜黍

（二）复合式与重叠式的对应

即同一词目在普通话是复合式，而晋南方言是重叠式。这种类型相当丰富，重叠式是晋南方言构词的一种常见手段。例如：

拐杖——拐拐　　　围嘴——牌牌

（小）板凳——床床　　　飞蛾——蛾蛾

三轮车——蹦蹦　　　秕谷——秕秕

叔父——爹爹　　　边缘——边边

弹珠——珠珠　　　木墩——墩墩

粉末——面面　　　角落——角角

（小）窟窿——眼眼　　　空心——空空

甜高粱——甜甜　　　碎屑——渣渣

（三）附加式与重叠式的对应

即同一词目普通话是附加式结构，而晋南方言是重叠式。普通话用"儿化""子缀"作为附加式的表词手段，而晋南方言用重叠式，进一步说明重叠式是其小称的主要表达方式。

缝儿——缝缝　　　眼儿——眼眼　　　鸟儿——鸦鸦

水儿——水水　　　皮儿——皮皮　　　核儿——核核

印儿——印印　　　毛儿——毛毛　　　芯儿——芯芯

桌子——桌桌　　　袋子——袋袋　　　棍子——棍棍

虫子——虫虫　　　勺子——勺勺　　　盖子——盖盖

碟子——碟碟	傻子——憨憨	垫子——垫垫
夹子——夹夹	绳子——绳绳	匣子——匣匣
杯子——杯杯	塞子——塞塞	珠子——珠珠

晋南方言亦用"儿化"或"儿尾"表示小称。例如,"兔儿、猴儿、燕儿、爪儿、铃儿、把儿、窝儿、架儿"等。沈明(2003)指出"儿缀在山西方言里主要表示动植物、衣物和家用器具、农具等的类称。在有些方言表示小称。晋南方言的重叠和儿缀并存,在表小义上有所交叉。儿缀表小的功能可能是后起的"[①]。

三、语素选择的差异

同一个词目不同方言在构词方式上一致,但具体由哪些语素构成,并不相同。其中既有构词语素完全不同的词汇,也有部分语素不一致的类型。

(一)语素完全不同

这一类型在单纯词和合成词中都有体现。主要分作两种,一种为单音节语素,一种为多音节(双音节及以上)语素。

1.单音节语素不同

租——赁	找——寻	待——停
贴——□[ˌpia]	摔——拌	吃——咥
刨——拌	扛——掐[ˋnau]	去——走
胖——肥	粗——壮	坏——瞎
长——弯	亮——明	欠——该
辣——麻	骂——啐	淡不咸——甜
多——海	直——端	刺儿——签
错——差	小——碎	捧——掬

2.多音节语素不同

肩膀——胛骨	雀斑——蝇屎	作料——调和(面)

---

① 沈明.山西方言的小称[J].方言,2003(4):35-351.

鸦片——洋烟　　　　牲畜——头牯　　　　小人书——娃娃本
凤仙花——圪甲草　　皮偶戏——吊线猴　　卫生球——臭蛋
公山羊——骚胡　　　癫痫——羊羔风　　　相亲——见面
赶集——上会　　　　舒服——平正　　　　上学——走书房
扶助——成携　　　　迷瞪——佯昏　　　　争面子——装人
闹洞房——淘媳妇　　抓阄——拈纸蛋　　　香皂——胰子
肥皂——洋碱　　　　可怜——恓惶　　　　七星瓢虫——花大姐

（二）部分语素不同

这一类型的差异，尤其表现在复合词的偏正式、动宾式的结构中，其他类型相对较少。

1. 偏正式合成词

这一类型分作两种：一种是修饰性语素不同，中心词语素相同。例如：

秃顶——歇顶　　　胳肢窝——胳肘窝　　田鼠——禾鼠
拖鞋——靸鞋　　　土布——棉布　　　　别针（儿）——扣针
尿布——屎布　　　红糖——黑糖　　　　荤菜——肉菜
丝巾——纱巾　　　白酒——烧酒/麻酒　　瘦肉——红肉
丧事——白事　　　阴婚——捏婚　　　　客车——票车
钢笔——水笔　　　影壁——照壁　　　　公路——汽路
口袋——布袋　　　急病——紧病　　　　猛雨——普雨

一种是修饰性语素相同，中心词语素不同。例如：

大衣——大氅　　　耳屎——耳塞　　　　肋骨——肋肢
煎饼——煎馍　　　油饼——油饦　　　　旅店——旅社
娘家——娘舍　　　砚台——砚窝

相对来说，这种类型所占比例较少，第一种类型居多。

2. 动宾式合成词

这种类型分作两种：一种是动语不同，宾语相同。例如：

入席——坐席　　斟酒——满酒　　　　请假——告假

串门儿——游门儿	除草——垾草	放学——下学
撒谎——诌谎	沏茶——泼茶	生娃——要娃
下地——走地	留门——丢门	赶车——吆车
断奶——摘奶	走运——行运	抽烟——吃烟
骗人——赚人	下蛋——媞蛋	热油——熟油 使动用法
孵小鸡——暖小鸡	打水——绞水	换钱——破钱

一种是动语相同，宾语不同。例如：

拉链——拉锁	算命——算卦	倒霉——倒灶
回门——回面	打嗝儿——打饱食	打呼噜——打鼾睡
坐牢——坐教育所	讲故事——讲古经	顶拐子——顶拐拐
贴告示——贴招子	吵架——吵嘴	滴点儿——滴星
哭穷——哭恓惶	行礼——行情	逢集——逢会

也有一些合成词的语素差异，属于其他类型，例如，主谓式"地震——地动""气喘——气短/瘶"；或者前后结构不一致，属于两种不同结构。例如，"围巾——围脖""烧饼——火烧"。

四、语素顺序的差异

在晋南方言中，存在一定量的逆序词，即两个词的语素相同，但排列顺序与普通话相反。这类词大多数意义较一致。例如：

整齐——齐整	计划——划计
准保——保准	煎熬——熬煎
紧要——要紧	泊池——池泊
气味——味气	秋收——收秋
总共——共总	前头——头前

也有部分逆序词的意义并不一致。例如：

【竞争——争竞】前者指为了利益个体或团体相互争胜。后者指计较。

【气色——色气】前者指人的精神和面色。后者有两个义项，兼指颜色、色泽。

【弟兄——兄弟】前者只有一个义项,指弟弟和哥哥。后者有两个义项:①弟弟和哥哥;②弟弟。

【见证——证见】前者是动词,指当场目睹可以作证。后者是名词,指作证的人与物。

五、语义差异

(一) 语义指称不同

这里指的是与普通话形式相同而语义有别的词语,也就是"同形异义"词。例如:

"顶真",在普通话中表示一种修辞方式。而晋南方言含有两个意义:①货真价实。例如,"伢这东西顶真,用过一回就知道了。"②过于认真,带有斤斤计较的含义。例如,"你不要太顶真,和他生兀气作啥。"很明显,这两个含义与普通话并不一致。

再如"恶水",普通话有两个义项:①指不宜饮用的水;②凶险的河流。晋南方言亦有两个义项,但与普通话不同:①泔水。例如,"你把恶水桶放到外头去。"②身上的污渍、汗渍、泥卷。例如,"多长时间没洗澡啦,身上搓下这么多恶水。""这么热的天气在外头逛,脖项上都是恶水。"

(二) 语义范围不同

语义范围包括两方面:一方面指义项的多少;一方面指语义使用范围的大小。晋南方言存在大量与普通话语义范围不同的词语。例如:

"外甥、外甥女"在晋南多数县市不仅指"姐妹之子女",还包含"女儿之子女"。

"面"不仅指"面粉",也指"面条",可结合前面出现的量词来判断具体所指,若搭配的是"袋",一般指面粉;若搭配的量词是"斤",一般指面条。"饭"不仅指普通的饭菜,在部分县市(河津、万荣)专指"面条",如——"你晌午吃啥饭?"——"吃嘞饭",此句中"饭"即指"面条"。

"难过"不仅指心情不好,还指生病。例如,"我难过啦我生病了。"

"煮"不仅指用水煮东西，也指"用油炸"。例如，"——今个晌午你妈做啥好吃哩？——煮嘞油糕和油饦炸的油糕和油饼"。

"壮"不仅指身体肥壮、强壮，也指粗细的程度。例如，"这绳子太壮啦，不好捆。""你去寻一个壮棍棍，这根太细啦。"

"熟面"，普通话指蒸熟的面条，晋南亦指将豌豆、黄豆、红豆等几种豆子或杂粮混合在一起磨成粉状，然后炒制成熟的面粉。例如，"不烧汤了，泼点熟面喝。"

以上例子都是方言义项与适用范围多于或大于普通话的范围，也就是方言词语表义义值增大的例子。当然也存在语义范围小于普通话的词语，即表义义值减小的词语。例如：

"河水"在晋南部分县市特指黄河水。如"河水黄河水下来啦，你浇地吗？"

"苍蝇"在霍州、洪洞、吉县、运城专指绿头大苍蝇，普通苍蝇一般称作"蝇子"，特别小的称作"蝇蠓"。

（三）语义范畴不同

广义的语义范畴包括词汇、语法、语用等方面。这里的"语义范畴不同"指的是词语在演变中语义发生变化，词类也发生了变化。相对普通话来说，晋南方言词汇在发展过程中，语义发生了变化，从而导致部分词语构成兼类词。例如：

"听说"在普通话作动词，在晋南兼作形容词，相当于"乖"。例如，"这娃在书房学校可听说着。""他听说，一月才花十块钱。"

"海"不仅表示大海，作名词，亦作形容词，表示"大"。"大海"到"大"的引申，即为凸显事物特征，由此语义范畴扩大。例如，"他吃面老是端一个海碗。"

"木"不仅作名词，也表示"（刀等）不锋利""（人）性子慢"的含义，作形容词，表示事物性状范畴。例如，"这刀子真木，半天都切不开。""兀人干啥都可木着那个人干什么事情都特别慢。"

"肉"，除了表示"人、动物体内红色、柔软的组织"的意思，亦作形容词，表示"胖""行动迟缓、性子慢"含义。例如，"这胎娃长嘞真肉这个婴儿长得胖嘟嘟的。""你就肉死了你太慢了，这么长时间了还没有收拾好。"

"一把"，在晋南方言不仅作数量词，表示"一束"，例如，"我买了一把韭菜，晌午捏饭中午包饺子。"也兼指"年龄相仿的人"，作名词，属名物范畴，如"他和我是一把嘞。""我这一把女娃少，只有两个。"

第二节　晋南方言词汇与周边方言的比较

从地域上看，晋南正处于晋中与关中的中间区域，因而晋南方言除了具有中原官话的普遍特征之外，同时还保留晋语的部分特征。所以对晋南方言进行外部比较就很有必要将晋南词汇与周边方言做比较。我们选择太原话、西安话分别作为山西晋语、关中方言的代表点，以此来窥视晋南方言与周边晋语、关中方言的亲疏关系及其独立性。

太原方言、西安方言的语料主要来自《汉语方言词汇》（北京大学中国语言文学系语言学教研室编，1995）、《太原方言词典》（沈明，1994）、《西安方言词典》（王军虎，1996）。晋南方言的调查点较多，以下说法仅代表多数方言点的说法，并不能涵盖全部说法。

通过前面章节的分析，我们统计晋南方言内部基本相同且与普通话不同的词语共184条（同一词目至少16个以上方言点相同的词语），这正反映了晋南方言内部的个性特征。我们将184条词语与太原方言、西安方言做比较，结果显示：太原方言与晋南方言相同的词语有73条，占40%，分别如下：天河、星宿、扫帚星、烧霞、早烧、晚烧、滚水、吸铁石、后晌、阳历年、大尽、小尽、年年、收秋、芫荽、蛛蛛、虼蚤、凤匣、烙铁、痄腮、羊羔风、泼茶、撵、担、场、锨、洋镐、骒马、叫驴、草驴、狐子、蝇子、虼蟆、窨、糁子、水瓮、手巾、锢漏锅的、剃头的、杀猪的、歇顶、头皮、领水、鹰子、奶乳房、乳汁、跑茅子、瘆疮、豁豁嘴、衣裳、暖鞋、围脖儿、晌午饭、斯气、面、眉眼、起面、打鼾睡、赁、要紧、水笔、扳不倒儿、耍把戏、恓惶、寻、搁、扯、扽、衿、烧烫、上头、前头、兀些、（一）对。

西安方言与晋南方言相同的词语有105条，占57%，分别如下：日头、天河、扫帚星、烧霞、早烧、晚烧、冷子、崖、吸铁石、瓦、砖、年年、收秋、过年、前儿个、后晌、锄、锨、洋镐、麦、洋柿子、芫荽、蛛蛛、蛇蚤、头牯、骡马、叫驴、草驴、蝇子、虱、蛇蟆、茅子、柜、烙铁、风匣、胰子、洋碱、电棒、糯子、笼、杀猪的、剃头的、爷、姊妹、老汉、先后、亲亲亲戚、头皮、歇顶、眉眼、颔水、耳塞、魇子、羊羔风、豁豁嘴、衣裳、晌午饭、燎气、面、过事、奶、双生（儿）、献、起面、舀饭、打鼾睡、坐席、作假、赁、水笔、耍把戏、立、搁、寻、拾、扯、扽、担、舔沟子、攥、抬藏、上头、下头、东岸儿、西岸儿、南岸儿、北岸儿、左岸儿、右岸儿、兀些、兀会儿、兀么、啥、为啥、这搭、兀搭、瞎、烧、恓惶、熬煎、木、宽展、乏、（一）对、（一）担。

据此看来，晋南方言与西安方言词汇的一致性要高于太原方言，所以晋南方言与西安方言的关系更为密切。从行政区域上说，太原、晋南虽同属于一个省份，但历史上晋南在近代才归属于以太原为中心的山西省。从地理位置看，晋南与西安更相邻，彼此之间的语言接触更频繁，语言渗透也会更广泛。为了更具体地反映方言之间的特征，下面从音节数量、语素选择、构词法等方面比较太原方言、西安方言与晋南方言的异同（不局限于184个词语中）。

一、音节数量的异同

同一词目在太原方言、晋南方言与西安方言的音节数量上并不一致。有的是单音节与双音节的对应，有的是双音节与多音节的对应。相对而言，晋南方言与西安方言单音节词语的数量较多。以下举例说明时先列出普通话说法，之后依次列出太原方言、晋南方言与西安方言的说法。

普通话	太原方言	晋南方言	西安方言
儿子	儿子/小子	儿/娃	儿

虱子	虱子	虱	虱
虮子	虮子	虮	虮
爷爷	爷爷	爷	爷
麦子	小麦	麦	麦
锄头	锄头	锄	锄
鼻涕	鼻涕	鼻涕	鼻
小气	小气	小气/抠	啬
直爽	直爽	直	直
眼眵	眵麻糊	眵头	眼角屎
眉毛	眉毛	眉	眉毛
山崖	悬崖	崖	崖
镰刀	镰刀	镰	镰
橡子	橡子	橡	橡
芡粉	芡	粉芡	芡
痱子	痱子	热起子	热痱子
腮腺炎	痄腮	痄腮	腮腺炎
田鼠	地老鼠	禾鼠	地老鼠
蛇	蛇	蛇	长虫
蚂蚁	蚂蚍蜉	蚂蚍蜉/蚍蜉蚂	蚂蚁
经常	经常/常常	肯	肯

二、构词语素的异同

在表达同一意义时，太原方言、晋南方言与西安方言会选择不同的词语来表示，因而在构词语素上存在一定的差异。这种差异分作两类：一是语素完全不一致，二是部分语素不一致。相对来说，晋南方言与西安方言同一词目的语素一致性较高。

（一）语素完全不一致

这种类型在单纯词、合成词中都存在，而单纯词居多。

普通话	太原方言	晋南方言	西安方言
站	站	立	立
剪	铰	剪	铰
扛	扛	搦［ˌnau］	扛
傻	傻	憨/痴	瓜
小	小	小/碎	碎
正	正	端	端
怕	怕	惊	怕
痒	痒	咬	咬
好	好	好	嫽
头	头	头	脎［ˌsa］
骗	骗	赚	骗
累	累	乏	乏
坏	赖	瞎	瞎
骂	唝	唝	骂/噘
什么	甚	啥	啥
莲菜	藕根	藕根/莲菜	莲菜
发愁	发愁	熬煎	熬煎
客气	客气	作假	作假
妯娌	妯娌	先后	先后
钱包	钱包	片夹	钱包
麻雀	麻雀	飞［ˌɕi］虫	雀儿
土豆	山药蛋	山药蛋/洋芋	洋芋
连襟	连襟	挑担/担子	挑担
打哈欠	卖张口儿	呵嗳	张口儿
小伙	后生	小伙	小伙子

这种差异指的是只要在其中两个方言区域的语素选择不一致即可，不一定是三个方言区域都完全不一致。

（二）部分语素不一致

同一词目在不同方言运用的构词方式一致，但选取的语素不一致。这种差异主要表现在合成词的偏正式、动宾式的结构中。偏正式复合词分作两类：第一种类型是修饰性语素不同、中心语相同。这种类型较普遍。例如：

普通话	太原方言	晋南方言	西安方言
拖鞋	拖鞋	靸鞋	靸鞋
泔水	泔水	恶水	恶水
风车	风车	扇车	风车（子）
大米	大米	大米	白米
右手	正手	右手	右手
开水	滚水	滚水	煎水/开水
公路	汽路	汽路	公路
暖水瓶	暖壶	暖壶/电壶	电壶
（特）大碗	钵碗	钵子碗	老碗
寿衣	寿衣	寿衣/老式衣	老衣
口袋	口袋	布袋	口袋
逆风	戗风	顶风	戗面子风
早饭	清早饭	早起饭	干早饭
萤火虫	萤火虫	明火虫	萤火虫

第二种类型是修饰性语素相同、中心语不同。这种类型相对较少。例如：

普通话	太原方言	晋南方言	西安方言
大建	大尽	大尽	大节
小建	小尽	小尽	小节
红薯	红薯	红薯	红苕
水缸	水瓮	水瓮	水缸

81

耳屎	耳柴	耳塞	耳塞
蝙蝠	夜壁虎	夜蝙蝠	夜标呼儿
蚕沙	蚕屎	蚕屎	蚕沙
死结	死疙瘩	死曲	死疙瘩
瓢虫	花大姐	花大姐/花媳妇	花裹肚儿

动宾式复合词的差异主要表现在动语不同、宾语相同。例如：

普通话	太原方言	晋南方言	西安方言
生孩子	生娃	要娃	抓娃
沏茶	泼茶	泼茶	沏茶
盛饭	盛饭	舀饭	舀饭
下地	下地	走地	下地
夹菜	搛菜	敲菜	搛菜
弯腰	猫腰	弓腰	猫腰
下雾	起雾	起雾/下雾	下雾
闹洞房	哄新媳妇儿	淘/要（新）媳妇儿	要（新）媳妇儿
做汤	做汤	熬汤	烧汤

三、构词法的异同

（一）重叠式

山西方言的重叠式非常丰富，也很有特点。从重叠的形式来看，存在AA式、ABB式、AAB式、AABB式、ABAB式等；从词类上说，有名词、形容词、动词、量词等重叠式；从表义功能看，表小称、专指、类称等作用。不过太原方言、晋南方言重叠式的类型、使用频率、表义功能并不完全一致。相对来说太原方言ABB式的使用频率更高一些。例如：

笑窝窝酒窝	辣角角	榆钱钱	暮生生遗腹子
坎肩肩	酒盅盅	醋溜溜沙棘	黑浪浪小胡同
洋码码阿拉伯数字	叫蚱蚱蝈蝈儿	双生生双胞胎	毛莠莠狗尾巴草

裤衩衩	隔壁壁	房檐檐	胡茬茬胡须
哑嗓嗓公鸭儿嗓	水沟沟	花瓣瓣	七成成脑子不够用的人
板凳凳	镜面面小铜镜	研钵钵研船	马鬃鬃小女孩的刘海儿

晋南方言除了上述类型之外，单音节形容词重叠后亦可与"子"缀叠加使用，形成AA子式，构成名词，表示贬义色彩。这属于语义的专指。例如，临汾、运城方言：

坏坏子	瞎瞎子	破破子	烂烂子
漏漏子	秕秕子	酸酸子	沤沤子沤了的东西
憨憨子	扯扯子	旧旧子	陈陈子陈旧的东西
臭臭子	苦苦子	湿湿子	差差子错了的东西

西安方言亦存在重叠式，相对来说，不如山西方言复杂，主要是重叠式名词、量词丰富，且重叠式与"儿"化可叠加使用，形成AA儿式。[①] 例如：

帽帽儿	盆盆儿	箱箱儿	棍棍儿	绳绳儿
车车儿	板板儿	叶叶儿	罐罐儿	盖盖儿
盒盒儿	笼笼儿	片片儿	包包儿	线线儿

（二）附加式

关于附加式构词法，太原方言、西安方言与晋南方言都存在丰富的词缀，例如，前缀"圪""日""忽"等，后缀"子""个""家""货"等。不同词缀在不同区域的构词能力、表现方式、使用频率并不一致。

1. 前缀"圪"

相对来说，山西方言的"圪"缀词较普遍，尤其是太原方言（"圪"读作 [kəʔ]）更为丰富。构成方式主要有圪A、圪AB、圪AA、圪A圪B等。乔全生（2000）、王临惠（2001、2002）等人都作过深入研究。晋南方言（读作 [ˬkɯ] 或 [ˬkhɯ]）、西安方言（读作 [ˬkɯ]）相对较少。例如：

太原方言：圪都拳头　　圪挤　　圪眯小睡　　圪料不平　　圪转

圪膝盖　　圪晃　　圪朽水果等失去水分而萎缩

[①] 王军虎.西安方言词典[M].南京：江苏教育出版社，1996：15.

     圪丑嘀咕议论 圪窝窝莜面窝窝头 圪壕壕条状凹陷处

     圪皱皱皱纹   圪扭扭   圪吵吵

     圪搓搓洗澡搓下的泥卷   圪针针植物的刺儿

晋南方言：圪摇   圪扭   圪摆   圪渣

    圪窝小坑 圪眨   圪权   圪节

西安方言：圪搅   圪拧   圪蹴蹲

    圪老拐角儿各个角落

2. 前缀"日"

山西方言、西安方言普遍存在前缀"日"，但读音不同。太原方言"日"读作 [zəʔ]，晋南方言读作 [ʐʅ]，西安方言读作 [ʂʅ]。"日"缀词能产性不是特别高，但都是使用频率较高的口语词，大多含有贬义。例如：

日能   日闲   日怪奇怪、古怪   日脏讨厌、肮脏

日塌毁坏 日鬼捣鬼 日噘严厉地批评   日弄捉弄、鼓捣

3. 前缀"阿"

晋南部分县市方言、西安方言的亲属称谓词有前缀"阿"，太原方言则没有。例如：

晋南方言：阿公公公 阿家婆婆 阿伯大伯子

西安方言：阿公   阿公婆婆婆 阿伯子哥 阿婆七八十岁的妇女

4. 后缀"子"

太原方言、西安方言与晋南方言的"子"缀非常丰富，其构词能力较强，除了单音节+"子"缀外，双音节+"子"缀式亦较多，部分名词、形容词重叠后亦可以加"子"缀。前面已分析过晋南方言，下面举例说明太原方言与西安方言的"子"缀词。

  太原方言[①]：

冷蛋子冰雹 水池子 独戳子犁身 牛角子 麦茬子

柿饼子 羊羔子 猪娃子   喜鹊子 门帘子

---

① 沈明.太原方言词典[M].南京：江苏教育出版社，1994：5-293.

鸡笼子　　　火锅子　　　茶杯子　　　衣架子　　　尿盔子
刀把子　　　水泥子　　　牙刷子　　　顶针子　　　电棒子_{手电筒}

西安方言①：
耳刮子　　　鼻梁子　　　鸡冠子　　　木碗子　　　马灯子
刮板子　　　火筷子　　　围脖子　　　照壁子　　　药渣子
鳌锅子　　　对门子　　　灰板子　　　墨斗子　　　茶几子
月婆子　　　绝门子　　　月娃子　　　私娃子　　　二婚子

5. 后缀"个"

在晋南方言中，"个"可以用在时间词后面作词缀，西安方言有少量的"个"缀词，而太原方言并无此特征。例如：

西安方言：年时个_{去年}　前年个　大前年个　夜个_{昨天}　前儿个

6. 后缀"岸"

晋南方言、西安方言在方位词或代词后面加"岸"，表示方向，相当于"……面、……边"，而太原方言则在方位词后加"半切"来表示。另外西安方言在"岸"缀后亦可叠加"子"或"儿"，构成双音节的"子"缀词或"儿化"词。例如：

西安方言：东岸子/儿　　西岸子/儿　　南岸子/儿　　北岸子/儿
　　　　　偏岸儿　　　　两岸儿　　　　左岸儿　　　　右岸儿
　　　　　这岸儿　　　　兀岸儿　　　　哪岸儿
太原方言：东半切　　　　西半切　　　　南半切　　　　北半切
　　　　　左半切　　　　右半切　　　　这半切_{这里}　兀半切_{那里}

（三）其他构词方面的差异

同一词目在不同方言采用的构词方式不一定相同，有的是单纯词与合成词之间的对应，亦有合成词的不同构词方式之间的差异。例如：

普通话　　　太原方言　　　晋南方言　　　西安方言
尼姑　　　　姑子　　　　　姑姑　　　　　姑姑

---

① 王军虎．西安方言词典［M］．南京：江苏教育出版社，1996：4-158．

辫子	辫子	角角	辫子
台阶	圪台台	圪台	台阶儿
脖子	脖子	脖项	脖项
狐狸	狐子	狐子	狐狸
猴子	毛猴	猴子	猴

上述例子中,"姑子"与"姑姑""辫子"与"角角"属于附加式与重叠式的差异。"圪台台""圪台""台阶儿"都运用了附加式,前两者是前缀"圪",后者是"儿化"。"脖子"与"脖项""狐子"与"狐狸"属于附加式与复合式(联合式)的差异。"毛猴""猴子"属于复合式(偏正式)与附加式的差异,二者与"猴"则构成合成词与单纯词的差异。

四、语素顺序的异同

太原方言、晋南方言与西安方言都存在同素易位的逆序词。语素顺序不同,而语义基本一致。但各地逆序词的数量并不均衡。例如:

"蔬菜",晋南方言和西安方言与普通话一致,太原方言说"菜蔬"。

"眉眼",太原方言、西安方言说"眉眼",晋南方言"眉眼""眼眉"皆说。但"眉眼"指相貌,"眼眉"指眉毛,语义有区别。

"整齐",太原方言、西安方言说"齐整",晋南方言"齐整""整齐"皆说。

"挣扎",晋南方言、西安方言说挣扎,太原方言说"扎挣"。

"气味",太原方言、西安方言说"味气",晋南方言"气味""味气"并存。

"伯叔(兄弟姐妹)",太原方言、西安方言说"叔伯",晋南方言"伯叔""叔伯"皆说。

"不甚不太、不怎么样",晋南方言说"不甚",西安方言说"甚不"。太原方言无。

通过外部比较可以发现,晋南方言与普通话、周边方言都存在一定的差异性。与普通话的差异性,反映出晋南方言的特色与个性。与周边方言的异同，则反映出晋南方言与其亲疏关系。无论从词汇一致性的数量上看，还是从词汇的构词类型与方式上看，晋南方言与西安方言的共性更多。从语言归属看，太原方言属于晋语并州片，晋南方言与西安方言属于中原官话，所以词汇上的特征亦证实其分区的合理性，折射出晋南方言处于晋语与中原官话关中片之间的过渡性与渐变性，也反映了晋南方言与周边方言之间的互相影响与渗透。

第四章　晋南方言词汇的历时考察

　　研究方言词汇，不仅需要进行共时比较，更要作历时考察。晋南历史悠久，文化底蕴深厚，其方言词汇亦具古老性。本章对晋南方言词汇作历时考察，主要内容分作两节介绍：一是分析词汇的历史层次，离析方言中的底层词和上层词，从而更清楚词汇的演变脉络。二是探讨古语词，结合历史文献，考察词语音义的发展变化。底层词与古语词都具有存古性，只是分析的侧重点有一定区别。前者侧重于上层词做比较，反映区域方言的历史层次。后者侧重词义的历时传承性。

第一节　晋南方言的底层词和上层词

　　每种方言都有自己的发展演变历史，每个词亦有它自己的历史。若将一个区域的词汇综合起来考察，就会反映出区域方言的演变概貌。在晋南方言词汇中，普遍存在一个意义几种说法的叠置现象，彼此处于一种竞争状态。这正反映了词汇的历史层次，是不同时期词汇的一种积淀。怎样鉴定方言词汇是早期保留下来的，还是后期受共同语或周边强势方言的影响，或是语言接触造成，抑或是与历史上移民有关系呢？这就需要考虑方言词汇的历史层次，或者说鉴别方言的底层词与上层词。

　　有关方言底层现象及原则问题，不少学者都已做过大量研究。周振鹤、游汝杰（1986）指出底层词是一种特殊的外来词，是原有语言被另一种语言取代时，"战败"语言的某些残留成分成为战胜语言的底层成分。李如龙

(2005)指出借用的底层是一种横向接触,是局部性的小系统。陈忠敏(2007)指出语言底层干扰与语言假借的不同,强调语言底层研究的是由语言接触、语言交融所产生的一系列底层异常想象,并提出底层分析的方法。不过"底层词""底层现象"关注的重点是东南方言与少数民族语的接触现象,大多学者认为这是早期民族融合过程中两种语言相互借用的一种表现。

有关方言的历史层次问题,很多学者都有过论述,尤其是关于语音、语法方面。李如龙(1963)提出"历史层次"这一概念,强调"历史层次,就是方言在不同历史阶段所形成的方言差异的总和。不同历史阶段形成的方言语音差异就是方言语音的历史层次,不同历史阶段形成的词汇差异是方言词汇的历史层次"。王福堂(2005)谈及方言层次时,认为大多是从异方言借入部分和本方言原有部分叠置而成。在分析语音层次时,提出异源层次、同源层次、底层等现象。同源层次是方言演变过程的一个不同步现象,异源层次是语言接触的产物。并指出判别异源层次的三种方法:借助语音形式本身、根据文献材料、对照邻近方言。他认为底层也是一种异源层次。乔全生(2014)指出历史层次研究应放在方言史的框架之内,历史文献在其研究中的作用尤为值得重视。陈忠敏(2017)提出"一个中心多个层次",认为历史层次是语言接触的产物,必须体现在一个共时平面上,从而采取某种方式一层一层地剥离开来。由此看来,方言历史层次的演变带有复杂性,它是不同的层次叠置在同一共时平面的反映。既有方言自身的分化,又有共同语或强势方言的影响或融合。

与语音、语法分析不完全一致,方言词汇叠置既有共同语或强势方言的影响,也有方言内部的演变以及方言间语义的相互作用,语言接触等因素的影响。邢向东等人(2012)在《秦晋两省沿河方言比较研究》中指出"底层词指在较早时期已经存在于该方言中的词语,如果这个方言有文白异读的话,底层词一般读白读音。上层词是较晚时期才进入该方言的词语,一般来自权威方言或共同语。如果有文白异读,它们一般读文读音"[1]。因而我们可借助

---

[1] 邢向东,王临惠,张维佳,等. 秦晋两省沿河方言比较研究[M]. 北京:商务印书馆,2012:176.

方言语音的历史层次、历史文献资料的考察，结合地理语言学的方法和理论，鉴别语言的固有成分和借用成分，分清方言的底层词和上层词。

本书判别词汇的历史层次，借鉴邢向东等人的观点，"底层词"的标准是"方言分布的普遍性＋土俗性＋古老性"，其中"普遍性是必需条件，土俗性、古老性则是伴随特征，是相对而言的。'底层词'与特征词也不完全是一回事，底层词是就本区域内方言来说的，它同区域外其他方言的词语可能相同，也可能不同，所以并不一定具有排他性。上层词则是那些与共同语或权威方言相同的较新的词语"[①]。以下通过举例详细说明。为行文方便，词条一般标注的是运城方言语音；若运城不存在该词条，则标注其他方言读音。

1.【姐、娘、妈、奶、嬷】母亲

"母亲"这一称谓词在晋南主要有五种不同说法：姐、娘、妈、奶、嬷。每种说法分布的地域、出现的时间并不一致。

【姐】tɕia33（洪洞音）[②]

《说文·女部》："蜀谓母曰姐。淮南谓之社。从女且声。"清·段玉裁《说文解字注》："姐，方言也。其字当蜀人所制。淮南谓之社。因类记之也。社与姐音近。"《广雅·释亲》："姐，母也。"《广韵·马韵》："姐，羌人呼母。一曰慢也。兹野切。"明·方以智《通雅》："江南呼母为姐。"由此看出"姐"本义即母亲，自产生之时即为亲属称谓词，而且具有明显的地域色彩。后引申出"姊"的义项。南宋·吴曾《能改斋漫录》："近世多以女兄为姐，盖尊之也。""姐"表"母亲"义不仅存在于洪洞［tɕia33］、临汾、翼城、乡宁［tɕia35］等地方言中（"伯母"，浮山说"姐［tɕia13］"，洪洞、临汾、翼城、汾西说"大姐"等），也存在于晋语区平遥、介休、汾阳、静乐、中阳、岚县、临县、孝义、离石、娄烦等地，由此看出"在现代晋语中以'姐'表母亲义的方言点其地理分布是相连成片的，主要集中在山西中部晋语核心地区"（李小平，2012）。

[①] 邢向东，王临惠，张维佳，等．秦晋两省沿河方言比较研究［M］．北京：商务印书馆，2012：177．

[②] 洪洞方言有5个单字调：阴平21、阳平24、上声42、阴去33、阳去53。

晋南虽然只有少数方言点分布"姐"的说法，但这些区域与晋语区地理相连，基本上是一个连续分布的状态。晋语区存在"姐"表母亲的说法，源自古西北汉语方言。①晋南与晋语区一样，属于共同存古。

【娘】ȵiaŋ13

娘，本作"孃"。《说文·女部》："孃，烦扰也。一曰肥大也。从女襄声。"《玉篇·女部》："孃，母也。"又云："娘，少女之号。"《广韵·女部》："孃，母称。娘，少女之号。"晚唐五代"娘、孃"混用。"娘"，原指少女。古乐府《子夜歌》："见娘喜容媚，愿得结金兰。"《清商曲辞·黄竹子歌》："一船使两桨，得娘还故乡。"后称母亲。《木兰诗》："旦辞爷娘去，暮宿黄河边。"《敦煌变文集·父母恩重经讲经文》："莫遣耶娘怨恨生。"称母亲为"娘"，今见于平陆、闻喜、垣曲、霍州、襄汾等地，多用于老派方言中。

【妈】ma31

《广雅·释亲》："妈，母也。"《博雅》："母也。"《康熙字典》："俗读若马，平声。称母曰妈。"称母亲为"妈"，今见于侯马、曲沃、吉县、翼城、浮山、永济、运城、临猗、万荣、夏县、闻喜、绛县、新绛、垣曲等地，是晋南方言的一个通用词。

【奶】nei51（临汾音）②

《广雅·释亲》："奶，母也。"《广韵》："奶，楚人呼母。"宋·孔平仲《代小子广孙寄翁翁》："爹爹与奶奶，无日不思尔。"元·王实甫《西厢记》第二本第四折："省人情的奶奶忒虑过，恐怕张罗。"文中"奶奶"即"母亲"。但这个称谓词在晋南使用范围狭窄，目前发现仅保留在襄汾、临汾、浮山、永济等方言中，而且多保留在老派口语中。

【嬷】mo53

"嬷"，元代时期多出现于杂剧散曲中，常指老年妇人，亦专指奶妈。元·武汉臣《生金阁》第二折："我家中有个嬷嬷，是我父亲手里的人。"之后沿用。明·凌濛初《二刻拍案惊奇》第二卷："老者似信不信，走进里面去，

---

① 李小平，曹瑞芳.汉语亲属称谓词"姐"的历时演变［J］.汉语学报，2012（4）：35-40.

② 临汾方言有4个单字调：阴平21、阳平13、上声51、去声55。

把这些话告诉老孃。"明代"孃孃"亦可指称母亲。《字汇·女部》:"孃,忙果切。音么。俗呼母为孃孃。俗字。孃乃妈之转音。"《正字通·女部》:"孃,即妈孆之转音,俗遂改为孆。"明·凌濛初《二刻拍案惊奇》第十五卷:"江孃孃与女儿顾不得羞耻,大家啼啼哭哭嚷将出来,问道:'是何事端?说个明白。'""孃"今见于运城、临猗、绛县、闻喜、夏县、平陆、万荣、河津、洪洞等地,多出现在老派口语中。

由此可知,"姐"在东汉时已产生,一直作为方言词语在沿用。"娘、妈"作母亲讲,魏晋六朝时已产生,之后不同时期一直沿用。"孃"自元代时高频出现,至迟明代时亦可指称母亲。所以说"娘、姐"存古性很强,"孃"虽出现稍晚一些,但使用区域较为广泛,又符合土俗性,多用于老派口语中,都属于晋南方言底层词。"奶"虽使用范围有限,但符合古老性、土俗性,亦属于底层词。

"妈"存古性也较强,使用区域也非常广泛,但更多是受共同语影响造成的,用于新派口语中,因而应属于上层词。

2.【交床、马扎子、马扎床儿】马扎

【交床】tɕiau31 pfho13

称"马扎"为"交床"见河津 [tʂau53 pfhɤ324]、乡宁、稷山、万荣、运城、临猗、永济、平陆、夏县(亦称板床)、新绛、霍州等地,侯马、绛县、闻喜、垣曲、浮山、翼城、洪洞、曲沃等地称作"马扎(子)",吉县称作"马扎扎",临汾称"软床 [fo] 儿",襄汾又作"马扎床 [suo] 儿",永济亦称"交叉床"。

《说文·木部》:"床,安身之几坐者。从木爿声。""床"最初为坐具。《礼记·内则》:"父母舅姑将坐,奉席请何乡;将衽,长者奉席请何趾。少者执床而坐,御者举几,敛席与簟,县衾箧枕,敛簟而襡之。"汉·佚名《孔雀东南飞》:"阿母得闻之,槌床便大怒。"

将"小板凳"称作"床床""床儿""小床"应是晋南方言的底层现象,其白读音 [pfho] / [fo] / [suo] / [suo] 也符合早期读音特点,因而无论是读音还是意义,都符合古老而普遍现象。

"交床"指一种便于携带、可以折叠的坐具。"交床"原作"胡床",大约在汉代从北方游牧民族传入,汉之前古人一般是席地而坐。南朝宋·刘义庆《世说新语·任诞》:"桓时已贵显,素闻王名,即便回下车,踞胡床,为作三调。弄毕,便上车去。客主不交一言。"唐·杜甫《树间》:"几回沾叶露,乘月坐胡床。"

隋朝时因忌讳"胡"而改名"交床",据此坐具的木头双脚交叉,张开后才能平稳,故改名曰"交床"。唐·吴兢《贞观政要·慎所好》:"隋炀帝性好猜防,专信邪道,大忌胡人,乃至谓胡床为交床,胡瓜为黄瓜。"

"马扎"至迟于清代出现。清·刘鹗《老残游记》第十五回:"县官有马扎子,老残与人瑞仍坐在长凳子上。"清·无名氏《小五义》第十九回:"三爷也不用谦让,就在马扎之上一坐。"今"马扎"为通用词。因而"交床"为晋南方言底层词,"马扎"为上层词。襄汾"马扎床儿"是"马扎"与"床儿"的一种融合。

3.【胡墼、土疙瘩、土坷垃】田地里的大土块

表示田地里的大土块之义时,晋南方言主要存在三种说法。其中"胡墼"见襄汾、浮山［xu31 tiɛ13］、翼城、河津［xu324·tʂʅ］、稷山、万荣［xu24·tʂei］、临猗［xu24 tɕiẽ31］、永济、临汾、乡宁、运城、绛县、闻喜、夏县［xu55·tɕiɤ］、新绛［xu35 tɕhie11］、垣曲等地,"土疙瘩"见侯马、吉县、洪洞、霍州、河津、夏县、新绛等地,"土坷垃"见闻喜、襄汾等地。另外临猗、永济、翼城等地也称作"胡墼疙瘩""胡墼块子"。

【胡墼】xu13 tɕiẽ31

"墼"是我国先民很早发明的一种建筑材料。目前发现西汉文献已有记载。《说文·土部》:"墼,瓴适也。一曰未烧也。从土𣪊声。"清·段玉裁《说文解字注》:"墼,令适也。瓦部甓下曰,令甓也。按令甓即令适也。甓适墼三字同韵。今俗语谓未烧者曰土墼。"汉·刘向《列女传·鲁黔娄妻》:"曾子吊之,上堂,见先生之尸在牖下,枕墼席稿,缊袍不表,覆以布被,首足不尽敛,覆头则足见,覆足则头见。"《仪礼·丧服》:"既练,舍外寝。始食菜果,饭素食,哭无时。"郑玄注:"舍外寝,于中门之外屋,下垒墼为之,不涂

墼，所谓垩室也。"六朝《百喻经》："愚人见其垒墼作舍，犹怀疑惑，不能了知，而问之言：'欲作何等？'木匠答言：'作三重屋。'"

"胡墼"在晋南方言中有两个含义，一是未烧制的土坯；一是田里的大土块。"墼"最初指未烧的土坯。"胡墼"目前未在文献资料中发现，为何晋南方言可指称"大土块"？毕谦琦（2013）指出"胡墼"中"胡"与"胡椒、胡马、胡服、胡骑"并不一样，不指匈奴或西域诸民族，而是指"土、硬块"，如"炭墼、粪墼"等。文章从考古学、文献学、语言学多角度分析"胡墼"并非借词而是汉语词。[①] 朱正义（2004）、邢向东（2010）指出关中"胡墼"指的是土坯。

"胡墼"在晋南的分布区域较为广泛，再结合古老性，因而我们认为"胡墼"应是晋南方言的底层词。

"疙瘩"在近代才出现，指"皮肤上突起或肌肉上结起的硬块""圆形块状的东西"。明·罗懋登《三宝太监西洋记》第四回："索上又是九九八十一个疙瘩，一个疙瘩上一个金钩。"清·刘鹗《老残游记》第二回："长长的脸儿，一脸疙瘩。"由此看来"土疙瘩"应是当地人们根据其土块形状命名而来，推测是近现代时期传入，相对来说比较晚。"坷垃（拉）"一词指"土块"，在官话区、晋语区等北方方言中普遍存在，比如沈阳、洛阳、青岛、忻州、岚县等地，属方言区的一个创新词。魏巍《东方》第四部第八章："是我一时不在意，一个小土坷垃把我给绊倒啦。"现今只在闻喜方言发现，因而很可能是受其他方言影响所导致或方言内部的创新形成，所以应属于上层词。

4.【学堂、书房、学里、学院、校里、学校】学校

表"学校"概念时，晋南方言主要有学堂、书房、学院、学里、校里、学校等说法。大多方言点同时存在两种或三种说法。

【学堂】ɕyɔ13·thaŋ（临汾音）

"学堂"，学校的旧称，古代学生受教育的场所。六朝·佚名《银色女经》一七九部："然彼童子过八岁后，五百童子而围绕之，将诣学堂，彼学堂处，

---

① 毕谦琦."胡墼"考[J].语言研究，2013（2）：95-98.

先有五百童子学书。"北魏·郦道元《水经注·江水一》:"永初后,学堂遇火,后守更增二石室。"唐·韩愈《秋怀》"学堂日无事,驱马适所愿。"由此看来,"学堂"这一指称出现较早,具有古老性,曾作为通语词。今主要分布在洪洞、临汾、侯马、襄汾、霍州、新绛、闻喜、夏县等地,多见于老派口语中。所以属于晋南方言的底层词。

【书房】fu31 faŋ13

"书房"最初指朝廷、官府收藏书画、书籍的场所。唐·元稹《和乐天过秘阁书省旧厅》:"闻君西省重徘徊,秘阁书房次第开。"后可指家中读书写字的房间。宋·洪迈《乙志·陈如塓》:"一妹嫁远乡何屯田之孙,尝往其家……已洒扫书房延待矣。"元《朴通事》:"高丽来的秀才有么?书房里坐的看文书里。"后又引申指家塾、学校。清·潘荣陛《帝京岁时纪胜·薰虫》:"小儿辈懒学,是日始进书房,日占鳌头。"张天翼《父子》:"唔……怎么年也不过就去上书房?"

由此看来,"书房"一词早已产生,至近代可指称学校。今"书房"表"学校"主要分布在霍州、襄汾、乡宁、曲沃、新绛、绛县、闻喜、夏县、稷山、万荣、河津、临猗、永济、芮城、运城等地。"书房"亦具普遍性、土俗性,应属晋南方言的底层词。

【学校】ɕyo13 ɕiau33

"学校"一词出现较早。《诗经·郑风·子衿》:"子衿,刺学校废也。乱世则学校不修焉。"《孟子·滕文公上》:"设为庠、序、学、校以教之。"汉·扬雄《百官箴·博士箴》:"国有学校,侯有泮宫。"宋·欧阳修《议学状》:"夫建学校以养贤,论材德而取士,此皆有国之本务。"清·吴敬梓《儒林外史》第三回:"你若同他拱手作揖,平起平坐,这就是坏了学校规矩,连我脸上都无光了。"由此说明"学校"一词出现时间更早,初期多作书面语,后进入口语词,属于通语词。[①] 今晋南方言虽使用"学校"一词,主要受普通话影响,多见于年轻人口语中。

---

① 郭利霞.清末民初北京官话中的"学校"类词语及其历时演变[J].语言学论丛,2018(2):324-340.

【学里】ɕyo22·li(洪洞音)【校里】ɕiau21·li(翼城音)【书院】fu31 yɛi21(翼城音)

"学里"主要分布于洪洞(多用于年轻人)、临汾、新绛、永济、垣曲等地。"校里"只存在于翼城一地。"书院"存在于浮山、翼城两地。

"书院"是中国古代教育机构,最早出现于唐代,是中书省修书或侍讲的机构。宋至清进一步发展,是私人或官府设立的供人读书、讲学的处所。清光绪二十七年(1901年)后,改全国省、县书院为新式学堂,书院制度瓦解,其名遂废。今翼城、浮山两地称"书院"为学校,是一种旧称,沿袭古称,但分布范围较小。"学里、校里"应是"学堂里、学校里"的省略或简称,其分布范围也有限。因而"书院、学里、校里"都不属于晋南方言的底层词。

由此看来,"学校、学堂"出现时间较早,经历了从书面语到口语词的发展变化。清末民初,二者在口语中的使用频率较高,成为通语词。自辛亥革命后,民国教育部废除"学堂"说法,"学校"代替"学堂",通称为"学校"。"书房"虽是近代汉语词,但在晋南分布区域较广。"书院"也是近代出现,"学里""校里"文献未见。所以说晋南方言对"学校"的称说虽然较丰富,大多方言点都并存两种以上说法,但各种说法具有不同的时间层次,其中"学堂、书房"应属方言底层词。但随着教育体系的变革和普通话进一步推广,属于老派说法的"书房、书院、学里、校里"这些词语正在逐渐萎缩,"学校"一词更具普遍性,最终将会替代以上不同说法。所以说"学校"为晋南方言的上层词。

5.【着着、燔底/锅】(食物、物品等)焦了、煳了

【燔】po21(洪洞音)

《说文·火部》:"燔,爇也。从火番声。"《广韵·元韵》:"燔,炙也。附袁切。"《玉篇》:"燔,烧也。"燔,表焚烧。《庄子·盗跖》:"子推怒而去,抱木而燔死。"《汉书·东方朔传》:"推甲乙之帐燔之于四通之衢。"又表"烤、炙"。《诗·小雅·瓠叶》:"有兔斯首,炮之燔之。"汉·王充《论衡·程材》:"洗洿泥者以水,燔腥生者用火。"

燔,中古属并母元韵字,今晋南读[₋po],是古无轻唇音的有力佐证。

"燔[₋po]"于霍州、临汾、洪洞、吉县、襄汾、翼城、浮山、乡宁、侯马、河津、稷山、万荣、平陆、夏县、闻喜、绛县、新绛、垣曲等地广泛存

第四章 晋南方言词汇的历时考察

在，既表示"烤、炙"义，如"燔馍馍""燔旋子（一种烙制饼子）"，又表示"（食物、物品等烧、烤）焦了、煳了"语义，此义是"烤、炙"语义的进一步引申扩展。如"火太大了，燔底（锅）了。"

【着】tṣhuo13

着，著的俗字。《广韵·药韵》："著，服衣于身。直略、张豫二切。""直略切"今北京音读作 [ˏtṣau]，可表"燃烧"义。唐·杜甫《初冬》："渔舟上急水，猎火著高林。"明·马欢《瀛涯胜览·蒲剌加国》："打麻儿番……火烧即着。"后引申表"遇着、受到""对、得当""达到目的或有了结果"等含义。"着"表"燃烧"义，今晋南仍沿用此义。如"——火着了吗？——着了。""蒸馍要搭些硬柴，着得更旺。"此义"着"读作 [ˏtṣhuo]。"着 [ˏtṣhuo]"进一步引申，表示（烧饭、熬汤等）燃烧温度过高，或时间过久，则会超过正常程度，即表示"煳了、焦了"。如"馍馍着了，没法吃了。""火太大了，落花生都炒着了。""着"还可重叠为"着着"，程度进一步加深。如"屋里作怎么一股着着味。"此义分布于临猗、运城、永济、平陆等地，使用区域相对有限。

由此看来，"燔"在晋南使用区域较广，文献记载也较早，语音 [ˏpo] 亦是"古无轻唇音"的例证，所以属底层词。"着 [ˏtṣhuo]"分布区域较小，出现较晚，表"烧焦"之义为方言创新，应属上层词。

6.【馏、烌、续、笼】凉了的熟食再加热

【馏】liou42（洪洞音）

《说文·食部》："馏，饭气蒸也。从食留声。"《玉篇》："饭气蒸也。"《广韵·尤韵》："饭气蒸也。力救切。"本义为煮米半熟用箕漉出再蒸熟。南朝宋·刘义庆《世说新语·夙惠》："太丘问：'炊何不馏？'元方、季方长跪曰：'大人与客语，乃俱窃听，炊忘著箅，饭今成糜。'"后引申指凉了的熟食再加热。此义分布于霍州、洪洞、浮山、永济、夏县、新绛等地。

【烌】thu31

《集韵·东韵》："烌，他东切。以火煖物。"《正字通·火部》："烌，俗字。以火煖物。"本义表把凉了的熟食再蒸热或加热。烌，通摄合口一等东韵透母平声字，今读 [ˏthu] 符合晋南"古全浊声母今逢塞音、塞擦音，无论平

97

仄全都送气""通摄阳声韵白读音同遇摄合口一等合流,即舒入韵母相同"的特点,意义亦沿用。例如,"今个人多,多㷀上几个馍。""红薯早凉了,放箅子上㷀㷀。"此义分布于运城、临猗、永济、万荣、河津、稷山、平陆、临汾、洪洞［ˌtʰeŋ］等地,河南、山东、陕西及甘肃部分地区亦沿用。

【续】ɕy53（垣曲音）①

《说文·糸部》:"续,连也。从糸卖声。"清·段玉裁《说文解字注》:"连也。连者,负车也。联者、连也。皆其义也。释诂曰,继也。"《周礼·巾车》:"岁时更续。"西汉·司马迁《史记·项羽本纪》:"亡秦之续。"《广韵·烛韵》:"继也。连也。似足切。"由此可见,"续"的本义为"连接起来、接上",后产生"继续,在原基础上添加"等含义。垣曲、绛县、闻喜、夏县等地将凉了的熟食加热称作"续",应该是方言的一种独特引申义,属于创新用法。

【笼】luŋ24（万荣音）②

《说文·竹部》:"笼,举土器也。一曰苓也。从竹龙声。"《广韵·东韵》:"《西京杂记》曰:'汉制,天子以象牙为火笼。'卢红切。竹器。""笼"本义为竹笼,后引申为饲养鸟、虫、家禽等的器皿或箱笼,又演变为动词,表示"笼罩、遮掩""点燃、生火"等语义。北魏·贾思勰《齐民要术·脯腊》:"脯成,置虚静库中,着烟气则味苦。纸袋笼而悬之。"元·张国宾《合汗衫》第一折:"小大哥,笼些火来与他烘。"清·曹雪芹《红楼梦》第九十七回:"黛玉瞧瞧,又闭了眼坐着,喘了一会子,又道:'笼上火盆。'"襄汾、侯马、万荣、河津、乡宁、吉县等地"笼"表示"凉了的熟食再加热"义。

从"㷀、馏、续、笼"的地理分布及使用状况看,"馏"产生的年代久远,一直作为通用词。"㷀"中古已出现,今晋南方言白读音为阴声韵,相对来说较为古老,意义相袭沿用,分布区域也较广,可以推测"馏、㷀"为底层词。"续、笼"使用区域不太广泛,其意义为方言中的一种创新,属于创新词。

7.【掉、遗、丢】遗失、遗落

在表"遗失、落下"概念义时,晋南方言存在"掉、遗、丢"等之类的词,构成一个"遗失"类的语义场。这几个词语之间既有共同的义素,彼此之间

---

① 垣曲方言有4个单字调:阴平31、阳平212、上声44、去声53。

② 万荣方言有4个单字调:阴平51、阳平24、上声55、去声33。

又有一定的区别特征。

【遗】ia53（河津音）①

《说文·辵部》："遗，亡也。从辵贵声。"《广韵·脂韵》："遗，失也，亡也，赠也，加也。以追切。"遗，本义为丢失、落下。《韩非子·难二》："齐桓公饮酒醉，遗其冠，耻之，三日不朝。"《左传·成公十六年》："君惟不遗德刑。"《列子·说符》："得人遗契者。"汉·贾谊《过秦论》："亡矢遗镞。"后引申"遗漏"。《韩非子》："刑过不避大臣，赏善不遗匹夫。"又作"遗弃、舍弃"义。《论语·泰伯》："故旧不遗。"又引申作"遗忘"。西汉·司马迁《史记·淮阴侯列传》："审毫厘之小计，遗天下之大数。"

今霍州、临汾、洪洞、吉县、襄汾、翼城、浮山、侯马、稷山、万荣、河津、平陆、夏县、闻喜、绛县、垣曲等地"遗"表"遗失"之义，读作上声［ia］，语音与古音不合，有待考证。由此看来，"遗"在晋南的地理分布相当广泛，又符合古老性，应为晋南方言的底层词。

【掉】thiau33

《说文·手部》："掉，摇也。从手卓声。"《广韵·啸韵》："振也。摇也。"掉"本义为"摇动、摆动"。《左传·昭公十一年》："末大必折，尾大不掉。"东汉·班固《汉书·蒯通传》："郦生一士，伏轼掉三寸不烂之舌，下齐七十余城。"后引申表示抛弃、丢下。唐·吕岩《七言》诗："割断繁华掉却荣，便从初得是长生。"宋·黄庭坚《赠刘静翁颂四首》："艰勤长向途中觅，掉却甜桃摘醋梨。"宋元时期，又引申表遗失、遗落之义。《朱子语类》卷七一："《象辞》中：'刚柔分'以下，都掉了'颐中有物'，只说'利用狱'。"元·郑廷玉《后庭花》第二折："［搽旦云］你卖的那金钗呢？……［正末回云］；'我掉了也！'"今临猗、永济、运城、平陆、新绛等周边方言表"遗失、遗落"时使用"掉"，这是沿袭古义，虽在晋南使用区域并不广，亦属于晋南方言的底层词。

---

① 河津方言有 4 个单字调：阴平 31、阳平 324、上声 53、去声 44。

【丢】tiou31

丢，后起字，宋元俗字。《篇海》："丢，丁羞切。"《字汇·一部》："丢，一去不还也。"元明时期有"抛弃、扔掉"之义。元·康进之《李逵负荆》第一折："把烦恼都也波丢，都丢在脑背后。"明·施耐庵《水浒传》第十回："被与葫芦都丢了不要，提了枪，便出庙门投东去。"后引申"丢失、遗失"语义。清·曹雪芹《红楼梦》第一百一十九回："你叔叔丢了，还禁得再丢了你么？""丢"一说主要分布于运城、闻喜、新绛、翼城、临汾等地。

"丢"表"遗失"义出现时代较晚，也不具备普遍性，应看作晋南方言的上层词。

8.【攲、撽、抄、夹】夹（菜）

【攲/敧】tɕi31

《说文·支部》："攲，持去也。从支奇声。"本义用箸夹取，引申倾斜不正之义。《荀子·宥坐篇注》："攲器，倾攲易覆之器。"《广韵·支韵》："攲，箸取物也。居宜切。"唐·郑谷《攲枕》："攲枕高眠日午春，酒酣睡足最闲身。"宋·朱淑真《菩萨蛮》："秋声乍起梧桐落。蛩吟唧唧添萧索。攲枕背灯眠。月和残梦圆。"元·张可久《春晚》："看牡丹，倚阑干，宿酒乍醒攲髻鬟。"

"敧"同"攲"。宋·吴泳《鹤林词》："对雨帘半卷，江横如旧，沟亭敧压，梯上无媒。"明·吴承恩《西游记》第九十二回："他自飞入，只见几只牛横敧直倒，一个个呼吼如雷，尽皆熟睡。"第九十五回："刮折牡丹敧槛下，吹歪芍药卧栏边。"

由此看来，"攲/敧"本义是以箸取物，使用频率不高，其引申义"歪斜、倚靠"在文献中的使用频次相对较高。"攲/敧"在晋南不仅指用筷子夹菜，也可指用类似筷子之类的器物夹取其他东西，如"你到门口攲一块蜂窝煤进来。""你拿棍棍把它攲上来。"今"攲/敧 [tɕi] 菜"见于稷山、新绛、万荣、临猗、永济、运城、平陆、夏县、绛县、闻喜、浮山、洪洞、乡宁、吉县等地。"攲/敧"的使用区域较广，又具备古老性，仍活跃在口语中，因而"攲/敧"属于晋南方言的底层词。

【抄】tʂhau53（河津音）

"抄菜"一说分布于河津等地。

《说文·金部》："鈔，叉取也。从金少声。"鈔，本义为叉取。俗作"抄"。后引申指用匙箸取食物。唐·杜甫《与鄠县源大少府宴渼陂》："饭抄云子白，瓜嚼水精寒。"唐·韩愈《赠刘师服》："匙抄烂饭稳送之，合口软嚼如牛呞。"宋·杨万里《病中屏肉味独茹菜羹饭甚美》："云子香抄玉色鲜，菜羹新煮翠茸纤。"宋·陆游《初归杂咏》："齿豁头童尽耐嘲，即今烂饭用匙抄。"今方言"抄菜"即是"抄"古义的沿用。

【搛】tɕiã31（垣曲音）

《集韵》："搛，坚嫌切，音兼。夹持也。""搛"，本义夹持。清·曹雪芹《红楼梦》第四十一回："凤姐笑道：'姥姥要吃什么，说出名儿来，我搛了喂你。'""贾母笑道：'你把茄鲞搛些喂他。'"周而复《上海的早晨》："余妈妈搛了两块鸭脯子放在杨健的碗上：'这是她特地给你买的，别客气，多吃点。'"王蒙《名医梁有志传奇》："然后他搛起葱丝拌徐水豆腐丝。"今见于襄汾、侯马、垣曲等地。

【夹】tɕia21（临汾音）

"夹菜"一说分布于霍州、吉县、乡宁、临汾、芮城、闻喜、运城、平陆、垣曲等地。

《说文·大部》："夾，持也。从大侠二人。"后写作"夹"。本义为从左右相持。后引申为从两旁用力固定使不动或采取行动。《左传·鲁定公八年》："林楚御桓子、虞人以铍盾夹之。""夹菜"至迟宋代已出现，有时写作"筴菜""挟菜"。佛语录《禅林僧语录》："师曰：'舌味是根境否？'曰：'是。'师以箸夹/筴菜置口中。"

由上可知，"搛（菜）"的出现晚于"敨/鼔"，主要见于近现代文学作品，相比较"敨/鼔"来说，"搛"的分布区域相对狭窄。唐宋时期已出现"夹菜""抄菜"说法，"夹菜"受共同语影响，大多方言点通用，"抄菜"的使用区域虽有限，但符合存古性、土俗性。"敨/鼔菜"无论是存古性，还是普遍性都符合，所以"抄、敨/鼔"都属于晋南方言的底层词。

9.【让、讻、训、厉害】训斥、批评

【让】ẓaŋ53

让，原为"讓"。《说文·言部》："相责讓。从言襄声。"《小尔雅》："诘责以辞谓之让。"《广雅》："让，责也。"《左传·昭公二十五年》："且让之。"西汉·司马迁《史记·魏公子列传》："平原君使者冠盖相属于魏，让魏公子。"让，本义为责备，后引申出"退让、谦让、让与"等语义。

"让"表"责让"见运城、永济、芮城、临猗、万荣、河津、平陆、夏县、闻喜、新绛、翼城等地。让，中古属日母宕摄开口三等去声字。今晋南"让[ẓaŋ]"读上声，声调不合古音，而相沿古义。从其分布的广度、表义以及土俗性上看，"让"属于晋南方言的底层词。

【讻】ɕyŋ212（垣曲音）

《说文·言部》："讻，说也。从言凶声。讻，或省。"段玉裁《说文解字注》："讻，讼也。"《尔雅·释言》："讻，讼也。"讻，本义为争辩。《诗·鲁颂·泮水》："不告于讻，在泮献功。"宋·曾巩《青云亭闲望》："穷凶势犹竞，杀伐声更讻。"后引申作"恐吓"。清·高绍陈《永清庚年纪略》："伊等技穷，知讻余不恸，乃赴南关质库。""讻[ɕyŋ]"见绛县、垣曲、洪洞、襄汾、吉县等地，表"批评、训斥"，属引申义。讻，从音义上看，应属晋南古语词，分布上虽不具备普遍性，但符合土俗性，因而也属于底层词。

【训】ɕyŋ55（临汾音）

《说文·言部》："训，说教也。从言川声。"本义为教诲、教导。《左传·桓公十三年》："训诸司以德。"后引申为告诫；准则、典范；顺从、遵循等含义，至现代引申为训斥义，是基本义的一种缩小。今临汾、霍州、浮山等地用"训""训刮"表示"批评、训斥"，应是近代出现的一种用法，属于上层词。

【厉害】li33·xai（稷山音）①

"厉害"一词出现较晚，在近现代文学作品有一定记载，表示"凶猛；猛烈；严重；剧烈"等含义。清·刘鹗《老残游记》第五回："谁知道，就闹得

---

① 稷山方言有4个单字调：阴平31、阳平24、上声55、去声33。

这么厉害，连伤了他四条人命。"厉害"在翼城、稷山、乡宁等地用作动词，表示"批评、训斥"。由此看来，这种说法是方言的一种创新，不具备底层词特点，"厉害"属于上层词。

10.【偢、理】理睬

【理】li44（新绛音）①

《说文·玉部》："理，治玉也。从玉里声。"本义指顺着纹路把玉从石中剖分出来。后引申表理睬之义，多用于否定句中。东汉·班固《汉书·淮南厉王刘长传》："吏以闻，上方怒赵，未及理厉王母。"晋·葛洪《抱朴子·讥惑》："虽见耻笑，余亦不理也。"（《汉语大词典》第5637页）之后文献中不多见。刘宝霞（2013）指出近代汉语前期多用双音节"理会"表示，自明代起"理"使用频率增加，与"睬"并存竞争，至清代时，"理"成为主导词，至今沿用。据明清文献与现代方言的地域分布，发现"理"多见于北方官话，"睬"多见于南方方言。由此说明"理"大量使用表"理睬"义，出现于近代汉语晚期，之后作为通用词。今晋南霍州、吉县、侯马、临汾、闻喜、新绛、稷山、夏县、绛县、垣曲等方言点主要使用"理"，属沿袭旧用，但不符合底层词，应属上层词。

【偢】tɕhiou31

"偢"表理睬义在中古时期亦出现，大多时候以双音节"偢采""秋采""偢保""偢睬"等形式出现在文献中。宋·张镃《眼儿媚·初秋》："起来没个人偢采，枕上越思量。"金·董解元《西厢记诸宫调》卷一："骋无赖，傍人劝他又谁偢保。"卷三："是他家佯不偢人。"元·张国宾《相国寺公孙汗衫记》第三折："冬寒天色，冷落窑中又没根柴。冻死尸骸，无人偢保，谁肯着枕土埋，少不得撇在荒郊外！"元·关汉卿《窦娥冤》第一折："撇的俺婆妇每都把空房守，端的个有谁问，有谁偢？"今晋南方言"偢 [ˬtɕhiəu] / [ˬtshəu]"独立使用，表理睬。如"我喊咾伢半天，伢都不偢我。""兀俩吵架啦，几天谁都不偢谁。"目前主要存在于临猗、运城、平陆、河津、乡宁、永济、浮山、

---

① 新绛方言有4个单字调：阴平53、阳平325、上声44、去声31。

襄汾、洪洞、万荣、绛县等方言点，有时"理偢""偢睬"也合用。在新派方言中，倾向用"理"。

由此推测，"偢"应为晋南方言的底层词，"理"应是受共同语影响，为晋南方言的上层词。

第二节 晋南方言古语词

独特的地理位置，悠久的历史文化，使得晋南方言保留了大量的古语词。这些古语词有的直接传承古通语词汇，有的沿袭古方言词汇。有的古语词只流传于晋南，有的普遍通行于官话区域与晋语区域。

古语词如何界定？王力（1980）、向熹（1993）根据语言发展的特征与规律，将汉语史分作四期：上古（秦汉之前）、中古（六朝唐宋时期）、近代（元明清时期）与现代。吕叔湘（1985）以晚唐五代为期，将汉语史分作古代汉语与近代汉语两个阶段。蒋绍愚（2005）将汉语分作古代汉语、近代汉语、现代汉语三个阶段。本节对古语词的界定相对广泛，包含上古、中古以及近代汉语词汇。因而我们将古语词分作两类：古代汉语词（包括上古和中古）与近代汉语词。

有关晋南古语词的研究，陈庆延（1984）、潘家懿（1985）、王雪樵（1992）、王临惠（2001）、史秀菊（2002）、姚美玲（2005）、张楠（2010）、张向真（2012）等学者已经做了大量的考释，为我们进一步开展研究提供了丰富的语料。文中有些古语词并非晋南所独有，在其他方言区也存在，这属于正常现象。我们力求选择能反映晋南方言古老性的一些词语，并对词目进行古今比较，分析具体的继承和演变方式。根据文献资料，结合语义演变，将晋南方言的古语词分作两部分：一是中古之前的汉语词语，至迟唐宋时期已出现，单音节词语居多；二是近代汉语词语，主要指元明清时期出现的词语，以双音节词语为主。这种分类只是一个大致的划分，考察的重点不是对古语词作分期，更侧重词义的发展演变。

文中部分方言例句引自《现代汉语方言大词典》，大部分标音采用运城方言[①]，例句自拟，经发音人核对。

一、古代汉语词

1.【袳】tshʅ31 衣服开缝处

《说文·衣部》："袳，衣张也。从衣多声。"《类篇》："袳，衣张也。"《唐韵》："袳，尺氏切，音侈。"《集韵》："遣礼切，音启。开衣也。又典可切。衣弱也。"袳，今晋南方言不能单用，可作语素，与其他词语组合为"掰袳 [pei31 tshʅ31]"，表示衣服缝合处张开，且丝线已经枯薄无法缝合。例如，"这衣服质量不行，还没怎么穿就掰袳啦。"由此看来"袳"符合古义，读音来自"尺氏切"。

2.【等】təŋ53 比划（大小）

《说文·竹部》："等，齐简也。从竹从寺。"清·段玉裁《说文解字注》："等，齐简也。齐简者，叠简册齐之，如今人整齐书籍也。引申为凡齐之称。凡物齐之，则高下历历可见，故曰等级。"等，本义指整齐的书简。《广韵·登韵》："齐也，类也，比也，辈也。多肯切。"

"等"又作动词，比较、衡量。《孟子·公孙丑上》："由百世之后，等百世之王，莫之能违也。"西汉·司马迁《史记·夏本纪》："四岳曰：'等之未有贤于鲧者，愿帝试之。'"或作"度量、称量"义。唐·段成式《柔卿解籍戏呈飞卿》诗之三："最宜全幅碧鲛绡，自襞春罗等舞腰。"元·无名氏《举案齐眉》第一折："你断别人家不是处，下财钱要等足，少分文不放出，敢如何违法度。"后引申为"称量轻重的工具"，即秤或天平，同"戥"。明·冯梦龙《警世通言》第二十二卷《宋小官团圆破毡笠》："便取出银子，刚刚一块，讨等来一称，叫声惭愧。"

"齐简""等级""比较、衡量""称量""称重工具"等义在晋南方言已消失，但由"比较、衡量"引申出"比画（大小）"义。如"你等一下叫我瞅有

---

① 运城方言有4个声调：阴平31、阳平13、上声53、去声33.

多大。""伢他就等下么大，哪有么大奈果子他就比画得那么大，哪有那么大的苹果。"

3.【溩】tuŋ53

《广韵·肿韵》："溩，水浊也。都骋切。"《集韵·肿韵》："溩，水浊。""溩"表示"水浊"。

"溩"在文献中又写作"董"。清·李绿园《歧路灯》中多次出现。[①] 第二十七回："王春宇道：'蠢才。这事多亏我到，若叫你们胡董起来，才弄的不成事哩。'"第一百零二回："像我这大儿子不成人，几乎把家业董了一半子，休说咱娘不爱见我，我就自己先不爱见我。"

"溩"表"水浊"义在晋南已消失，但由此引申的含义较丰富。①指做事时折腾得一团糟。例如，"他在兀溩水嘞。""小家伙又在兀溩泥。"②惹下祸事。例如，"几天不见又溩下烂子祸事啦。""不知道他溩下啥事，一个人窝在屋里不出来。"③糟蹋、破坏。例如，"光景都溩啦。""看你把屋里溩成啥啦。"

4.【端】tuæ31 正；直

《说文·耑部》："端，直也。从立耑声。"《广雅·释诂一》："端，正也。"《广韵·桓韵》："正也，直也，绪也，等也。多官切。"《礼记·曲礼》："振书端书于君前。"《礼记·祭义》："以端其位。"今晋南方言保留其本义"正、直"。例如，"你坐端些。""端端走就瞅着啦。""端端坐兀覅动弹。"此义在西北官话、西南官话也盛行。李荣（2002）、邢向东（2002、2012）、张安生（2006）、张永哲（2016）等人做过考证。

5.【缚】fo13 折叠、捆绑

《说文·系部》："缚，束也。从系从尃，尃亦声。"《广韵·药韵》："缚，系也。符镬切。"缚，基本义为系、捆绑。《左传·文公二年》："战之明日，晋襄公缚秦囚。"西汉·司马迁《史记·淮阴侯列传》："于是有缚广武君而致戏下者。"后来引申为捆绑东西的绳索。汉·扬雄《解嘲》："夫上世之士，或解缚而相，或释褐而傅。"唐·柳宗元《童区寄传》："夜半，童自转，以缚即炉火烧绝之。"

[①] 黑维强.绥德方言调查研究［M］.北京：北京师范大学出版社，2016：189.

缚，今晋南方言沿用动词，但义域范围有所变化，表"捆绑、使紧扎住（仅限笤帚）"之义。例如，"今年高粱长得好，能多缚几个笤帚，就不用买了。"此外"缚"产生新义，有"（手工）折叠"之意，例如，"用纸给你缚一个飞机。""我给你缚一个轮船。""缚"今读阳平，符合中原官话汾河片的语音演变特点，即全浊入声归阳平的规律。

6.【惊】tɕiɛ31 受惊、害怕

《说文·马部》："惊（驚），马骇也。从马敬声。"惊，本义是"马受惊"。《战国策·赵策》："襄子至桥而马惊。"后引申出惊慌、恐惧的含义。《战国策·燕策》："秦王惊，自引而起。"宋·苏轼《石钟山记》："闻人声亦惊起。"

今晋南方言沿袭"惊慌、恐惧"的含义，如"外头乌黑，我惊嘞不敢出去。""没想到他妈能来，我一瞅着吔她，猛猛惊咾一下。"部分县市还可说"害惊哩"。

7.【踀】tɕy31

《广韵·局韵》："踀踀，又曲也，俛也，促也。渠玉切，音局。"《玉篇·足部》："踀踀，不伸也。"西汉·司马迁《史记·淮阴侯传》："骐骥之踀躅，不若驽马之安步。"今晋南方言沿袭古义，只是使用范围缩小，仅指（因鞋小）使得脚在鞋里局促伸展不开，例如，"这双鞋有些小，一上午把脚踀嘞难受哩。"景尔强（2000）做过考释，指出关中方言存在类似用法。

8.【解】kai53 锯开、剖开

《说文·角部》："解，判也。从刀判牛角。"《广韵·蟹韵》："讲也，说也，脱也，散也。佳买切。"北魏·贾思勰《齐民要术·伐木》："虽春夏不蠹，犹有剖析开解之害，又犯时令，非急无伐。"宋·陶毂《清异录·木》："同光中，秦陇野人得柏树，解截为版，成器物置密室中，时馨芳之气，稍类沉水。"

今晋南"解"沿袭旧义，仍有"解板、踞开"之义。例如，"他在村口解木料呢。""后晌下午把兀块板解一下。"无论语义还是读音，都保留了其早期用法。

9.【解】ɕiɛ33 明白、理解

《广韵·蟹韵》："解，晓也。胡买切。"《礼·学记》："相说以解。"《庄子·天地》:"大惑者,终身不解。"成玄英疏:"解,悟也。"西晋·陈寿《三国志·魏志·贾诩传》:"又问诩计策,诩曰:'离之而已。'太祖曰:'解。'"唐·韩愈《师说》:"终不解也。"

今晋南"解"亦表"明白、懂得、理解",沿用古义,读作[ɕiɛ33],符合方言语音演变规律。例如,"这娃可解话听话着。""他解下了他懂了。"

"解"两个语义在陕西方言亦存在,读音稍有不同。张崇(1992)、邢向东(2002)、黑维强(2016)亦做过研究。

10.【佮】kɤ31 合伙、交往

《说文·人部》:"佮,合也。从人合声。"《集韵·人部》:"佮,葛合切。合取也。"《正字通》:"佮,合取也。"本义为聚合。今晋南方言基本沿用其语义,但略有变化,主要表示"合伙、合作""结交、交往""相处"等意思。如"咱俩佮伙做生意吧?""兀人可难佮人着。""他俩佮不到一块。""你俩耍佮气打架,尤指小孩之间。"

11.【剓】li33 割开、划开

《说文·刀部》:"剓,剥也,划也。"《广韵·之韵》:"剥也。里之切。"邢向东(2002)、黑维强(2016)做过考证。今晋南方言音义皆合。例如,"拿刀剓个口就行。""用剪子尖到纸箱剓开。"

12.【娄】ləu13

《说文·女部》:"娄(婁),空也。从母中女,空之意也。"清·段玉裁《说文解字注》:"凡中空曰娄,今俗语尚如是。凡一实一虚、层见叠出曰娄。人曰离娄。窗牖曰丽廔。是其意也。"《广韵·虞韵》:"娄,空也。力朱切。"

娄,今晋南方言主要有两个义项:①(某些瓜类)过熟而变质,瓤败体空。例如,"西瓜都油娄啦,没法吃啦。""三白瓜油娄啦,倒碗行[xuo]吃。"②够,多。常与"不"连用,表示少,不够,不能满足,经不住。例如,"这么些钱哪娄花。""你做这么些饭,都不娄他吃你做这么少的饭,都不够他吃。""你买么些些一点点,不娄他扎牙缝。"此义项至唐五代时已出现。《敦煌变文集·大目干连冥间救母变文》:"为忆慈亲长(肠)欲断,前路不娄行即到。""不娄"亦写作"不蝼",如《韩擒虎话本》:"我把些子兵士,似一片之肉，入在虎牙，不蒌咬嚼，博唼之间，并乃倾尽。"王雪樵（1985）做过考证，指出"不蒌"表示"不多"。

蒌，本义是"空、无"。某些瓜类由于放置过久，瓜瓤变质为液体，中心即为"空"，因而"蒌"的义项①是其引申义，由泛指到具体的概括。义项②"不蒌"常合用，表示"不能满足"，是"不空"意义的一种反训。

13.【捋】y31 用手指顺着抹过去，使物体顺溜或干净；击打、抽打

《说文·手部》："捋，取易也。从手寽声。"《广韵·末韵》："手捋也，取也，摩也。郎活切。"《诗经·周南·芣苢》："采采芣苢，薄言捋之。"《乐府诗集·陌上桑》："下担捋髭须。"捋，本义指用手指顺着抹过去，使物体顺溜或干净。邢向东（2002）做过考释。

今晋南方言有两个含义：①沿袭本义。如"叫我到门口捋一把椒叶去。""你把枝枝上桑叶全捋下来。"②（用条状物体）抽打、击打。如"你不好好干活，寻着咞拿鞭子一会捋你。""他爸随手就拾起树枝到娃腿上捋了几下。"

14.【慕】mu33 贪念、贪恋

《说文·心部》："慕，习也。从心莫声。"本义表依恋、思念、思慕。《孟子·万章上》："人少则慕父母。"又表羡慕。《荀子·天伦》："小人错其在己者而慕其在天者，是以日退也。"后引申表贪羡、贪恋。《淮南子·原道》："诱慕于高位。"

慕，今晋南表示"贪念、贪恋"之义。例如，"——小娃能慕啥？——不就慕兀些吃头。""他就慕他妈兀两万块钱。"

15.【酽】ȵiæ̃33 程度深，能干，剧烈

《广韵·酽韵》："酽，酒醋味厚。鱼欠切。"酽，本义指酒、醋等味厚。北魏·贾思勰《齐民要术》："稗中有米，熟时捣取米，炊食之，不减粱米。又可酿作酒。酒势美酽，尤逾黍、秋。"后引申指茶水浓。五代《祖堂集》："师伸手接茶次，佛曰问：'酽茶三两碗，意在头边。速道，速道。'"

后引申出"厉害、剧烈"或"程度深"的含义。元·曾瑞《全元曲》："双歌月枕，携手虚檐。傅粉妆奁，欢娱忒酽。"清·李海观《歧路灯》："只是他赌得不酽。"

109

今晋南方言"酽"的"厉害"义使用范围进一步扩大，不仅指事物、物体，也可形容人的能力、品性，常与"酽火"替换运用。如"伢娃可酽（火）着。""你真真酽火，连他妈都敢说。""伢兀村可酽火了，今年就考上好几个大学生。"

景尔强（2000）做过考释，指出"酽"在关中表示"酒醋味浓""重要、不清淡"语义。

16.【繁】pho13（动物）繁殖

繁，本作"緐"。《说文·糸部》："马髦饰也。"清·段玉裁《说文解字注》曰："马髦饰也。马髦，马猎也。饰亦妆饰之饰。概集丝条下垂为饰月緐。引申为緐多。又俗改其字作繁。俗形行而本形废。引申之义行而本义废矣。"

"繁"后作形容词，表"众多、茂盛、复杂、旺盛"。近代引申为动词，表"繁殖、繁衍"。明·吴承恩《西游记》第一百回："保你这一庄人家，子孙繁衍，六畜安生。"

晋南方言沿袭此义，但义域范围缩小，仅限动物繁殖、繁衍。如"这窝一下繁了五个猪娃。""小红屋奈的狗繁啦。""繁"读作［pho13］，是"古无轻唇音"的一个例证，也符合晋南方言的语音演变规律，即古全浊声母今逢塞音、塞擦音无论清浊都读送气音。"繁"，中古属山摄元韵合口三等奉母字，正好符合这一特点。"繁"读作［₅pho］也不是孤证。"燔"在晋南读作［₅po］也是其类似的例证。

17.【箔】pho13 用苇子、秫秸等织成的帘子

《说文·艸部》："林薄也。一曰蚕薄。从艸溥声。""箔"，本作"簿"。《广韵·铎韵》："帘也。傍各切。"唐·裴铏《传奇·裴航》："俄于苇箔之下，出双玉手，捧瓷。"元·脱脱等《金史·世宗纪下》："顾见街衢门肆，或有毁撤，障以帘箔，何必尔也。"

今晋南方言沿袭此义。如"今个天气好，把棉花摊到箔子上晒晒。"

18.【铍】pho31（用刀、镰刀）割（草、稻谷之类）

《说文·金部》："铍，两刃，木柄，可以刈草。从金发声，读若拨。"《集韵》："普活切，又北末切，音拨。镰也。"铍，名词，本指一种镰刀。又作动

词，刈除。《广韵·末韵》："两刃刈也。普活切。"今晋南方言保留其动词义"割"。如"铍麦""铍草"等。邢向东（2010）做过考证。

19.【噇】pfhaŋ13 吃，毫无节制地大口吃喝，略含贬义

《广韵·江韵》："噇，吃貌。宅江切。"《玉篇》："吃貌。"噇，本义指吃喝，有时指无节制地吃喝。唐·寒山《寒山诗》之七四："背后噇鱼肉，人前念佛陀。"清·吴敬梓《儒林外史》第十一回："在镇上赌输了，又噇了几杯烧酒，噇的烂醉。"

晋南方言沿袭古义，但感情色彩略有变化，有时带有贬义色彩，后接宾语不能是液体，使用范围缩小。如"今个做得好吃，伢就噇了三碗面。""一天啥都不做，就知道噇馍。"

20.【搳】tɕhia33 动词，抱

《广韵·陌韵》："搳，手把著也。苦格切。"《集韵·祃韵》："丘驾切，音髂。持也。"

在文献作品中，"搳"主要有两个义项：①握持。元·无名氏《盆儿鬼》第一折："嚇的我消磨了酒，慌得我撇掉了花。则见他威凛凛一表身材大，明晃晃一把钢刀搳，不由我战钦钦一片心肠怕。"②扼、掐。宋·司马光《乞不贷故斗杀札子》："简用力去郭昇咽喉上搳一搳，其人当下倒地身死。"明·无名氏《薛苞认母》第二折："孩儿！你分了罢！若不分呵，我则一搳搳杀了。"

"搳"以上两义项在晋南方言已消失，今义"抱"是从本义"握持"引申而来。例如，"到门口搳一捆柴回来。""把娃搳起来。"

21.【搴】tɕhiæ13 割取

《说文·手部》："搴，拔取也。南楚语。从手寒声。"《广韵·狝韵》："搴，取也。九辇切。"《晏子春秋》："寡人不席而坐地，二三子莫席，而子独搴草而坐之，何也？"后作"摘取"。屈原《九歌·湘君》："搴芙蓉兮木末。"搴，今晋南方言作动词用，表"割取"义，但搭配对象相对狭小，主要是"高粱穗"，例如，"后晌咱得搴稻黍杆走下午咱们割高粱穗去。"

22.【靸】sa31 动词，把鞋后帮踩在脚下

《说文·革部》："靸，小儿履也。从革及声。"清·桂馥《说文解字义证》："小儿履也者，履之无跟者也。"《广雅》："靸，履也。"《广韵·合韵》：

111

"小儿履也。苏合切，入声。"靸，本指无后跟的小儿鞋，后指类似的拖鞋。唐·杜荀鹤《山寺老僧》："草靸无尘心地闲，静随猿鸟过寒暄。"后引申作动词，表示将鞋后帮踩在脚跟下；穿（拖鞋）。宋·吴文英《八声甘州·灵岩陪庾幕诸公游》："时靸双鸳响，廊叶秋声。"元·方回《秋夜听雨》："质明靸破鞋，满砌落叶湿。"

"靸"，在晋南方言中可作名词，但不独立使用，常用"靸鞋"来指称"拖鞋"。"靸"多作动词，表示穿鞋时把后帮踩在脚下，例如，"一天不好好穿鞋，老是倒靸着。""他踢靸着两只鞋就出去了。"景尔强（2000）做过考释。

23.【錔】tha31 套合

《说文·金部》："錔，以金有所冒也。从金沓声。"清·段玉裁《说文解字注》："凡覆乎上者、头衣之义之引申耳。"（头衣就是帽子）《广韵·合韵》："器物錔头也。他合切。""錔"本义金属套，今晋南方言作动词用，表"套合"，例如，"把（钢笔）帽帽錔上。"

24.【停】① thiŋ13 停留、暂时住宿；② thiɛ13 平均

《说文·人部》："停，止也。从人亭声。"《释名》："停，定也。定于所在也。"《广韵·青韵》："息也，定也，止也。特丁切。"

停，本义指停止、停留。晋·陶渊明《桃花源记》："停数日。"唐·李朝威《柳毅传》："停于大室之隅。"晋南沿用其本义，例如，"去了就多停几天。""这几天在我姑兀停着。"

至迟唐代时，"停"引申出"平分"之义。唐·李山甫《项羽庙》："为虏为王尽偶然，有何羞见汉江船。停分天下犹嫌少，可要行人赠纸钱。"元·石君宝《秋胡戏妻》第二折："罗云：'我待和你婆婆平分财礼钱哩。'正旦唱：'则待要停分了两下的财礼。'"元·武汉臣《散家财天赐老生儿》："老夫待将我这家私停停的分开，与我这女儿和这侄儿。"今晋南沿用此义，更常说"分停"，表示分均匀、分公平。例如，"你给他得他们分停，都不要沾光，也休吃亏。""分嘞停停嘞，谁也没有偏向。"今晋南方言中两个义项皆用，只是语音上存在文白异读。张崇（1992）、景尔强（2000）、张楠（2010）、黑维强（2016）做过考证。

25.【褿】tshau13（衣服）脏，不干净

《说文·衣部》："褿，幭也。从衣曹声。"《广韵·豪韵》："裙也。小儿藉也。昨牢切。"《广雅·释器》："褿，袯、幭、襠也。"《玉篇》："襠，小儿衣也。"《类篇》："衣失浣也。"

由此看出，"褿"原指包裹婴儿的衣、被，亦指婴儿的尿布。后引申指衣服脏得洗不出来了。今晋南方言沿用，但语义发生变化，亦可表示脏。如"衣服洗多了就失褿了，洗不干净了。""白衣服不耐褿脏，一天就得洗。"张崇（1992）、邢向东（2002）做过考释。

26.【枵】ɕiau31 布类丝缕稀疏轻薄

《说文·木部》："枵，木根也。从木号声。"《左传·襄公二十八年》："岁在星纪，而淫于玄枵。……玄枵，虚中也。"《尔雅·释天》："玄枵，虚也。"晋郭璞注："枵之言耗，耗亦虚意。"

"枵"最初表"木大而中空"，引申为空虚。后来语义范围进一步扩大，指"布类丝缕稀疏轻薄"。明·宋应星《天工开物·夏服》："又有蕉纱，乃闽中取芭蕉皮析缉为之，轻细之甚，值贱而质枵，不可为衣也。"

今晋南方言沿袭此义，指布料稀疏轻薄。如"这衫子不能穿了，都枵成这了。""这衣服质量不行，洗咯几回就枵了。"王军虎（1996）做过考释。

27.【尩羸】uaŋ31 lei31 疲惫不堪、狼狈不堪、穷困潦倒

《广韵·唐韵》："尩弱。乌光切。"《分韵撮要》："尩，曲颈也。偻也。弱也。又有瘠病之人。"尩，原指骨骼弯曲，后引申孱弱、瘦弱。《说文·羊部》："羸，瘦也。"羸，本义瘦弱、困惫。东汉·班固《汉书·邹阳传》："今夫天下布衣穷居之士，身在贫羸。"尩羸，表示瘦弱，亦指瘦弱之人。晋·葛洪《抱朴子·遐览》："他弟子皆亲仆使之役，采薪耕田。唯余尩羸，不堪他劳。"唐·杜甫《雨》："穷荒益自卑，漂泊欲谁诉；尩羸愁应接，俄顷恐违迕。"景尔强（2000）、朱正义（2002）做过考释。

今晋南方言沿用此词，意义略有变化，表示疲惫不堪、狼狈不堪、穷困潦倒的语义。如"这几天把人忙死啦，你看给我都尩羸成啥啦。""一个人经营照顾两个娃，哪顾得收拾，把人都尩羸扎啦。""光景过成啥啦，才二十几

岁，尫羸成兀样。"

28.【希羡】ɕi31ɕiæ̃53 羡慕、稀罕

"希羡"一词在文献中记载不多，表示"羡慕"之义。姚美玲（2008）做过考证。《旧唐书·刘总传》三："仍籍军中宿将，尽荐于阙下，因望朝廷升奖，使幽蓟之人皆有希羡爵禄之意。"《大唐墓志汇编·仇道及夫人袁氏墓志》："君自幼及长，守兹仁信，言无二诺，道周百行，不希羡于富贵，又无闷于丘园，筑室伊洛之滨，不染嚣尘之俗。"

今晋南沿用古义，可表"羡慕"。例如，"这娃没见过遥控飞机，见㕻人家有，可希羡着。"除了"羡慕"之义，亦表"珍视""稀罕"语义。例如，"娃媳妇要了一个小子，阿家妈可希羡着。""家里好吃头太多了，他对啥吃头都不希羡。"

二、近代汉语词

"自汉代起，汉语新词的产生已逐渐以复合法为主要方式。"[①] 中古之后，汉语产生的新词以双音词居多。这一阶段反映口语的白话文形成并广泛传播，口语词汇大量进入文学作品。晋南方言承袭了大量近代白话词汇，大多在近代文献作品中都有迹可循。

29.【槽头】tshau13 ·thəu 盛放饲料喂牲口的地方

"槽头"一词至迟在元代已出现。元·刘跃《中秋夜以安侄举酒待月诗呈李思远》："松花酒压槽头雨，桂子香飘屋角风。"元·无名氏《罗李郎大闹相国寺》第二折："侯兴，槽头快马备上一匹，多带些钱物，不问那里，与我寻将来。"明清时期沿用。明·吴承恩《西游记》第五百六十六回："众小妖答应一声，把三人一齐捆了，抬在后边，将白马拴在槽头，行李挑在屋里。"清·褚人获《隋唐演义》第十五回："我但是想兄，就到槽头去看马，睹物思人。"此义晋南方言沿用。例如，"你回去先到槽头给头牸牛喂喂。"

30.【打馓】ta53 ·sæ̃

馓，馓子，一种油炸的面食，细条相连并扭成花样，细如面条，呈环形

---

① 潘允中.汉语词汇史概要［M］.上海：上海古籍出版社，1989：30.

栅状。北魏·贾思勰《齐民要术.饼法》:"环饼,一名'寒具';截饼,一名'蝎子'。皆须以蜜调水溲面。若无蜜,煮枣取汁。牛羊脂膏亦得;用牛羊乳亦好,令饼美脆。"宋·庄季裕《鸡肋编》卷上:"食物中有'馓子',又名'环饼',或曰即古之'寒具'也。"元·无名氏《盆儿鬼》第三折:"俺大年日将你帖起,供养了馓子茶食。"明·李时珍《本草纲目·榖四·寒具》:"寒具,即今馓子也,以糯粉和面,入少盐,牵索纽捻成环钏之形,油煎食之。"

今晋南仍盛行"馓子"。在部分县市有"打馓"这一说法,一般是自家办喜事前向亲朋好友送麻花、点心等食物以表通知(临猗),或是喜事办完后,或是家里患病者痊愈后,向送过贺礼或慰问品的人家送麻花、油饼、小馒头等食物,以示感谢。

31.【顶门】tiŋ53 mẽ13

"顶门"一词在近代汉语中主要有三个义项:①指头顶的前部。敦煌写本《韩擒虎话本》:"说此膏未到顶门一事也无,才到脑盖骨上,一似佛手捻却。"宋·范成大《问天医赋》:"觉邪梦邪?陆离纷纭。神马具装,出于顶门。"②两家大门相对。③支撑门户。明·吴承恩《西游记》第四十四回:"我家里烧火的,也是他;扫地的,也是他;顶门的,也是他。"

"顶门"一词现今在晋南主要沿用③,指支撑门户。如"这是我屋顶门的。""你姓张,是要给咱张家顶门嘞。"在此义项上引申出新的意义,表示"出继",指同宗族或某户人家没有儿子情况下将自己儿子过继与人,继承相应财产。如"他叔没有娃,他给他叔顶门啦。""明娃一家从河南逃过来,没有舍也没有地,正好村里老王没有娃,明娃就给老王顶门了。"

32.【干连(人)】kæ̃31 liæ̃13

"干连"一词在近代文献作品中主要含有牵连之义。明·冯梦龙《警世通言》卷三十:"那两个宗室,止是干连小犯。"清·曹雪芹《红楼梦》第九回:"如今听贾蔷说金荣如此欺负秦钟,连他的爷宝玉都干连在内。""干练人"指无罪被牵连的人。干连,今晋南方言语义上有变化,与"牵连"相对,指无拖累、无牵绊。如"娃他妈领走了,今个一个人干连。""伢你干连,出来啥都不带。"亦有"省事、方便"之义。例如,"柿树主要打几回药就行,比梨

115

树干连。""炒米饭干连，连菜都不用做啦，洗锅也省事。"

33.【过活】kuo33 ·xuo 生活

"过活"一词在近代文献作品中出现。主要有两个义项：一作动词，指度生活、过日子。元·乔吉《满庭芳·渔父词》："渔家过活，雪篷云棹，雨笠烟蓑，一声欸乃无人和。"明·施耐庵《水浒传》第十七回："上有父亲在堂，母亲早丧，下有一个兄弟，唤作铁扇子宋清，自和他父亲宋太公在村中务农，守些田园过活。"二作名词，表示家产、家业。《水浒传》第八回："老汉家中颇有些过活。"

今晋南方言沿用动词语义。例如，"爸妈都不在了，这俩娃可怎么过活呀？""你憂管他，还不知道能不能过活到一起？"

34.【搅计】tɕiau53 ·tɕi 开支、开销

这一词在明清小说、白话文中常见。明·兰陵笑笑生《金瓶梅》第九十八回："你在家看家，打典些本钱，教他搭个主管，做些大小买卖，三五日教他下去查算账目一遭，转得些利钱来，也够他搅计。"清·西周生《醒世姻缘传》第九十四回："监生这场官事，上下通共搅计也有四千之数，脱不了都是滑家的东西。"王雪樵（1987）指出"搅计"表"生活费"。我们认为表"开销、支出"更合理。如"你算算这月搅计了多少？""一来回搅计下来就挣不了多少钱。"这一说法多用于老派口语中。

35.【一向】i13 ɕiaŋ33

"一向"，在晋南方言中有两个义项：①向来，一直。例如，"他一向就是兀臭毛病。""我一向就不理他。"②过去或近来一段时间。例如，"一向都没吃油条啦。""兀一向那段时间你走哪去啦？寻咾你好几回都没见你。"

早在唐宋时期"一向"已产生"一直、向来"的含义。唐·寒山《寒山诗》："一向寒山坐，淹留三十年。"宋·秦观《促拍满路花》："未知安否，一向无消息。""一向"也表示"片刻、短时间"。唐《大目乾连冥间救母变文》："目连一向至天庭，耳里唯闻鼓乐声。"表示"过去或近来一段时间"的意义在近代亦已出现。元·无名氏《云窗梦》第四折："妹子，你这病害了这一向，还不得好，可是甚么病？"明·吴承恩《西游记》九十一回："行者道：'这一向也

不曾用着你们，你们见老孙宽慢，都一个个弄懈怠了，见也不来见我一见。'"

36.【连手】liæ13 ʂəu31 好朋友，多指男性之间

"连手"一词最初作动词，后来引申作名词。在近代文献中有两个义项：①地方的巡军。明·冯梦龙《喻世明言》第三十五卷："走去转湾巷口，叫将四个人来，是本地方所由，如今叫作'连手'，又叫作'巡军'。"②相互串通联络的人。清·曾朴《孽海花》："我现在既要跳出金门，外面正要个连手，不如将计就计，假装上钩，他为自己利益所见，必然出死力相助。"清·吴趼人《二十年目睹之怪现状》第一百零三回："他父子两个，向来是连手，多老爷在暗里招呼，元二爷在明里招徕生意。"

今晋南部分县市沿用"连手"一词，但①②意义没有沿用，在"相互联络串通的人"的基础上引申指"好朋友（多指男性之间）"。例如，"他是我连手。"

37.【拿班】na13 pa31 装腔作势，摆架子

"拿班"至迟在元代已出现，是近代汉语作品中的一个常见词。元·关汉卿《望江亭》第一折："非是我要拿班，只怕他将咱轻慢。"明·吴承恩《西游记》第二十三回："都这般扭扭捏捏的拿班儿，把好事都弄得裂了。"明·兰陵笑笑生《金瓶梅》第五十回："进来与月娘众人合掌问讯，慌的月娘众人连忙行礼。见他铺眉苫眼，拿班做势，口里咬文嚼字，一口一声只称呼他'薛爷'。"

晋南方言沿袭此义，但语音上发生同化现象，读作［na13 pa31］。例如，"兀人可爱拿班人着，不爱给人办事。""你一天肘嘞嘞要做啥，有啥拿班的。"

38.【数说】səu53 ɕyo31 数落、责备

《广雅》："数，责也。"《列子·周穆王》："后世其追数我过乎。"至迟元代时，出现"数说"一词，主要有两个义项：①数落、责备。元·戴善夫《风光好》第四折："对着这千乘当今帝子，待教我一星星数说你乔行止。"②逐一地说、列举叙述。元·纪君祥《赵氏孤儿》第二折："我程婴抱的这孤儿出门，被韩厥将军要拿的去报与屠岸贾，是程婴数说了一场，那韩厥将军放我出了府门。"

今晋南方言沿袭第一个义项，表"责备、数落"。例如，"今个倒灶死了，

又叫我妈数说了一顿。""你休哭了，我数说他去。""说"的声母由[ʂ]到[ɕ]，相应韵母由合口呼变为撮口呼。这种现象不仅在晋南方言中存在，还分布在湘语、赣语、关中方言等区域，属于知庄章向见晓组靠拢读为舌面音。①

39.【早是】tsau53 sʅ33 原本、本来

"早是"在唐宋时期已出现。表示"已是"。唐·王勃《秋江送别》："早是他乡值早秋，江亭明月带江流。"宋·孙光宪《浣溪沙》："早是销魂残烛影，更愁闻著品弦声。"又表"幸而、幸好"。元·马致远《岳阳楼》第二折："倒唬我一跳，早是不曾打着我的耳朵。"明·吴承恩《西游记》第二十三回："悟空这泼猴，他把马儿惊了，早是我还骑得住哩！"朱正义（2002）、黑维强（2016）做过考释。

今晋南方言沿用"早是"，表"幸而、幸好"语义消失，仅表示"原本、本来"。例如，"他早是不想去，你还逗他呢。""娃早是难受呢，你还幸灾乐祸。"

40.【只管】tsʅ13 kuæ̃53

"只管"在晋南方言有三个义项：①尽管。例如，"你只管吃，没了再给你取。""你只管坐来，我老在屋呢。"②一味，一直。例如，"你就不瞅你妈兀脸，还只管说。""我得都在外头等着呢，伢他还只管吃，一些都不着急。"③只顾。例如，"兀人可自私着，只管他吃，那还想着老婆和娃呢。""她一天只管走地，哪还顾得上她妈。"

"只管"三个含义在宋元时期已出现，有时亦写作"子管里""只古里""则管哩"。例如，《朱子语类》卷十："前辈说得恁地，虽是易晓，但亦未解便得其意。须是看了又看，只管看，只管有。"卷十四："知止至能得，譬如吃饭，只管吃去，自会饱。"元·马致远《江州司马青衫泪》第一折："你只管里睡觉，谁送钱来与你？""你则管里说甚么？快打扮了，则怕有客来。"元·杨文奎《儿女团圆》第二折："只古里向咱家、咱家取索，也须知俺这三年五载，看看衰迈，还有甚精金响钞，暗暗藏埋。"清·曹雪芹《红楼梦》第四十四回："里面凤姐心中虽不安，面上只管佯不理论。"

---

① 钱曾怡.陕西方言重点调查研究：序[M].北京：中华书局，2008：8.

第五章　晋南方言人物词与动物词研究

　　为了更深入反映晋南方言词汇的特点，第五章至第七章我们将从不同角度对晋南方言进行个案分析。方言人物词是不同地域的民众为某种特征的人物命名的称谓词。不同地域的人物词，既是人们对世界感悟的不同方式和认知结果的反映，又承载着各地独特的文化色彩和民众心理。方言人物词大多表达言说者的憎恨、厌恶、讽刺等情感态度，一定程度上反映了社会底层民众的道德取向。动物与人类的生活息息相关，不可分离。不同地域的动物称谓词不仅反映社会生活的变迁，更能折射出人们的认知心理和思维方式。方言人物词与动物词，都蕴含着形象生动性，皆能反映相关的社会生活，承载一定的文化属性。本章主要从这两方面着手讨论晋南方言词汇的特色，由此折射出晋南的文化习俗以及民众的认知情感。

第一节　晋南方言人物词

　　人物词，又称"人品词"，指口语中为具有某种特征的人物命名的词语。也有人将之称为"社会称谓词"。[①]方言人物词既是人们对世界感悟的不同方式和认知结果的反映，又是各地民众发挥主观性认识世界的一种思维机制的再现。伍铁平认为，在一个特定的语言和文化传统中成长起来的人看世界，跟一个在其他传统影响下成长起来的人看世界，其方法不同。[②]由于地域文化

---

① 邢向东，蔡文婷.合阳方言调查研究［M］.北京：中华书局，2010：136-137.
② 伍铁平.语言学是一门领先的科学［M］.北京：北京语言学院出版社，1994：37.

的制约和认知视野的不同,方言人物词往往能够折射出当地的民俗文化与民众的社会心理。人类认知世界具有相似的经验,因而对客观事物的表达又呈现出一种趋同性。所以方言人物词是语言个性与认知共性的结合体,是进行方言调查、地域文化以及社会文化研究的典型语料。

晋南方言不仅存在丰富的人物词,而且非常有特色。下文以认知语言学理论为视角,分别对晋南方言人物词的构词方式、表义方式、功能特征与文化内涵等方面进行解读。

一、晋南方言人物词的构成方式

(一)从音节上看,晋南方言人物词有双音节、三音节、四音节等,单音节或四音节以上的人物词鲜有见到,而三音节相对来说最常见,双音节次之,这与方言人物词的复杂性与丰富性有关系。[①]详见表5-1。

表5-1 晋南方言人物词

双音节、四音节人物词	三音节人物词
把式(内行)	吃嘴猴(嘴馋的人)
死狗(赖皮)	蛮疙瘩(非亲生子女)
鸱角(喜欢熬夜的人)	栽拐娃(调皮捣蛋、常惹是非的孩子)
肉子(性格、行动缓慢的人)	绺娃子(扒手)
醋瓩(又矮又胖的人)	日本人(又矮又坏的人)
八点(不明事理、头脑糊涂的人)	浪荡鬼(游手好闲的人)
光股儿(敢说敢为、出人头地的人)	野公鸡(作风不好的男人)
烧包(喜欢卖弄的人、爱自我吹嘘的人)	马骝神(像猴子似的疯玩、不受拘束的人)
碎子毛蛋(对人的蔑称)	闷葫芦(不聪明的人)
知古老人(讽刺无所不知的人)	挣皮货(性格执拗的人)
舔沟子虫(溜须拍马的人)	二皮脸(死皮赖脸、不知羞耻的人)
黄瓜架子(瘦高的人)	咬蛋毛(爱挑剔、毛病多的人)

(二)从结构上看,晋南方言人物词有复合式、附加式、重叠式等,其中前两类占大多数,重叠式比重较小。

1. 复合式人物词

这类人物词主要有两种类型:一种是单纯的复合法,其中偏正式(若由

---

① 邢向东.关于深化汉语方言词汇研究的思考[J].陕西师范大学学报(哲学社会科学版),2007(2):117-112.

两个以上语素构成，内部层次较复杂，但从整体上说仍是偏正式）居多，有少量动宾式结构，这与人物词的概念有一定关系；另一种是复合式与附加式或重叠式综合构成的人物词。详见表5-2。

表5-2 复合式人物词

单纯复合式	综合式
扇车（吹牛皮大王）	白脸盖子（长得白净、没本事没能力的人）
长材（正在发育阶段的孩子）	小屹蛋（个子矮小但有本事的男人）
白糖（说傻话、做傻事的人）	圪杈女（爱挑剔、耍脾气或非亲生的女孩）
木鸡（内向的人）	话婆婆（话多的人）
钢炭（硬气的人）	瘦杆杆（吃得再多也不发胖的人）
明火贼（强盗）	墩墩汉（个子矮墩的人）
瓢儿嘴（光说不干的人）	小精精（爱占便宜的人）
橡皮脸（死皮赖脸、不知羞耻的人）	弓弓腰（罗锅儿）
马氏女（不拘礼数、喜欢疯闹的女孩）	豁豁嘴（兔唇的人）
舔巴狗（善于拍马屁的人）	狗撩撩（喜欢挑逗别人的人）

表5-2都是偏正式，在晋南方言人物词中，存在少量的动宾式结构，例如，抡花枪、舔沟子（巴结奉承的人）等。

2. 附加式人物词

晋南方言人物词附加式的后缀较丰富，前缀相对较少。详见表5-3。

表5-3 附加式人物词（后缀式）

格式	例 词			
××子	抄娃子（做事不顾眉眼的人）	贼坯子（骂人的话）	穷骨子（骂人的话）	紧皮子（吃得再多不胖的人）
××蛋	屁八蛋（软弱、没本事的人）	肉蛋（行动缓慢的人）	毛子蛋（对未成年人的蔑称）	闷蛋（不聪明的人）
××鬼	日能鬼（喜欢逞强的人）	木囊鬼（性子慢的人）	捣栽鬼（调皮捣蛋或不干正事的人）	装化鬼（假装有钱或有能力的人）

续表

格式	例 词			
××货	挨刀货 （骂人的话）	不超毛货 （做事不符合常规的人）	沉屁眼货 （串门闲聊、很久不回的人）	烧包货 （喜欢炫耀的人）
××㞞	蛮㞞 （胡搅蛮缠的人）	坏㞞 （坏蛋）	奸㞞 （偷奸耍滑的人）	憨㞞 （说傻话、做傻事的人）
××佬	糊涂佬 （糊涂的人）	古式佬 （不入时的人）	跟厮佬 （喜欢跟在别人后面的人）	卖屄佬 （作风不正派的女人）
××的	耍把戏的 （魔术师）	喂头牯的 （饲养员）	剃头的 （理发师）	干事的 （在外工作的人）

这些词大多含有贬义色彩，有些属于詈词，能产性相当高。之所以含贬义，与词缀有一定关系，如"子、鬼、货、㞞、佬"等。据王力的观点，"子"在先秦时代，是名词，男子之美称，带有尊敬意味；中古以后词尾"子"应用逐渐普遍。[①] 随着语言的发展，"子"的尊敬义消失，有时带有贬义色彩。吕叔湘指出："'子'只有少数含贬义。"[②] 而在晋南方言中，含"子"缀的人物词多数含贬义。"鬼"本指人死后的灵魂，大多数人对此多有恐惧与忌讳，由此指代有不良嗜好行为的人附加"鬼"。"货"由中性词变成贬义词，可能与人们认为"货"是物有关，将人比成非人的话就是对人格的一种贬低和侮辱。[③] 这正是认知心理的一种反映。

"㞞"作词缀，是斥责、骂人用语。"㞞"在晋南方言中作词缀，范围有所扩大，并不限于男性，与陕西方言略有不同。[④]"佬"，侉佬，大貌也。后用在部分少数民族称谓后，如"瑶佬、苗佬、红仡佬、花仡佬"等。《广州新语》卷十一："广州谓平人曰佬，亦曰獠，贱称也。"今粤语、赣语等方言也大量存在此用法，多含轻视意。河东方言作为人物词的后缀，表示客观上或主观上厌恶、憎恨的对象。再者词根含贬义，例如，"懒、坏、瞎、奸、死、贼"等，这样进一步深化其色彩。

---

① 王力.汉语史稿［M］.北京：中华书局，1980：263.
② 吕叔湘.现代汉语八百词［M］.增订本.北京：商务印书馆，2015：696.
③ 乔全生.山西方言的几个詈词后缀［J］.方言，1996（2）：131.
④ 邢向东，蔡文婷.合阳方言调查研究［M］.北京：中华书局，2010：141.

还有一类人物词值得注意,就是"××的(哩)"。"的"经常放在动词短语后,表示某一职业的称谓词。这类词在晋南方言中非常丰富,构词能力特别强。人物词的意义从词面就可理解,不需深入推导。不过多数是从事卑微职业的人,至少当地民众这样认为。

3. 重叠式人物词

单纯的重叠式人物词在河东方言不多见,部分重叠式与别的语素结合,构成复合式与重叠式或重叠式与附加式交叉的综合式人物词。例如:

憨憨 xã31xã31(不正常的人)　　黏黏 ʐa33 ʐa21(头脑不清楚的人)

娘娘 ȵyo13 ȵyo21(难伺候的人)　　槽槽 tsʰau13 tsʰau21(不合群的人)

全挂挂(精通多种技术的人)　　活络络(没主见、没原则的人)

左逮逮(左撇子)　　琉琉滑(滑头滑脑的人)

二、晋南方言人物词的表义方式

为了更形象生动、幽默风趣地表达人物词,晋南方言在造词表义上,大多采用隐喻、转喻等方式,其中复合式结构的人物词特别突出。

隐喻、转喻不仅是修辞方式,也是人们思维的一种认知机制。不同的是,隐喻是从一个概念域(源域)向另一概念域(目标域)的跨域映射,根据的是概念之间的相似性,相当于中国传统修辞方式中的比喻;转喻是通过个别事物替代某类相关事物,根据的是概念之间的邻近性[1],相当于中国传统修辞方式中的借代。隐喻、转喻认知方式的构建和理解,来自日常生活中人们认知世界的基本经验。最基本经验的认知原则是人们趋向于选择具体有形的、为人熟知的、易于理解的、有生命的概念或事物去映射或替代抽象复杂的、难以理解的、不易感知的、无生命的概念或事物。[2]

(一)晋南方言人物词的隐喻认知

跨域映射的相似性是隐喻得以实现的基础,而两种概念域之间的相似性

---

[1] 杜艳青.现代汉语"手"的多义性及其认知动因探究[J].河南理工大学学报(社会科学版),2012(4):479.

[2] 吴为善.认知语言学与汉语研究[M].上海:复旦大学出版社,2011:139.

源于人们在认知领域的联想与创造。因而隐喻带有认知主体的情感、态度与体验。晋南民众对各种特征人物加以概括时，也往往是激活内心已有的背景知识，与熟悉的具体事物相联系，从而利用对已有事物的认识来思考、表现各种不同类型的人物词。

例如，"舔沟子虫"与"人"，属于两个互不关联的概念域。"舔沟子虫"表面指一种虫子，特点是舔沟子（屁股）。屁股是人体的一个敏感部位，一般不外露，相对来说比较隐蔽与忌讳。正常情况下没人舔屁股。社会中有一类人，为了奉承巴结别人，不顾任何颜面，甚至"舔别人屁股"。根据二者的相似性，两个原本不相关的空间进行跨域映射整合，产生新创意义，即善于拍马屁的人就是"舔沟子虫"。

醋瓨［xaŋ13］，晋南常见的一种瓮坛类容器，腹大口小，更明显的特点是低矮。社会中有一类人的特征是又矮又胖。"醋瓨"和"人"，原本两个不相关的概念域，经过跨域联想沟通，根据二者的相似性，心智空间的"醋瓨"被映射激活，整合出新的语义，即个子又矮又胖的人正如醋瓨一样。

"火闪"，即闪电，本是一种自然现象。"闪电"往往伴随着响雷，声势浩大，但最终不一定下雨，可能只是虚张声势的表象。生活中某一类人喜欢吹牛，夸大其词。"火闪"和"人物"看似两个不同的概念域，没有什么关联性。但"火闪"最大的特点是"虚张声势"，由此激活人们的心智空间，联系到生活中喜欢吹牛的人物，这两个不同的空间进行跨域映射匹配，根据二者的共性"不真实"重新整合构建，产生新的意义，即爱吹牛的人就是"火闪"。

由此看来，方言人物词的形式只是意义的载体，生成的是一种在线创新意义。方言人物词的意义是人们原有心智空间的背景与概念激活的过程，也是把几个不相关的空间领域映射沟通整合创新的过程，这与不同地域民众的认知体验与社会文化有着密切的关系。

（二）晋南方言人物词的转喻认知

转喻是以事物间的相关性、邻近性联想为基础，在同一认知域内用凸显、易感知、易辨认的部分代替整体或整体的其他部分，或用完型感知的整体代替部分，其主要功能是对事物的指称。不同地域的人们，由于认知视野和关注焦点的差异，在人物词的表现上又有区别。

1. 部分—整体关系

"一个物体、一件事情、一个概念有很多属性，而人的认知往往更多的注意到其最突出的、最容易记忆和理解的属性，即凸显属性。对事物凸显属性的认识来源于人的心理上识别事物的凸显原则。"[①] 人体是大家最熟知的部分，人类许多认知以此为参照点。晋南方言为了凸显人物的某种特征，"眼、脸、头、嘴、手、腿、脚"等人体部位成为人们关注的焦点，以此视角将人物的特性巧妙刻画出来。

"橡皮脸"，"橡皮"可以多次擦拭使用，"脸"是一个人的门面，代表一个人的身份特征与形象。若某些人的脸具备橡皮的特征，则成了没皮没脸、不知害羞、没有羞耻感的人，当地民众常指称此类人是"橡皮脸不转色"。所以，晋南方言选择凸显人体特征的"脸"指代那样的人物。

"生脚"与"急脚"。"脚"是人体的重要部位之一，是人体重要的负重器官和运动器官。"生"表层意思是"不熟悉、不成熟"，"急"有"着急、快速"的含义，由此"脚"和"人"进行部分与整体连通整合压缩，用"脚"的凸显性质指代生活中的某类人物，从而"生脚""急脚"分别浮现出"外行"和"急性子人"的创新意义。

"光股儿"，即光屁股。屁股是人体的一个重要部位，但一般不能外露。若光露于众，此人物或特立独行，或智力低下。而在人们的心智网络中，由此凸显的局部特征、行为代表整个人的行为、特征，"光股儿"即成为"敢说敢为、出人头地的人"的代名词。

2. 范畴—成员关系

范畴是人类一种基本认知行为，是对事物的一种归类。范畴以原型为参照点建构，而原型是范畴最显著、最有代表性的成员。范畴的建构基于人类的体验，受到认知能力与社会文化的影响与制约。历史传说、戏剧角色中有人们

[①] 赵艳芳.认知语言学概论[M].上海：上海外语出版社，2001：15-116.

熟知的典型人物，而在生活中面对类似特征的人物时，典型往往会被当地民众激活，因而晋南方言人物词便用此类角色指称生活中的人物。详见表5-4。

表5-4 范畴与成员关系的人物词

范　畴	成　员
行为不拘、喜欢疯闹的女孩	马氏（女）
脾气暴躁的人	曹操
行为鲁莽、做事横冲直撞的人	闯王（李自成）
个子矮小的人	地行孙（土行孙）

"马氏"传说为姜子牙之妻，因泼辣、势利出名，现实生活称谓此类女子时，人们联想到马氏，从而在心智空间激活，所以"马氏女"指代行为不拘、喜欢疯闹的女子。[①]"曹操"在历史上被塑造成一个多面性的人物，但其具有奸诈、残忍、多疑、暴躁的性格，因此当地民众在指代脾气不好的人物时，"曹操"在其心智空间被激活显现。"闯王"李自成，明末农民起义领袖，一路披荆斩棘，南征北战，推翻明朝统治。他也是晋南民众熟悉的一个历史人物，由此指称生活中行动鲁莽、横冲直撞的人时，"闯王"便成代名词。"地行孙"，即土行孙，是《封神演义》的人物，身材矮小是其最明显的特点，因而在指代个子矮小的人物时，此意象图式被突显与激活，由此"地行孙"即为矮小人物的代名词。

三、晋南方言人物词的语用功能与文化内涵

（一）凸显地域文化色彩

方言人物词是以各地方言为依托，自然地域色彩颇浓。由于受到自身体验的制约、文化背景的限制以及认知视野的约束，不同地域的人们为形象表现人物词，一般选取当地民众日常生活中熟悉的、易于理解的"动物、植物、物品"等基本概念来凸显人物特征。因而人物词在具体的表述上，带有不同的地域风情。同时通过人物词，隐藏在其背后的社会文化、风俗人情与民众

---

① 王雪樵.河东方言语词辑考［M］.太原：山西人民出版社，1992：113.

心理也能巧妙体现出来。

晋南位于山西西南部，地处黄土高原，几千年的农耕社会造就人们的生活理念与文化认知。"包子"是晋南乃至北方常见的一种面食，含有各种馅料，然而有些人精打细算、节约成本，会出现皮厚馅少的现象，即外表鼓鼓的，面皮内没什么内容。所以当地民众指代愚钝、不聪明、没用处的人时，"包子"在心智空间激活，进行映射整合，生成深层次的意义，即"白糖包子、痴怂包子"比喻不聪明、没脑子的人。"黄瓜架子"，因黄瓜是蔓生植物，为方便黄瓜生长，一般需要竹竿等为其支撑架子。"竹竿"又细又长，因而指代生活中又高又瘦的人时，"黄瓜架子"就成其代名词。

山西盛产煤炭，资源丰富，分布广泛。煤炭是人们日常生活中不可或缺的物品，它的特点是"黑""硬"。因而在指代面部特别黑的人时，"黑炭"映入人们的视野中，根据二者的相似性映射联通，成为皮肤黑的人的代名词。"钢炭"最明显的特征，即硬度高，难以敲打。生活中某类人特别硬气，与"钢炭"有着相似的属性"硬"，所以"钢炭"成为"特别硬气的人"的代名词。

（二）承载历史文化印迹

词语的变化与社会生活、历史文化有着密切的关系。方言词大多是代代口耳相传保存下来，带有明显的传承性。然而，方言词也是一个开放、动态的系统。随着社会城镇化的进程和普通话的推广，事物的新旧更替以及人们认知的变化，语言也在不断更新，方言人物词更不例外。

"马、牛、驴、骡"是北方农村常见的役使家畜，与人们的生活息息相关。"叫驴"在晋南指公驴，它最大的特点就是喜欢大声叫喊，但若是一头"哑叫驴"的话，隐含了表面不能说话、不能发声的状况。生活中有一类人当面不说、背后使坏，与"哑叫驴"有一定的相似，因而"哑叫驴"成为这类人的代名词。"骡子"是驴与马的杂交所生，勇敢机警，活泼好动，好奇心强。晋南方言将骡子的部分品行折射到人类身上，用"骡子"比喻能说会道、话多啰唆的人。"牛"更是人们生活中不可或缺的家畜，它有一个突出特点是认死理，不懂变通；"牛筋"更是富有韧劲，于是当地民众联想起生活中性格固执、难以劝说的人物，根据彼此的相似性，"牛筋"即成为性格执拗人物的代名词。随着农业的经济化和机械化，新型城镇化的推行，如今"马、牛、驴、骡"在河东农村几乎销声匿迹，因而"哑叫驴、骡子、牛筋"等人物词随着它所代表的相关事物或现象的消失，这些方言词正在逐渐淡出人们的话语，成为一种历史文化与记载。

再如一些表示旧时代职业称谓的人物词，"锢漏锅（修补锅的人）、耍八条系的（走村串户的小贩）、相公（学徒）、经纪（说和牲口的人）、抬轿的（轿夫）、喂头牲的（饲养员）、拾娃的（接生婆）"等词语，随着这些职业的消失，它们也会退出历史舞台。

由此可知，方言人物词带有一定的历史性与时代性。透视方言人物词，一定地域的历史文化也可显现。

（三）反映认知思维的主观性与多元化

语言是人类的一种认知能力，人在认识世界中发挥着一定的主观能动性。不同的地域文化、感知经验以及异样的认知思维造就人类在面对相似的事物时，创造出多样的表达方式，形成多样化的认知结果。晋南民众在为某种特征的人物命名时，不同区域人们的认知思维存在很大的差别。

"扇车""火闪""抢花枪"三种不相关的事物或动作姿势，共同点是"能吹""虚张声势""不真实、无目标"。生活中不乏喜欢吹牛、说大话的人，不同地域的民众基于认知的差异和思维的习惯，选取各自日常生活中熟悉的事物进行映射，但本质上不同概念域之间具有共通性，才使得跨域可以构建和成立。所以对喜欢吹牛、说大话的人物进行称谓时，襄汾、临汾方言选取"扇车"，临猗方言选择"火闪"，垣曲方言选取"抢花枪"。

各地民众称谓类似人物时，也可创造、选择多样的表达方式，既可直接描绘，又可形象比喻；或者换用不同词缀、词根，使语言表达丰富多样、生动幽默。例如，描写一个人性格慢，可以用"老啴（临猗）、木囊鬼（襄汾）、歇能蛋（翼城）、老肉蛋（绛县）、老咩得（河津）"等；形容性格固执的人，可以用"老翘/翘翘得（河津）、牛筋（临猗、夏县）、挣皮子货（万荣）、倔蛋（绛县）"等；

形容不聪明的人，可以用"闷蛋（夏县）、痴怣（临猗、运城）、日糊蛋（翼城）、憨憨（垣曲）、凉胎子（洪洞）"等。

（四）体现传统道德文化

大量例子表明，晋南方言人物词大多带有贬义色彩，表达言说者的厌恶、蔑视、憎恨、戏谑的色彩。[①] 只有少部分词属于中性或带有亲昵性，例如，长材、把式、全人[②]（指父母、配偶、子女都健在的人，多指妇女，这样的妇女常被邀请在婚嫁场合做重要的事情）等。

人物词的贬损性为什么带有普遍性？据我们推测，这与人们的认知和心理等因素有一定关系。在现实生活中，凸显度较高、异于常规的事物或现象更容易成为人们关注的焦点。相比大多数的普通人而言，那些生理缺陷或体征与众不同者、智力缺陷或头脑简单者、恶劣品行或性格怪异者，甚至一些所谓的低贱职业者也许更能成为焦点。[③] 这些偏离常态、违背传统道德礼仪的人物，由于超出了民众的正常期待或可接受的范围，自然引起人们的厌恶、憎恨、讽刺甚至谩骂，因而在为其命名称谓时，不可避免带有强烈的感情色彩。这在一定程度上与中国传统道德文化"仁、义、礼、智、信"并不相悖。当然对待人物词，我们更要一分为二，忌用人物的生理缺陷、性格特征或生活不完美的缺憾对其进行讽刺或戏谑，例如，"后带羔（妇女改嫁带的孩子）、半块（离过婚的女性）、蛮疙瘩"等，此现象有违传统道德文化，更是对弱势群体的一种不尊重与隐形嘲讽，一定程度上反映了社会底层文化中消极的一面，应当予以批评与摒弃。

方言人物词既是不同区域的民众认知体验的反映，又是地域文化的承载与再现。方言人物词在各地普遍存在，大多活跃在底层民众的口语中，形象幽默，又多含贬义，一定程度上是对社会底层民众的道德文化与认知心理的反映。通过晋南方言人物词的研究，将有利于进一步了解晋南方言与晋南文

---

① 周利芳.内蒙古丰镇话的人物词及其特点［J］.汉字文化，2011（4）：42.
② 史秀菊.河津方言研究［M］.太原：山西人民出版社，2004：205.
③ 刘晨红.宁夏话"子"缀称谓词的语言文化解析［J］.内蒙古农业大学学报（社会科学版），2012（4）：375-377.

化，更有助于探索人物词背后的生活经验与思维方式。

第二节　晋南方言动物词

　　方言是地域文化的活化石，更是其表现的载体。自古以来，动物与人们的日常生活息息相关，尤其是家畜类。每种动物都有其称谓。动物称谓词在各地方言词汇中都占有一定比例，相对其他词汇来说，动物称谓词不仅反映社会生活的变迁，更是反映人们的认知心理。动物称谓词是一个封闭的小类，既能演化为方言特征词，也能显示区域文化特点。通过调查与统计，晋南方言词汇含有大量的动物词，主要包括牲畜类、鸟兽类、昆虫类、鱼虾类。晋南地处黄土高原，千百年的农耕社会环境的积淀，由此形成不同动物类的方言词语所占比例的差异性，其中牲畜类、昆虫类、鸟兽类相对丰富且复杂，而鱼虾类的方言词汇相对单一且一致。晋南方言动物词在构词特点、命名方式、来源、语义隐喻方面都非常有特色，以下详细分析。

一、晋南方言动物词的构词特点

　　（一）从音节上说，晋南方言动物词主要有双音节、三音节、四音节等，相对来说，双音节所占比重最大，三音节、四音节的动物词数量不多。例如：

双音节	多音节
头牯（牲畜）	螂蹦蹦（螳螂）
壁虱（臭虫）	滴溜溜（老鹰）
虼蚤（跳蚤）	夜蝙蝠（蝙蝠）
棒槌（蜻蜓）	蚂蚂虮蜉（蚂蚁）
狐子（狐狸）	簸箕虫（土鳖）
骚胡（公山羊）	麻圪带（蜻蜓）
蛛蛛（蜘蛛）	牛圪瘪（牛身上的吸血虫）
猪娃（小猪）	花大姐（七星瓢虫）

犍牛	蛤蟆圪蚪（蝌蚪）
老鸹（乌鸦）	屎扒牛（屎壳郎）

（二）从构词方式上看，偏正式的动物词占多数，附加式占少部分，重叠式或叠音词更少。偏正式又分作单纯的偏正式和复杂的偏正式，其中复杂的偏正式一般由"词根＋叠音词"或"词根＋附加式"构成。例如：

单纯式	复杂式（综合式）
牛犊	知了了（蝉）
子马	蚂蚱蚱（蚂蚱）
草猪	鹆㗒㗒（啄木鸟）
禾鼠（田鼠）	促蛛蛛（蟋蟀）
楼鸽	毛圪蛉（松鼠）
牙狗	蝎虎子（壁虎）
飞虫（麻雀）	蚕圪蟟（蚕茧）

"蛛蛛、蹦蹦［pia33 ·pia］"等词属于重叠式。"圪蚤、圪蟆青蛙、狐子、蝇子苍蝇、蛾儿灯蛾"等词属于附加式。这两类词为数有限。

二、晋南方言动物词的命名理据

（一）动物性别＋中心词

晋南自古以来是农业发展地区，家畜、家禽与人们的生活较为密切。因而这方面的动物词相对来说比较丰富。在表示不同性别的家畜、家禽时，往往成对出现，在用词上有较强一致性。在表现雄性的家畜时，选用"子、儿、郎、牙"等修饰语素；在表现雌性家畜时，选用"母、草"等修饰语素。例如，子马、儿马—母马，儿狗—母狗，郎猪—草猪、母猪，叫驴—草驴。

（二）体貌特征命名

有些动物形体非常有特色，在给其命名时，当地民众的认知思维很容易被激活，脑海里联想起人们日常生活用品，根据相似性，采用隐喻方式去称谓。或者动物与人类的某些特征相关联，人们便采用拟人手法去指称，这种方式更形象、更易被熟知。例如：

1. 棒槌 phaŋ33 pfʰu31 指称蜻蜓

这一称谓在晋南较为普遍。众所周知，蜻蜓腹部细长，扁形或圆筒形，喜欢生活在水边。棒槌是洗衣服用的棒子，一般也为细长状，在社会经济不是很发达时，农村的人们常在河边用棒槌敲打着洗衣服。所以，人们在认知"蜻蜓"时联想到"棒槌"，根据二者形状的相似性而联系起来。

2. 花大姐 / 花媳妇 指称七星瓢虫

"七星瓢虫"体色鲜艳，背部有斑点，因而将其拟人化，称作"花大姐""花媳妇"。

3. 簸箕虫 po33 tɕhi31 pfʰəŋ13 或土簸箕 指称土鳖

"土鳖"多为黑色、棕色，腹背板9节，似覆瓦状排列，呈扁平，常在房屋墙根的土里活动。"簸箕"，一种家用生活用品，尤其是"大簸箕"，多用藤条或柳条编织而成，在农村主要用来盛装粮食、簸扬杂物。"大簸箕"的形状一般是周边凸起，中间是用一道道藤条或柳条紧密编成的，颜色多为棕色或黑色。无论是颜色，还是形状，"土鳖"与农用的"大簸箕"都极其相似。因而，在指称"土鳖"时，当地民众脑海中联想到家用的"簸箕"，因其生活在土中，所以称为"簸箕虫"或"土簸箕"。

（三）生活习性命名

大多动物都有自己的生活习性，有些非常具有特色，当地人们在称呼此动物时，其生活特征、习性就会浮现于脑海中，因而称谓词带有鲜明的特征。例如：

1. 明火虫 指称萤火虫

因其经常在夜间活动，尾部可以发光，这样即可照明，由此命名"明火虫"。

2. 蹦蹦 pia33 ·pia 指称蚱蜢

夏天农村的田间常见这种虫子。因其善于跳跃，活动时总是一蹦一跳的，人们根据此特性，便称之为"蹦蹦"。

3. 腻虫、旱虫 指称蚜虫

其体小如针头，一般密集粘于植物枝叶上，在夏天生长繁殖，尤其天旱少雨时更常见。即称作"腻虫""旱虫"。

三、晋南方言动物词的命名特点

（一）雌雄标记相对统一

性别意识是人类社会普遍存在的一种心理反映。动物有雌雄之分，因而在区分动物性别时，不同民族、不同地域会采用相应的词语去标记。家畜与人们生活密切相关，由此晋南方言在表示其性别时会有所倾向。表示雄性家畜时，选择"子""儿""郎""牙""叫"等修饰语；表示雌雄家畜时，选择"骒""騇""騲（草）""乳""细"等修饰语。关于什么家畜选择什么词语来标记，晋南方言内部也基本统一。例如，标记雄性家畜时："子、儿"搭配对象是"马、骡"，部分县市"儿"亦可修饰"狗"；"牙、郎"主要修饰"狗、猪"，极少县市用"郎"标记"猫"；"叫"只与"驴"搭配。标记雌性家畜时："骒"与"马、骡"搭配；"騇"只与"牛"相配；"騲（草）"搭配对象相对丰富，可与"驴、狗、猪、鸡"搭配；少数县市"细"与"驴、猫"相配。

（二）沿袭古称

晋南方言存在大量古语词，动物词的命名相当一部分亦是传承古汉语，沿袭旧有方式，或在传承的基础上有细微变异。例如：

【鸱鸮】猫头鹰。今晋南又称作"鸱怪子、鸱角"。《国风·豳风·鸱鸮》："鸱鸮鸱鸮，既取我子，无毁我室。""鸱鸮"，又名"鸮角""怪鸱"。晋南方言在传承基础上语序略做变化。

【信狐/候】即训狐，鸮的别名，俗称猫头鹰。唐·韩愈《射训狐》："有鸟夜飞名训狐，矜凶挟狡夸自呼。"宋·黄庭坚《演雅》诗："训狐啄屋真行怪，蟏蛸报喜太多可。"今晋南方言"信狐/候"即是"训狐"音转之变。

【马骝】猴子

"马骝"也写作"马留""马流"。宋·邵博《闻见后录》卷十："今世猴为马留，与其人形似耳。"宋·张师正《倦游杂录》："京师优人以杂物布地，遣沐猴认之，即曰：'着也马留。'"宋·赵彦卫《云麓漫钞》卷五："北人谚语曰胡孙为马流。"

由此看来，宋代"马流""马留""马骝"指称猴子。今晋南部分方言点沿袭古称，且将好动、好玩的小孩称作"马骝神"。

【骍牛】【骒马】【草驴】【犙牛】【牫羝】【羯子】

《尔雅·释畜》："牝曰骍。"《广韵·马韵》："骍，牝马。"

《说文·牛部》："牝，畜母也。从牛匕声。"清·段玉裁《说文解字注》："牝为凡畜母之称。而牝牛最吉。"

草，同騲。《玉篇》："騲，牝畜之通称。"《广韵·皓韵》："牝马曰騲。"《正字通》："骒，苦卧切，音课。俗呼牝马，即草马。"

《玉篇》："犙，特牛。特，牡牛也。"《说文·牛部》："特，牛父也。从牛寺声。"《说文·羊部》："羝，牡羊也。从羊氐声。"《说文·羊部》："羯，羊羖犗也。从羊曷声。"《说文·羊部》："羖，夏羊牡曰羖。从羊殳声。"《说文·牛部》："犗，骟牛也。"清·段玉裁《说文解字注》："犗，骟牛也。骟，犗马也。谓今之骟马。"

由此看出，"骍、骒、草（騲）"本指雌性马，后语义泛化，可以指称其他家畜的雌雄。如"骍牛""骒马、骒驴、骒骡""草驴、草鸡、草猪"等。"犙、羝、羯"本指公牛、公羊、阉割的公羊，今晋南方言基本沿袭古义，但功能转化为表示性别。

（三）人称标记泛化到雌雄标记

"郎"，汉魏时期美少年之称。西晋·陈寿《三国志·吴书·周瑜传》："瑜时年二十四，吴中皆呼为周郎。"亦是一般男子之称。南朝宋·刘义庆《世说新语·雅量》："王家诸郎亦皆可嘉，闻来觅婿。"又作妇女对丈夫或情人的昵称。唐·房玄龄等《晋书·列女传》："谢道韫曰：'天壤之间，乃有王郎。'"唐·李白《长干行》："郎骑竹马来，绕床弄青梅。"

"儿"，本义"幼儿"。《说文·儿部》："孺子也。象小儿头囟未合。仁人也。古文奇字人也。"《仓颉篇》:"男曰儿,女曰婴。"西汉·司马迁《史记·循吏列传》:"老人儿啼。"又作"父母对儿子的称呼"。三国魏·张揖《广雅·释亲》:"儿,子也。"《木兰诗》:"阿爷无大儿。"年轻女子亦自称"儿"。《木兰诗》:"送儿还故乡。"

"子",本义"婴儿"。《说文·子部》:"十一月,阳气动,万物滋,人以为称。象形。凡子之属皆从子。"《诗·大雅·生民》:"居然生子。"又作人的通称,亦指"儿女"。《诗·邶风·匏有苦叶》:"招招舟子,人涉昂否?"《列子·汤问》:"孀妻弱子。"亦作男子的通称或指儿子。晋·干宝《搜神记》:"子年少。"唐·陈玄祐《离魂记》:"无子,有女二人。"

"女",本义"女性、女人"。《说文·女部》:"妇人也。"段玉裁《说文解字注》:"男,丈夫也。女,妇人也。浑言之女亦妇人。析言之適人乃言妇人。"《诗·小雅》:"乃生女子,载寝之地,载衣之裼,载弄之瓦。"亦指"柔弱"。《诗经·豳风·七月》:"猗彼女桑。"清·顾炎武《日知录》:"山东河北人谓牡猫为女猫。"

由上可知,"郎""儿""子"最初都指代人类,作名词,又皆指男性。"女"最初指女性。而今方言用其作雄雌家畜的标记,如"郎猪、郎狗、郎猫","儿/子马、儿骡、儿狗、儿猫""女猫"等皆是语义引申与功能扩展的结果。

(四)以"大"称"小"

这里的"大""小"主要指形体上的区别。在晋南方言的动物词中,有一部分小型动物的指称用形体较大的动物、人类或器物去命名与指代。例如,"牛儿/牛牛子"指称危害玉米、面粉、大米等粮食的黑色小虫,"簸箕虫"指称"土鳖","水鸡子"指称"青蛙","黑狗子/地狗"指称"蟋蟀","屎扒牛"指称"蜣螂"。若用人类指称动物,则选取女性偏多,少数略带歧视意味。例如,"娘娘"指称"蚕","摇婆/摇头婆婆"指称"蚕蛹","花大姐/花媳妇"指称"瓢虫","臭大姐"指称"臭虫","飞娃(儿)"指称"麻雀","婆婆子"指称"灯蛾"等。以"大"称"小"可能与当地人们的认知与心理有一定关系。当地民众认为二者之间存在一定的相似性,或形体,或习性,或特征等方面。

（五）部分动物词语音发生变异

"同一个词语在不同方言之间辗转流播，有的在互借过程中发生了语音变异，有的在方言系统内部各种因素的制约、影响下发生了语音变异。"[①]动物词在晋南各个方言点普遍存在，大多数动物和人们的生活也密切相关。同一动物词在不同方言之间由于某些原因发生了语音变异，这种变异超出了音系对应关系的变化。例如：

"蚯蚓"在晋南方言中称作"曲蟮""曲蛇""曲蜷"等。蚯蚓，古称曲蟮。《礼记·月令》："蝼蝈鸣，蚯蚓出。"西汉·刘安《淮南子·时则训》引作"蚯螾"。西汉·扬雄《方言》第六："螾场谓之坦。"晋郭璞注："螾，曲蟮也，其粪名坦。"宋·俞琰《席上腐谈》卷上："崔豹《古今注》云：'蚯蚓一名曲蟮，善长吟于地下，江东人谓之歌女。'谬也。按《月令》：'蝼蝈鸣，蚯蚓出。'盖与蝼蝈同处，鸣者蝼蝈，非蚯蚓也。吴人呼蝼蝈为蝼蛄。故谚云：'蝼蝈叫得肠断，曲蟮乃得歌名。'"由此看来，今晋南将蚯蚓称作"曲蟮""曲蟮"是沿袭古称。"曲蜷"应是"曲蟮"前后两个音节相互影响，后一音节同化感染而变读。"曲蛇"可能源于蚯蚓形似蛇而来，也有可能是前后两个音节相互影响，从而产生异化变读而来。

"麻雀"在大多方言点称作"飞虫"，但读音并不一致。有读作 [ɕi˨ pfhəŋ˨]、[ɕi˨ ŋei˨]、[ɕi˨ pfhəŋ] 等，其中"飞"读音较一致，读作 [ɕi˨]，"虫"读音相对较复杂，但符合语音演变规律。[ɕi˨ pfhei] 是后一音节受前一音节的影响而同化，从而丢失鼻音韵尾变读纯元音。[ɕi˨ ŋei] 亦是后一音节受前一音节影响，变读为擦音。

"蝙蝠"称作"夜蝙蝠"，主要读作 [ia˨ phiɛ/pian·xu]、[ia˨ ʑiŋ ŋei] 等读音。其中 [ia˨ phiɛ·xu] 是"蝙"受到"蝠"读音的影响，从而鼻音韵尾脱落，同化为元音，"蝠"声母由 [f] 变读为 [x]，则是在"重唇读如轻唇的基础

---

① 邢向东，王临惠，张维佳，等.秦晋两省沿河方言比较研究 [M].北京：商务印书馆，2012：193.

上，发音部位继续后移而形成的读音"[1]。[iaˀ₂ᵩhiɛ ʄəŋ]是"蝠"受到"蝙"读音的影响，同化为鼻音；"蝙"受到"夜"读音的影响，同化为元音，也是"蝙"与"蝠"两个读音相互感染，从而异化的结果。"蝙蝠"读音的变化与"蚍蜉"有一定关系，太田斋（1995）、邢向东（2012）等人认为此现象属于类音牵引。

四、晋南方言动物词与歇后语

歇后语是汉语熟语的一部分，凝练的结构形式往往蕴含着丰富的文化内涵，也反映着人们的认知与思维方式。歇后语一般由引子和注释前后两部分构成。引子相当于谜面，注释是谜底。同样的意义，不同地域的人们可以采用不同的"引子"去描述，既可以是动物、植物、人物，也可以是器物、食品等。选取哪类引子，和当地民众的生活经验、风俗习惯等又分不开。动物词是人们生活中不可或缺的一部分，用其做引子，即通过动物的活动或形象隐含表达的意义，不仅通俗易懂，幽默风趣，更重要蕴含深刻的道理，反映当地的社会生活与文化风情。歇后语分作两类：谐音类与喻意类。后一类歇后语在晋南方言所占比重较大，前一类相对较少。通过比喻产生的歇后语，语义往往更丰富。以下重点分析喻意类的歇后语。

为了将语义表达更形象、更生动，更符合当地的审美情感，方言歇后语带有明显地域性，人们通过隐喻、转喻等方式来实现。隐喻、转喻既是人们认知世界的一种途径，也是体现民众社会心理的一种方式。

由于独特的地理环境与悠久的历史文化，晋南民众生活中更易接触到畜类、禽类、昆虫类的动物，这类动物最易感知，也是动物范畴中最基本的类别，人们对它们的生活特征和习性相对更熟悉、更直观，因而在运用歇后语时，这些动物词更多出现在方言中。我们了解这部分歇后语，也更清楚当地民众的认知思维和价值取向。例如：

（1）狗咬刺猬——没法下口

（2）狗看星宿——不知稀稠

---

[1] 乔全生.晋方言语音史研究[M].北京：中华书局，2008：78.

（3）狗逮老鼠——多管闲事

狗是大家非常熟悉的动物，对它的习性与特征，人们是相当了解的，所以"狗"出现在歇后语的频率较高。例（1）句表面指狗咬刺猬时，由于刺猬满身带刺，不知从何下嘴。实际上喻意做事难度大，无从下手。用人们熟知的"狗""刺猬"来形象比喻，更易引起人们的想象力，有助于理解背后隐含的语义。例（2）"星宿"指星星，表面语义指狗看天上的星星，狗怎么知道有多少，实际上蕴含不明事理或文化水平低下的一些人在看事、做事时，往往不明白、不清楚。例（3）前半句描述的现象与现实相悖，抓老鼠是猫的本职，狗一般是看家护院，狗若抓老鼠，则偏离本职工作了，所以表面指狗多管闲事，深层语义更是指向生活中某些爱多管闲事的人。通过狗逮老鼠的形象比喻，更通俗易懂。

（4）屎扒牛钻竹竿——拱一节算一节

（5）屎壳郎打喷嚏——满嘴喷粪

这两例都与屎壳郎有关。例（4）竹子由多段竹节组成，竹节是空心的，每节之间是实心。屎壳郎钻竹竿，可想而知，难度较大，怎么通过竹节呢？因而喻意生活中某些人的态度，得过且过，安于现状，不求进取。例（5）屎壳郎的主要食源是粪便，若打喷嚏，只能喷出粪便，由此喻意讽刺某些人胡说八道，正如屎壳郎打喷嚏，更具幽默诙谐性。

（6）老鼠拉木锨——大头在后边

（7）老鼠繁［$_{c}$pho］子——一窝不胜一窝

（8）老鼠栽到面瓮去啦——瞪白眼儿哩

这三例都与老鼠有关。老鼠是大家熟悉又厌恶的动物，其繁殖能力强，一年可怀胎多次，每次诞幼鼠4至7只，但一窝不如一窝。因而例（7）用来比喻生活中某些家族、家庭一代不如一代。老鼠一般夜间活动，惧怕人类，大多鬼鬼祟祟，若掉到面瓮里只能瞪着白眼了。例（8）用此来比喻生活中面对某些意想不到的事情时，人们只能瞪白眼，无计可施。

（9）驴粪蛋儿上下霜——外面光

（10）砲道寻驴蹄——当故找麻搭

这两例与驴有关系。"驴"是当地20世纪八九十年代之前的一种家畜,用来耕作农活。"驴粪蛋"表面光滑,并没实际用处。例(9)借此比喻某些人或某些事徒有外表,败絮其中。用"驴粪蛋"作比喻,巧妙形象,更易理解。例(10)"碾道"是驴拉磨时走的路径,这是大家熟知的,若从"碾道"上寻着驴蹄,那就是故意找茬,找麻烦,所以语义也是显而易见,通俗易懂。

(11)蛤蟆跳门槛——蹾沟(子)又伤脸

蛤蟆,即癞蛤蟆,体小粗短,行动笨拙迟缓,一般匍匐爬行。门槛是门框下面的横木或石条、金属条,有一定高度。蛤蟆跳跃门槛,是有一定难度的,加上体形偏小,不善跳跃,结果只能是既摔屁股又伤脸了。由此比喻生活中某些不自量力的人得不偿失,损失较重。

(12)蚊子咬泥菩萨——认错人了

蚊子是大家非常熟悉又憎恶的一种害虫,以吸取人体(或动物)血液而生存。泥菩萨非生物体,没有血液可供其吸取,所以找错对象了。用此比喻告诫生活中一些人,办事说话要看清对象。

上述例子涉及的动物有狗、驴、老鼠、屎壳郎、蚊子、蛤蟆等,其实晋南歇后语中还大量使用其他动物词,如猪、羊、鸡、猫、蚂蚁、刺猬、狐狸、王八等,这些都是当地民众生活中非常熟悉的动物,通过巧妙的描述与比喻,其中蕴含的文化意义更加耐人寻味。例如:

(13)蚂蚁戴笼头——脸面太小啦

(14)猪尿泡上戳一刀——泄气啦

(15)王八看绿豆——对了眼了

(16)黄鼠狼看鸡——越看越稀

(17)鸡穿袍子狗戴帽——衣冠禽兽

(18)隔布袋买猫——糊里糊涂

(19)一窝子狐子(狐狸)——不嫌臊

(20)放羊拾柴——捎带

当然晋南方言中也有少量谐音类歇后语,例如,"公鸡戴帽子——官(冠)上加官(冠)""蚂蚁尿到书本上——能识(湿)几个字呢?""蝎子蛰秤锤——

不中（肿）"表义也较丰富，但相对来说数量有限。

上述例子显示，晋南方言歇后语就地取材，选取当地熟知的动物作引子，更能在民众心理产生共鸣，形象诙谐、幽默风趣的含义才能巧妙体现出来。当然大多歇后语选取动物的习性和特征来映射现实生活中的某些人，表达的是一种讽刺或批评的语义，基本上含贬义色彩。与一般正常情况相比，可能此类现象更为凸显，尤为能反映人类的某种不良品质或不道德的事情。

动物与人类关系非常密切，对其称谓语的命名与运用更能反映人类的情感与认知。晋南民众基于自身的体验与能力，对生活中熟知的动物作了相应的称说，并将其映射到生活中的人物或其他现象中去，从而进一步帮助人们了解动物的习性与特征，一定程度上也是当地民众社会生活与情感态度的一个缩影。

第六章　晋南方言多功能词语的语义演变

在晋南方言中，存在大量的一词多义现象，这些词既有实词，也有虚词。由于使用频率较高，口语性强，使用较灵活，组合能力强，所以往往承担多项功能。一个词负载多个意义是语义引申演变的结果。多个意义的引申关联是一个比较复杂的语言现象，但也有规律可循。因而语义之间的关联与演变机制值得我们去梳理与探索。义项之间的语义关联有两种依据：一是历时语料的考证；二是共时语料的分析。共时语义的分布与表现往往是历时演变的反映与投射。方言语料就是极好的共时例证。一个共时语言现象有时不局限在某个地域，而是存在于不同方言区域，这样我们在分析、构拟方言词语的多功能之间的语义关联时，可以将语义的纵向演变与共时的地理分布结合起来加以综合推论。

共时语料的利用有两种方法：一是语义地图模型；一是共时语义演变模型。语义地图模型主要利用跨语言或方言的多功能词建立语义关联，并揭示其共性与模型。"多功能性即语言中某个编码形式具有两个或两个以上不同而相关的功能。共时语义演变模型是根据语义演变的单向性路径来构拟一种语言的共时平面共存的几个义项间的关联和演变方向。"[1]词语的多义性是语言中广泛存在的现象，而语义之间的关联程度、句法范畴是否一致都需要推演。

历时文献对考证词语的多功能性是有力证明，可以疏通词语历时演变的动态性。历时发展的结果往往表现在共时平面，所以共时分析与历时演变两个维度必须结合起来理解。分析方言中的多功能词语，历时文献有时缺乏或

---

[1] 吴福祥. 多功能语素与语义图模型 [J]. 语言研究, 2011 (1): 25-35.

不全面，在一定条件下，我们可以跨语言或方言去比较，由此体现历时维度的概念空间。所以，我们借助语义演变模型研究多功能词语的发展演变与规律，从而对其历时演变给予合理论证。多功能语素可以分作"多义性"与"异类多义性"两种类型。前者指的是多个意义或功能属于相同的形态句法范畴，又分作多义实词与多义虚词或词缀。后者是前者一个特殊的类型，指的是多个意义或功能历史上来自相同的语源，但共时平面上属于不同的形态句法范畴。① 鉴于此，我们将多功能词语分作两类：普通多义词与异类多义词。本章以晋南方言几个多功能词语为例证，一方面详细分析其各种用法，结合历史文献资料，弄清其发展演变脉络；另一方面借助共时语义演变模型或其他区域方言的表现来分析其语义的关联性与演变轨迹。

第一节 普通多义词

多义词指的是一个词有多个义项，彼此不同而相互之间有一定联系。这一节的普通多义词，即一般多义词，多个意义或功能同属一个句法形态范畴，都是实词或虚词，不存在实词到虚词的语法化或演变。多义词虽有几个义项，但彼此的地位与作用并不相同，往往存在一个基本或核心意义，作为其他词义引申的基础或原型。其他几个意义之间具有关联性从而进一步扩展，借助隐喻或转喻的引申机制，形成较大的语义范畴。根据多义词语的口语性与功能性，本节选用晋南方言"肯""害""杠""瘗""烧"五个使用频率较高、语义较为丰富的词语，揭示多义词各个义项之间的联系，探求一定的引申规律。文中例句如不特别说明，基本以运城方言为例，小字是对其前面字词的注释，部分读音加注国际音标。

【肯】khẽ53

"肯"在晋南方言中是一个使用频率较高、语义丰富的口语词，既作自主

---

① 吴福祥. 多功能语素与语义图模型 [J]. 语言研究，2011（1）：27-29.

动词，表示允许、同意，又作能愿动词，表示愿意、乐意，亦作形容词，表示舒服、状态好，更特殊的是作频率副词，表示经常、时常。由此可见"肯"是一个多功能的语义词，那么几个义项之间的语义关联如何，尤其是表频率副词"肯"的演变机制，这都值得探讨。下面详细分析"肯"的语义演变机制。

一、"肯"的语义特征

"肯"的用法较为丰富，根据其语义功能特征，我们将"肯"分作五类，分别记作肯$_1$、肯$_2$、肯$_3$、肯$_4$、肯$_5$。

（一）肯$_1$作自主动词，表示允许、同意。例如：

（1）你妈肯你去啦？（你妈同意你去了？）

（2）今个作业没做完，我妈不肯他吃饭。（今天作业没做完，我妈不允许他吃饭。）

（3）明个要出门，我妈才肯我穿新衣服。（明天走亲戚，我妈才同意我穿新衣服。）

（二）肯$_2$作能愿动词，表示愿意、乐意。例如：

（4）兀一天可懒着，他能肯去？（他成天懒着呢，他能愿意去？）

（5）么远兀路，你肯跑一趟？（那么远的路，你愿意跑一回？）

（6）老年人肯看戏，年轻人都不愿意看啦。

（老年人愿意看戏，年轻人都不愿意看了。）

（三）肯$_3$作形容词，多用于否定句中，表示小孩不舒服、不乖，精神上、情绪上处于一种不佳的状态。例如：

（7）我刚走去，娃还肯着呀。（我刚才离去的时候，孩子还好着呢。）

（8）这娃今个一天都不肯，老是哭，也不知道咋嘞。

（这个孩子今天一整天都不舒服，总是哭闹，也不知道怎么回事。）

（9）娃不肯啦，估计是要睡觉了。（孩子看上去没精神了，估计是想睡觉了。）

（四）肯$_4$作副词，相当于容易、易于，表示在某种条件的作用下，人或物容易做某事或处于某种状态。例如：

（10）树要多浇，桃才肯长。（桃树要多浇，桃子才容易变大。）

（11）一变天，我这腿就肯疼。（只要变天，我的腿就容易疼痛。）

（12）天热了，馍馍肯燃气。（天气热了，馒头就容易发霉长毛。）

（五）肯$_5$作频率副词，相当于经常、总是。例如：

（13）他不肯来。（他不常来。）

（14）暑假可肯下雨。（暑假经常下雨。）

（15）小明可肯迟到着。（小明经常迟到。）

"肯"常与"可"连用，强调谓语或话题出现的频次颇高，带有一种惯常性。

二、"肯"的历时演变与共时分布

（一）"肯"的历时演变

首先借助历史文献资料，我们简单梳理"肯"的历时演变轨迹。《尔雅·释言》："肯，可也。"《说文·可部》："可，肎也。从口、丂，丂亦声。"《广韵·登韵》："肯，可也。苦等切。"肯，本义表示同意、应允。

《诗·魏风》："惠然肯来。"西汉·刘向《战国策·赵策》："太后不肯。"唐·柳宗元《童区寄传》："留为小吏，不肯。"

又作能愿动词，表"愿意、乐意"。《诗·魏风·硕鼠》："莫我肯顾。"西汉·司马迁《史记·蔺相如列传》："秦王不肯击缶。"五代《敦煌变文》："不得阿师行孝道，谁肯艰辛救耶娘。"

又作"易于""经常、时常"义。唐·刘肃《大唐新语》："彦博即令嘲厅前丛竹，略曰：'竹，冬月不肯凋，夏月不肯热，肚里不能容国土，皮外何劳生枝节？'"清·曹雪芹《红楼梦》第二十二回："你又拿我作情，倒说我小性儿，行动肯恼。"第四十二回："我这大姐时常肯病，也不知是个什么缘故。"

在唐五代时期，"肯"亦可作副词，表示反诘语气，相当于"岂"。唐·岑参《梁园歌送河南王说判官》："当时置酒延枚叟，肯料平台狐兔走。"或相当于"正、恰"。唐·武元衡《送魏正则擢第归江陵》："会府登筵君最少，江城秋至肯惊心。"亦表示"能、会"。唐·上官昭容《奉和圣制立春日侍宴内殿出蓼彩花应制》:"春至由来发,秋还未肯疏。"

(二)"肯"的共时分布

"肯"多个语义之间的内在联系及演变轨迹,不仅在历时文献中存有痕迹,在方言的地理分布与语义特征方面也可推测出来。

汉语多个方言都存在"肯"(与普通话用法不同),只是语义功能存在差异。参照《现代汉语方言大词典》《汉语方言大词典》,结合其他学者的研究成果以及调查所得的语料,我们发现"肯"的多功能用法主要分布在官话、晋语、赣语及部分徽语、闽语等区域。"肯"的语义除了肯$_1$、肯$_2$、肯$_3$、肯$_4$、肯$_5$几种用法之外,还存在其他一些类型。详见表6-1。

表6-1 "肯"在方言中的语义功能

肯	同意、答应	愿意、乐意	容易、易于	习惯、喜欢	经常、时常	状态不错（小孩）	宁愿、宁可
福州	+	+					
萍乡	+	+			+		+
武汉		+	+		+		+
南阳		+	+	+			
洛阳		+			+		
兰州		+			+		
西安		+			+		
运城	+	+	+		+	+	

上表显示,"同意、答应""愿意、乐意""经常、时常"是"肯"在各地方言中的常用语义,其他语义在此基础上引申扩展。

三、"肯"的语义关联

晋南方言"肯"既有对历时语义的继承,又有与其他方言不同的语义。下面详细分析"肯"的语义关联与演变路径。

（一）肯$_1$到肯$_2$

"同意、允许"是"肯"的基本语义，也是其核心语义，这是"肯"多个义项的基础与源点，其他义项都是在此基础上引申。"肯"表"同意、允许"时，主观上认为客观事物、状态与内心预期是一致的，所以呈现出来的是一种积极的状态，由此进一步引申表示"愿意、乐意"。例如：

（16）你姐要去美国上学，你妈都肯？（你姐姐去美国读书，你妈都同意？）

（17）老师肯我坐到教室前头。（老师允许我坐到教室的前面。）

（18）说了半天她肯去操场啦。

（16）（17）两例中，"肯"表示"同意、允许"，例（18）"肯"既能理解为"同意"，也可理解为"愿意"。"她去操场"可能是在大家的劝说下，她认为是对的，所以表示"同意"；也可能是她内心的一种主动意愿，所以表示"愿意"。

（二）肯$_1$、肯$_2$到肯$_4$

从语义上说，"肯"表"同意"时，主观上具备一定的自主选择性，若是具备某种客观条件时，则某种情况、现象处于一种"容易、易于"发生的状态，"肯"则表示"容易、易于"的语义。"肯"作能愿动词，表示"愿意、乐意"语义时，主观上处于一种积极性、自主性的状态，则易于实施某种动作，也可引申出"容易、易于"的语义。例如：

（19）天一热人就肯出汗。（天气一热人们就容易出汗。）

（20）天越旱树上越肯惹腻虫。（天气越干旱，树上越容易出现蚜虫。）

（21）小娃一坐车就肯睡觉。（小孩子只要坐车就容易睡觉。）

上面的例子显示，"肯"的主语可以是生命度较高的人，也可以是生命度较低的植物"树"，"肯"的自主性、主观性逐步降低，加上前后分句带有条件与因果关系，因而客观情况在满足一定条件下就容易出现某种倾向，这种倾向并不一定是言说者期望的结果。所以"肯"表示"容易、易于"的语义。

（三）肯₂、肯₄到肯₅

从语义上说，若人主观上愿意、乐意做某事，潜意识就会产生一种习惯，导致经常实施这种行为，或者事物、行为处于一种"容易、易于"的状态或情况时，也就经常出现或发生，从而导致产生频次颇高的情况，由此"肯"引申出"经常"的含义，作频率副词。例如：

（22）他屋（家）离嘞近，肯去。

（23）他吃下这么胖，主要肯吃肉。（他吃得这么胖，主要是因为经常吃肉。）

（24）这娃肯病，一天到医院跑个不停。

例句中"肯"作"经常"讲，语义指向后面的动词"去""吃肉""病"，表示经常出现这些动作或行为。有些例子也可理解为两种意思，例（22）"肯"也能理解为"愿意"，例（24）"肯"理解为"易于"也讲得通。所以肯₂到肯₅、肯₄到肯₅的语义演变都成立。

（四）肯₂到肯₃

"肯"表"愿意、乐意"时，主观上保持一种积极性，那么身体、精神一般处于一种舒适的状态。如果"不肯"的话，即不愿意、不乐意，则身体、精神容易处于一种非正常、不舒服的状态。在转喻的作用下，"肯"进一步引申，由动词演变为形容词，表示精神、身体处于一种正常状态，"不肯"则表示身体、精神不佳。例如：

（25）我走时，娃还肯着呢，乖乖吃奶，也不闹腾。

（我离开的时候，孩子还好好的，乖乖吃奶，也不闹腾。）

（26）也不知道娃哪搭不舒服，一天都不肯，饭不好好吃，也不要啦。

（也不知道孩子哪里不舒服，一整天都精神不振，吃饭也不好好吃，也不玩耍了。）

（27）你就不瞅，娃都不肯啦，怕是要睡觉呀。

（你就不看呀，孩子都不精神了，恐怕是想睡觉了。）

上述例子显示，"肯"表此义时，常出现于否定句中，句子主语多为小孩，表示小孩身体或精神处于不佳、不舒服的状态。

小结："肯"的语义发展与其特定的语境、句法结构、使用频率等都有一定关系，本节则着重从语义引申的角度来阐释。词义引申不是单一的方向，既有链条式，又有辐射式，二者常常交叉于一体。结合历史文献，参照其他方言的义项，再加上对"肯"的语义特征分析，我们大致可以推导出其语义发展轨迹，如下：

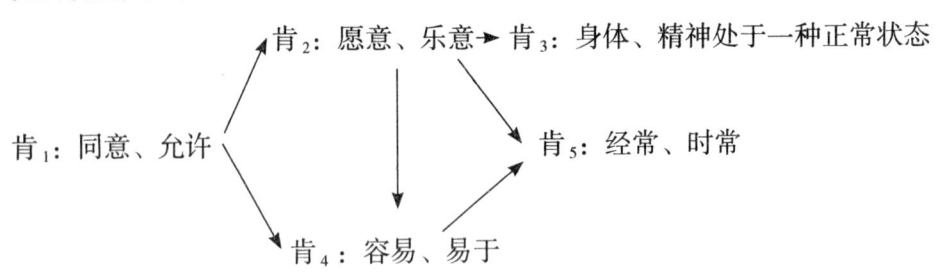

肯$_1$：同意、允许 → 肯$_2$：愿意、乐意 → 肯$_3$：身体、精神处于一种正常状态

肯$_5$：经常、时常

肯$_4$：容易、易于

【害】xai33

"害"在晋南方言中是个多功能词，使用频率较高，可作动词、名词、形容词，更常见的是作动词。复杂多样的功能既有对古汉语的沿用，又有晋南方言的引申发展。

一、"害"的语义与功能

（一）"害"作形容词，有两种语义

1. "害"与其他语素结合构成词语，表示"不好的、坏的"，在句中作定语。例如：

（1）兀就是个害祸，全村人都见他惊嘞。

（那个人就是一个祸害，全村人都见他害怕呢。）

（2）腻虫（蚜虫）是害虫，肯定要打药。

2. "害"作谓语，表示"调皮、淘气"义。例如：

（3）这娃可害着。（这孩子特别调皮。）

（4）小子娃一天就害哩不行。（男孩子就调皮得厉害。）

（二）"害"作名词，表示"害祸、祸患"之义

（5）兀可坏着，就是村里一大害。（他特别坏，就是村里的一个大祸害。）

（6）事情老不解决，总是一个害。（事情总不解决，终归是一个祸患。）

（三）"害"作动词，在句中主要作谓语，语义更复杂

1. 伤害、损害。例如：

（7）兀人心眼瞎（不好），老是背后害人。

（8）这娃害死人了，一天就不消停（不安分）。

2. 杀害。例如：

（9）英英爹到（被）人给害啦。

（10）二狗到（被）他媳妇害啦。

3. 心理上产生不适之感或不安的情绪。例如：

（11）你要说了，我都害惊哩。（你不要说了，我都害怕呢。）

（12）这娃见了生人就害哩。（这个孩子见了陌生人就害羞呢。）

（13）害啥哩，快过来，叫二姨。

4. 招致（某种后果）。例如：

（14）都是你，害嘚我都没饭吃。

（15）他说话可不注意着，害嘚我又挨打啦。

5. 患病。例如：

（16）害下这病都五年了，没办法。

（17）你爸害下啥病了，脸上瞅着都没血气。

（你爸患下什么病了，脸上看着都没有血气。）

（18）这几天害眼嘚，眼窝泪就流不停。（这几天眼睛得病了，眼泪就流不停。）

6. 害喜，这里"害"不独立成词，作语素。例如：

（19）她害娃哩，啥都不想吃。

（20）她正害娃着，作么（怎么）离婚嘛。

二、"害"的历时语义与发展脉络

《说文·宀部》："害，伤也。从宀从口。"本义为伤害；损害。《国语·楚语上》："子实不睿圣，于倚相何害。"韦昭注："害，伤也。"后产生"侵犯、杀害"义。《三国志·魏志·武帝纪》："太祖父嵩，去官后还谯，董卓之乱，避难琅邪，为陶谦所害。"又作"灾害、祸患"。《左传·隐公元年》："都城过

百雉，国之害也。"

《字汇·宀部》："害，祸也。妨也。"《诗经·鲁颂·閟宫》："上帝是依，无灾无害。"《左传·桓公六年》："谓其三时不害而民和年丰也。"又表"畏惧"。西汉·司马迁《史记·魏世家》："魏相田需死，楚害张仪、犀首、薛公。"又表"妒忌"。《史记·屈原贾生列传》："上官大夫与之同列，争宠而心害其能。"

至宋元时，"害"可以和部分语素结合，形成固定搭配，如"害病""害眼""害酒""害臊"，引申出"患病、发生疾病"的含义。《朱子语类》卷一百三十八："叔祖奉使在北方十五年以上，生冷无所不食，全不害。归来才半年，一切发来遂死。"元·杨显之《酷寒亭》第一折："争奈我那浑家害的重了。我家中看一看去。"明·施耐庵《水浒传》第二回："高太尉骂道：'贼配军，你既害病，如何来得？'"

又引申表示"招致（某种后果）"。元·关汉卿《救风尘》第四折："你这负心汉，害天灾的！"元·童童学士《新水令·念远》："算他那狠罪过有千桩，害的我这瘦骨头没一把。"

后又引申出"产生某种不适感觉并深受其苦；感觉到"之义。元·马致远《汉宫秋》第二折："怕娘娘觉饥时吃一块淡淡盐烧肉，害渴时喝一杓儿酪和粥。"清·曹雪芹《红楼梦》第四十六回："他虽害臊，我细细的告诉了他，他要是不言语，就妥了。"

又"害喜"。明·冯惟敏《僧尼共犯》第二折："但闻着荤酒气儿，就头疼恶心，恰如害孩子的一般。"

三、"害"在晋南方言及其他方言中的语义演变

综上可以看出："害"表"妨碍""妒忌"等语义在晋南方言中已消失，"有害的""伤害""患病""产生某种不适之感或不安情绪""招致（某种后果）""害喜"等语义是对古义的沿用，只是在搭配词语上略有变化，或者构词上有调整。例如，在表达"感觉到、产生某种不适之感或不安情绪"时，"害"往往结合其他语素"臊、羞、疼"等构成合成词，但在晋南方言中，"害"可独立

表达此语义。再如表"害喜"时，常说"害娃"。

"害"在许多方言中都是一个常用词语，其使用范围与地理分布较广泛，但具体功能、语义上存在一定差异。栗学英（2002）指出在榆次方言中，"害"可以构成"害疼、害感冒、害困、害乏、害饥、害渴、害发愁、害着急"等词语，表示人产生的一种不良情绪。付新军（2017）指出在青岛方言中，"害"可以和大量的动词、形容词组合，形成一定构式，表示给人体带来某种不适的感觉。例如，"害痒、害臭、害沉、害渴、害冷、害想、害压、害挤"等。

沈明（1994）指出太原方言"害"有多个义项，可以表示"祸害、有害的、杀害、发生疾病、产生不安的情绪、玩耍"等含义。温端政、张光明（1995）指出忻州方言"害"是个多义词，表示"淘气、用棍子等在液体中搅动、妊娠反应、患病、坏的"等含义。王军虎（1996）指出西安方言"害"有多个义项，可以表示"使受损害、发生疾病、产生不安的情绪、害喜、有害的"等含义。

由上可知，"害"在不同方言中搭配的对象不尽相同，表达的语义丰富复杂。

结合文献资料和方言的语义功能，我们可以推测晋南方言"害"语义之间存在这样一种关联：

"害"最初表伤害，伤害程度加深、剥夺生命即为"杀害"。"伤害"在一定程度上会给受害者带来不好的后果，所以引申出"招致（后果）""患病"的语义。"伤害"对受害的客体来说，是一件不幸的事情，所以在转喻功能的作用下，转变为形容词，表示"不好的、坏的"含义，小孩经常"调皮、淘气"，一定程度上也是"不好的"一种表现，所以这种含义进一步具体化，就可指小孩淘气、调皮的意义。"伤害"对受害一方来说，也是一种"灾难、祸患"，所以转喻的功能促使"害"产生出名词的含义"灾难、祸患"。而"患病"会使人产生"不适感觉"，而"妊娠反应"是生理反应，是一种身体不适的表现，所以又有"害喜、害娃"一说。因此"害"大致演变路径如下：

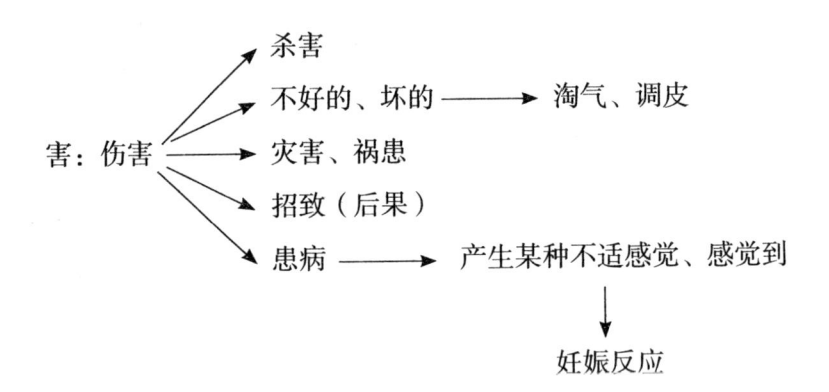

```
                          → 杀害
                          → 不好的、坏的 ——→ 淘气、调皮
          害：伤害   ——→ 灾害、祸患
                          → 招致（后果）
                          → 患病 ——→ 产生某种不适感觉、感觉到
                                              ↓
                                          妊娠反应
```

【杠】kaŋ33

"杠"在晋南方言中是一个多功能的高频词，含义也比较丰富。随着语义的演变，"杠"亦伴随着语音的变化。

一、"杠"的多功能用法及意义

（一）"杠"读作去声[kaŋ33]，作名词，含有三个义项

1. 表示较粗的棍子。例如：

（1）黑咯睡觉时把顶门杠插上。（晚上睡觉时把顶门棍插上。）

（2）不知道谁把杠子放门口。

2. 表示"粗线条"。例如：

（3）他不会写字，光会画杠杠。

（4）我娃都是大队长了，戴三道杠。

例（3）指批阅文字标记在行间的线条。例（4）指少先队大队长佩戴的标志，即三道粗的线条。

3. 指规定的界限、标准。例如：

（5）女人最早五十岁退休，兀是死杠杠（那是硬性标准）。

（6）生日是后半年的娃肯定上不了学，这是硬杠杠。

上面两例中的"杠杠"是比喻义，指一定的范围或界限。

（二）作动词，意义较丰富

1. 表示躺下（睡觉），"杠"作为构词语素。例如：

（7）还没哩伢又杠觉去了。（还早着呢，他又睡觉了。）

（8）一回来就挺床上杠觉哩。

2. 表示好与人争。例如：

（9）兀俩又杠上了。（那俩人又争呢。）

（10）你能杠过他？

3. 表示双肩托起人，双手扶住被拖者的双腿。例如：

（11）娃小瞅不着，你到他杠上。（孩子小看不见，你把他架到你肩上。）

（12）他爷可幸惯娃着，杠着娃就逛去啦。

4. 表示玩游戏，指做出石头剪刀布的动作。例如：

（13）咱得杠进包（玩石头剪刀布），谁赢了给谁。

（14）你几个一起杠，完了再看谁一队。

5. 表示抬价，价高胜出。读作阳平［kaŋ13］，例如：

（15）你俩杠，谁出钱多我就卖给谁。

（16）定不下来就只能杠啦。

"杠"表示此义时，语音变读为阳平。我们推测"杠"引申到此义的时候，为了与第二个义项"好与人争"相区别，所以需要在读音上发生变化。

（三）作词缀，附加在部分（为数不多）形容词前面，表示程度较深。

例如：

（17）树上全是杠红奈果子。（果树上全是红红的苹果。）

（18）这梨吃着杠甜。（这梨吃着特别甜。）

（19）杠稠奈汤伢他不喝。（稠稠的汤他不喝。）

（20）这菜杠咸作么吃呀？（这菜这么咸怎么吃呀？）

二、"杠"的历史来源及在文献中的用法

《说文·木部》："杠，床前横木也。从木工声。"《方言》卷五："床，其

杠，北燕、朝鲜之间谓之树，自关而西秦晋之间谓之杠。"杠，读作平声，本义指床前横木。《急就篇》第十三章："奴婢私隶枕床杠。"又作"竹竿、木杆、旗杆"。《仪礼·士丧礼》："竹杠长三尺，置于宇西阶上。"《集韵·江韵》："杠，旌旗杆。"《广韵·江韵》："旌旗饰。一曰床前横木。古双切。"也表示"小桥"。晋·左思《魏都赋》："石杠飞梁，出控漳渠。"《玉篇·木部》："杠，石杠，今之石桥。"《正字通·木部》："杠，小桥谓之徒杠，谓横木以度也。"这几个意义在晋南方言中并没有保留传承下来。

"杠"又读作去声，表示粗棍子，尤其是闩门或抬物的杠子。清·文康《儿女英雄传》第二十一回："请姑娘吩咐一句，那怕抬一肩儿杠，撮锹土，也算我们出膀子笨力，尽点儿人心。"

三、"杠"的语义发展演变脉络及周边方言的用法

今晋南"杠"读作去声，来源于第二种用法。原指粗棍子，后引申为批阅文字标记在行间的线条，这是词义进一步扩展的结果，二者之间有一定内在相似性，蕴含"竖直、条状、硬性"的属性，同属一个基本范畴。在隐喻的作用下，"杠"进一步引申，表义更加抽象化，指"不可跨越的界限"，即一定范围、界限或标准。

根据事物之间的相关性，"杠"由名词转喻为动词。"杠"本身有"硬性、直挺"的特征，人睡觉时，若直挺挺的姿态，宛如一根粗壮的棍子躺在那里，所以用"杠觉"来表示。"杠"为木棍，静止平放则保持平衡，若一方抬起来将失去平衡性。两人或多人"杠"，必将打破某种状态，所以引申出"好与人争""抬价争输赢"的语义。同理，杠子本身左右平衡，若双肩托起人，双手扶住被拖者的双腿时，实际上肩膀就是一个"平衡性的杠子"，在句中处于谓语位置时，即演变为动词，"托举某人在双肩"。所以动词的不同含义，都是直接或间接从名词语义引申而来，与最初含义"较粗的棍子"有一定联系。

"杠"的用法与含义，周边方言也有类似之处。例如，在洛阳、西安、徐州、武汉、成都等地，"杠子"都可指较粗的木棍。另外"杠红"，西安话指通红；"杠咸"，洛阳话指超出一般的咸度。"杠"在徐州、武汉、成都还指标

记所用的直线,引申作动词,指(用杠子)顶住。①

"杠"在多地方言都存在一定的相通之处,结合文献资料和方言的多功能用法,我们认为"杠"各个义项之间存在一定的关联,不论通过何种手段引申,基本语义"较粗的棍子"是其基础,也是其基本范畴,在名词转喻为动词之后,进一步虚化为词缀。由此,我们推导各个义项之间存在这样的关联与演化:

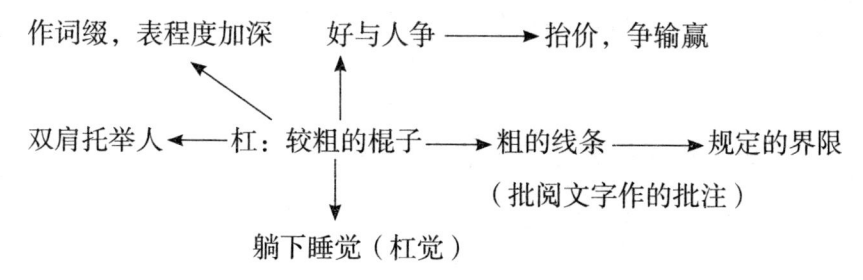

```
    作词缀,表程度加深   好与人争 ──→ 抬价,争输赢
                ↖      ↑
                  ↖    │
    双肩托举人 ←── 杠:较粗的棍子 ──→ 粗的线条 ──→ 规定的界限
                    ↓              (批阅文字作的批注)
                躺下睡觉(杠觉)
```

【瘳】tɕiou33

"瘳"是一个多义的方言词语,在本义的基础上引申演变出多个义项,彼此之间有一定关联,但词类范畴未改变,一直作动词。

一、"瘳"的语义功能

1. 表示衣物缩短、缩小。例如:

(1)这衣服质量不行,洗唠一回就瘳啦。

(2)纯棉衣服肯瘳,稍微买大一些。

2. 表示萎缩、干枯。例如:

(3)人老啦就瘳啦,个子瞅着都低啦。(人老了就缩了,个子看着都低了。)

(4)后头几个月老挺在床上不能动,又吃不下饭,人都瘳啦,瞅着就么小个。(后面几个月就躺在床上不能动,又吃不下饭,人都缩了,看着就那么小。)

(5)地里奈药打差啦,稻黍苗都瘳成一团啦。
(田里的农药打错了,玉米苗都缩成一团了。)

3. 表示缩头缩脑,躲藏在某人或某物之后,或蜷缩。例如:

(6)这娃认生,老是瘳到他妈后头。

(7)你瘳到树后头先耍出来,我叫(把)他引开。

---

① 李荣. 现代汉语方言大词典 [M]. 南京:江苏教育出版社,2002:1714-1716.

4.表示喘气，气上不来的状态。例如：

（8）他一下子气㩆嘚喘不上来。

（9）话说多唠就气㩆嘚不行。

5.表示人处于封闭状态。例如：

（10）一放假伢兀娃就老㩆到屋里不出来，光是看电视耍手机。

（11）兀人不爱言传，屋里来人啦也㩆在舍行［·xuo］不出来。

（那人不喜欢说话，家里来客人了也躲在房间里不出来。）

二、"㩆"的历时来源与其他方言的用法

1.字书及文献记载

《广韵·宥韵》："㩆，缩小。侧救切，音绉。"《博雅》："㩆，缩也。"唐·玄应《一切经音义》卷十五："缩小曰㩆。""㩆"本义为"缩、缩小、收缩"。唐·段成式《酉阳杂俎·鳞介篇》："蚌当雷声则㩆。"明·冯梦龙《喻世明言》第一卷《蒋兴哥重会珍珠衫》："婆子道：'我的老娘也晓得些影像，生怕出丑，教我一个童女方，用石榴皮、生矾两味煎汤洗过那东西就㩆紧了。我只做张做势的叫疼，就遮过了。'"由此看出，中古时期"㩆"已出现，只是文献记载并不多见。

2.其他方言的用法

"㩆"不仅在晋南普遍使用，在忻州、武汉、乌鲁木齐、扬州、柳州、丹阳、徐州等方言中也存在，只是表义不完全一致（《现代汉语方言大词典》2002：5228）。详见表6-2。

表6-2 "㩆"在其他方言的语义

㩆	衣物等收缩、缩短	萎缩、干枯	褶皱	缩头缩脑	人处于封闭状态	人驯服、温顺	抽筋	退步
忻州	+						+	
徐州	+	+	+	+	+	+		
武汉		+		+				
乌鲁木齐		+						

续表

瘖	衣物等收缩、缩短	萎缩、干枯	褶皱	缩头缩脑	人处于封闭状态	人驯服、温顺	抽筋	退步
扬州	+		+				+	
丹阳	+		+				+	

此外，张崇（1992）、景尔强（2000）、朱正义（2004）、邢向东（2012）、张永哲（2016）等人也做过一定考证。"瘖"在关中方言也普遍存在，除了晋南方言的几个义项，还表示"人驯顺、温顺""学习、工作等退步"义项。由上表可以看出"缩小、收缩"是"瘖"的基本义，也是其他义项引申扩展的源点。当"缩小、收缩"表现在不同事物或不同方面上时，其语义则会有区别。

三、"瘖"的语义演变

"瘖"，本义指"缩小、收缩"，这一特征反映在衣物上最为明显，即"衣物的缩短"。若扩展类推到植物上，收缩即萎缩，乃至干枯。若是类推到人的表现上，则是缩头缩脑，躲藏在某物或某人身后，再深入"收缩"，局限到更封闭的情形，即与外界隔断，处于封闭状态。类推到人的呼吸状态，若不能自由、通畅地呼吸，就会出现呼吸急促、气上不来的情形，亦是一种较抽象的"收缩"，即"气短"。

"瘖"的语义在晋南方言中不是一种泛称，表现的更多是一种具体、深入的扩展，但各个义项之间又有一种内在的相似性联系，彼此之间属于一个范畴。所以结合历史文献与其他方言的用法，我们认为"瘖"在晋南方言的各个义项之间存在这样的演变关系：

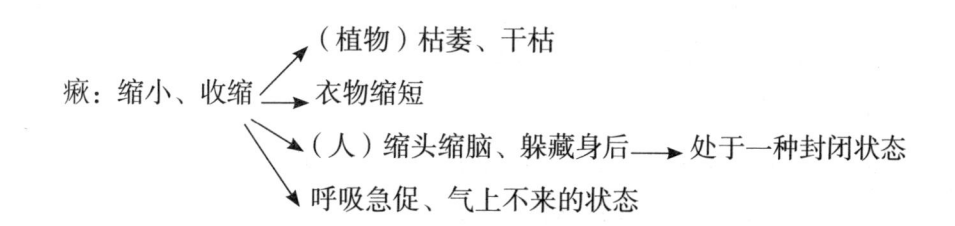

瘖：缩小、收缩 → （植物）枯萎、干枯
　　　　　　　→ 衣物缩短
　　　　　　　→ （人）缩头缩脑、躲藏身后 → 处于一种封闭状态
　　　　　　　→ 呼吸急促、气上不来的状态

【烧】① ʂau31 ② ʂau33

"烧"在晋南方言中是个使用频率较高的口语词,有两个读音,分别读作阴平[ʂau31]与去声[ʂau33],我们将其记作烧₁、烧₂。"烧"的意义与用法丰富复杂,下面详细描述。

一、"烧"的语义特征与用法

(一)烧₁,主要作动词、形容词

1. 表示使东西着火、燃烧,与普通话相同。例如:

(1)我给咱烧火做饭,你到舍行[xuo](房子里面)看会儿电视。

(2)今个七月十五,给你爷烧几张纸。

2. 使植物枯萎、死亡。例如:

(3)肥料下多啦,红薯苗都烧死啦。

(4)这回药没打对,果树叶子都烧成黄嘞啦,圪蔫嘞快死啦。

(这次农药没有打对,苹果树的叶子都枯萎发黄了,蔫蔫得快死了。)

3. 受到(物体、物品)刺激,胃部有灼烧感觉。例如:

(5)刚刚吃饭辣子吃多啦,胸口烧嘞不行。

(6)不知道吃咯啥啦,心烧嘞难受。

4. 温度高、烫。例如:

(7)(水)这么烧,作么(怎么)喝?

(8)汤都舀下半天啦,还烧嘞。

5. 体温升高、发烧。例如:

(9)娃脸这么烧,赶紧领着他到医院看看。

(10)他是不是烧糊涂啦,净说些憨话。

6. 头脑发热,忘乎所以;显摆。例如:

(11)兀人可烧灶着,买上个新衣服马上就穿上啦。

(那人特别爱显摆,刚买上新衣服马上就穿上了。)

（12）你不要到她跟前烧，本身伢就不高兴。

（你不要到她面前显摆，她本来就不高兴。）

（13）他就是个烧包，你嫑理他。（他就是个爱显摆的人，你不要理他。）

（二）烧₂，主要作名词、动词

1. 作名词，指彩霞。例如：

（14）早烧不出门，晚烧行千里。

（15）天上出烧咾。

2. 作动词，出现彩霞。例如：

（16）快瞅，天烧了。

（17）天烧个时候可好看着。

3. 脸发红变色。例如：

（18）你再说，伢兀脸又不烧，不红也不绿。

（你再怎么说，他的脸又不红，又不变色。）

（19）你休说啦，娃脸都烧成啥啦。

4. 嫉妒、羡慕。例如：

（20）伢人家娃都考上大学啦，他能不眼烧？

（别人家的孩子都考上大学了，他能不羡慕？）

（21）伢一年就挣么些钱，你没本事，嫑眼烧。

（人家一年就挣那么多钱，你没有本事，不要嫉妒。）

5. 衣服、布匹等颜色变淡。例如：

（22）这衣服不行，还没晒几回，就烧成这啦。

（23）被子罩都盖了好几年啦，你瞅颜色都烧成啥啦。

二、"烧"的历时考察及语义演变

《说文·火部》："烧，爇也。从火尧声。"《广韵·宵韵》："火也。然也。式昭切。平声。又式照切。放火也。"《古今韵会举要》："失照切。野火曰烧。"

《马氏文通·实字》卷之二："烧，去读，名也，野火曰烧。平读，动字，热也。烧，读去声也有作动词用的。"由此看来，"烧"历来就有两个读音，平声与去声，每个读音的语义并不相同。

"烧"读作平声，本义为使着火、燃烧。《战国策·齐策四》："以责赐诸民，因烧其券。"后引申出"加热使物体发生变化"。晋·葛洪《抱朴子·金丹》："夫金丹之为物，烧之愈久，变化愈妙。"又表"烫、灼"意义。唐·道士《法苑珠林》卷八十三："地有热沙，走行其上，烧烂人脚。"唐·白居易《与沈杨二舍人阁老同食敕赐樱桃玩物感恩因成十四韵》："如珠未穿孔，似火不烧人。"另有"照耀、映照"语义。唐·王建《江陵即事》："寺多红药烧人眼，地足青苔染马蹄。"亦有"强烈刺激"语义。唐·白居易《朱陈村》："悲火烧心曲，愁霜侵鬓根。"宋·苏轼《和李邦直沂山祈雨有应》："饥火烧肠作牛吼，不知待得秋成否？"近代又产生"因病而体温升高""升高了的体温"等含义。清·曹雪芹《红楼梦》第五十二回："晴雯服了药，还未见效，仍是发烧，头疼鼻塞声重。""次日，王太医又来诊视，另加减汤剂。虽然稍减了烧，仍是头疼。"

"烧"读去声，本义指放火烧野草以肥田，作动词。《管子·轻重甲》："齐之北泽烧，火光照堂下。"后泛指野火。唐·戎昱《塞上曲》："胡风略地烧连山，碎叶孤城未下关。"亦指称彩霞。唐·司空曙《送李嘉祐正字括图书兼往扬州觐省》："晚烧平芜外，朝阳叠浪来。"

三、"烧"在其他方言中的用法

"烧"在方言中使用得非常广，是南北通用的一个词语，尤其在北方方言区，基本都有两个读音，这与其来源相一致。《现代汉语方言大词典》（综合本）[①]收录的42个方言点中，"烧"的语义有的基本上全国方言通用，有的意义是某方言区域较为独特的用法。详见表6-3。

---

① 李荣主编.现代汉语方言大词典[M].南京：江苏教育出版社，2002：5806-5815.

表6-3 烧₁在其他方言区的分布及用法

烧₁	发烧/过高体温	过多肥料使植物枯萎或死亡	温度高；烫	过热使感到难受	炫耀、卖弄	头脑发热忘乎所以	胃部灼热
济南	+				+	+	
武汉	+	+		+			
成都	+	+					
银川	+	+			+	+	+
洛阳	+				+	+	+
乌鲁木齐	+					+	
太原	+	+	+				+
西安	+	+	+	+	+	+	
万荣	+		+		+	+	

我们发现烧₁的语义丰富且复杂，在北方方言区（不管是官话区，还是晋语区）使用较为普遍。其中"体温升高、发烧"是烧₁的一个普遍意义，其余几个义项在部分区域交叉存在。

烧₂的分布区域相对缩小，主要出现在太原、忻州、银川、洛阳、乌鲁木齐、成都（读音为烧₁，不变）等地，主要表示彩霞、出现彩霞/霞照两个义项，万荣方言亦可指布匹、衣服等颜色逐渐变淡的意义。

刘勋宁（1989）、景尔强（2000）、张安生（2006）、邢向东（2012）、黑维强（2016）、张永哲（2016）等学者也曾对"烧"做过阐释。银川方言亦含"颜色消退、变淡"的意义，同心方言亦指"羞愧而脸红"的意义，关中方言亦指"生气变脸""羞愧而脸红""颜色消退、脱落""花凋谢"（大荔方言）等含义。

四、"烧"的语义演变与关联

"烧"在晋南的语义与普通话有同有异，有的是对古汉语的继承沿用，有的是方言创新的独特用法。下面详细分析"烧"几个意义之间的内部关联及

161

语义范畴。

(一)"烧₁"的语义关联

通过文献梳理,我们发现晋南方言"烧₁"的几个意义多是沿袭古用,且与"烧₁"的本义有着一定联系。"烧₁"本义是使着火,这是后来相关引申义的基础。若使物体着火、燃烧,势必温度提升,由此自然引出"温度高,使人触摸感觉烫"的语义;若没有把握好一定的度,超过一定的量,则会产生相应的不适,或导致一定的损伤。如果对植物施肥用量过多,则引申出"使植物枯萎、死亡"的含义;若是身体受到刺激,就会引起不适,由此引申出"受到(物体、物品)刺激,胃部有灼烧感觉"的含义。进一步引申,若是人体温度高,超出正常的范围,即生病,则是"体温升高、发烧"的含义,这是具体可感知的;若进一步深入抽象的、不易感知的心理,则演变为"人头脑发热、忘乎所以、显摆"的含义。这6个义项中前5个义项文献作品已有记载,晋南方言的用法应是相袭沿用,最后1个义项是其语义的进一步隐喻。所以"烧₁"几个意义之间的引申关系较为清晰,都与其基本义有关系,具体引申方式如下:

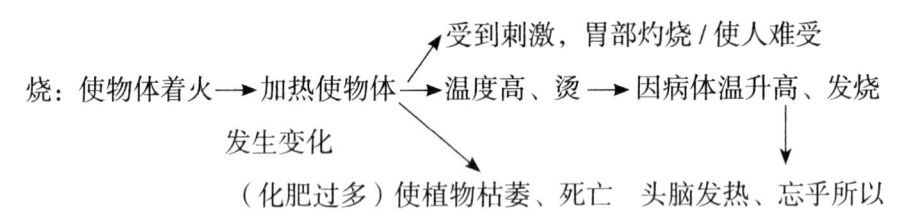

烧:使物体着火 → 加热使物体发生变化 → 温度高、烫 → 受到刺激,胃部灼烧/使人难受 / 因病体温升高、发烧 / (化肥过多)使植物枯萎、死亡 / 头脑发热、忘乎所以

(二)烧₂的语义演变

"烧"读作去声,在上古时期已存在。最初指放火烧野草以肥田,后演变为名词,泛指野火,这是词义比况式联想类推产生的结果,也是一种转喻的引申。在中古时期,引申指彩霞,二者在一定程度上存在相似性,都含有"红光、映照"的含义,这是借助隐喻的作用,从一个概念领域到另一个概念领域的投射。晋南方言烧₂前两个义项已消失,保留"彩霞"这一意义,又引申出"出现彩霞",由名词到动词,再一次运用了转喻。"彩霞"本身带有"色彩绚丽、耀眼"等属性特征,若类推到人的表情上,则指(因害羞或羞愧)

脸部发红变色。如"娃都长大了，不要再说小个时候事啦，看娃脸都烧成啥啦。"若进一步发展引申，超出正常的范围限制，就演变为心理上的嫉妒、眼红。如"你一天挣几百块钱，他可作么不眼烧？（你每天挣几百块钱，他怎么能不嫉妒你？）"绚丽的颜色时间久了，尤其在太阳长时间的照射下，就会变淡褪色，尤其是衣服、布匹等，所以引申指"布匹、衣服等颜色变淡"。例如，"身上这袄没穿多长时间，就烧成这啦。""杠红衣服在太阳底下晒时间长啦，都烧成浅红色啦。（这么红的衣服在太阳底下晒时间长了，都褪成浅红色了。）"后面这3个义项是晋南方言的创新与演变，文献作品少有记载。所以，烧₂语义之间的内部关联大致是这样的：

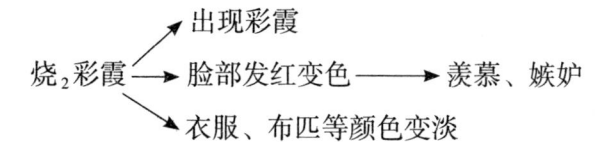

```
              ↗ 出现彩霞
烧₂彩霞 →  脸部发红变色 ──→ 羡慕、嫉妒
              ↘ 衣服、布匹等颜色变淡
```

烧₁、烧₂两个语义在晋南方言中一直都是各自发展，彼此独立。各个语义之间亦是在本义的基础上进一步引申，通过隐喻或转喻的方式，构成辐射式引申或连锁式引申，但意义之间都是围绕核心语义而展开（或者说共同义素），由具体到抽象、有形到无形、已知到未知等领域扩展开来，逐步类推，形成一个多义的格局。

第二节　异类多义词

这里的"异类多义词"，主要区别于"普通多义词"，指的是一个词有多个义项，彼此之间有一定关联，但不属于同一个句法形态范畴，有的属于实词范畴，有的属于虚词或词缀范畴，而实词到虚词的演变存在语法化，抑或伴随语音的弱化。一个实词的语法化，往往与句法结构、语义泛化、使用频率、语境变化等因素有一定的关系。本节选用晋南方言"可""赶""着""到"四个典型的异类多义词，侧重从语义演变的角度探求多义词内部机制与规律，兹不深入探讨语法化的动因与机制。一个词演变为多义词，而各个义项并不是同时出现，共时平面的表现往往是不同时期不同层次历时演变的叠置与反映。每个义项一般总会承袭本义或基本义的共同意义要素，这共同的要素蕴含在本义之中，并且贯穿于多义词的各个义项。

【可】khɤ53

"可"在晋南方言中是个使用频率较高的口语词，而且语义功能相当丰富，兼作动词、副词、语气词、连词等。作实义动词，表示"符合"；作助动词，表示"可以""可能""值得"等语义；作副词，语义功能最丰富的，作范围副词，表示就某个范围之内；作程度副词，强调程度加深，相当于"很、特别、非常"；作频率副词，相当于"又、再"；作否定副词，相当于"不"。以下详细描写与阐释。

一、"可"的语义功能与特征

（一）作动词

1. 表示"符合"，构成"NP_1+可+NP_2"形式，即"NP_1符合NP_2标准"。在晋南方言中，NP_2的名词相对比较有限。例如：

（1）这衣服有些宽，要是可身（合身）就好啦。

（2）给娃买鞋稍微大一些好，可脚买的话，下年就不能穿啦。

（3）你不能给他可嘴着买，不要太幸惯他咾。

（你不能按着他的需求买，不要太宠溺他了。）

"可"重叠为"可可"，表示"正好、合适"。例如：

（4）鞋穿着可可（正好）嘞。

（5）他在外头可可哩就听得啦。（他在外面正好呢就听见了。）

（6）这回买这衣服可可（正合适）哩，刚美，不用换啦。

2. 表示"尽/紧着；就着"。"可"常与"着"连用，用在名词前面，表示就某区域之内尽最大范围或能力，或者用某种作为标准的东西来确定其他事物的性质、大小等，例如：

（7）可着布料做就行啦。

(8) 可着钱买衣服吧!

(9) 他在楼下可着嗓子叫唤呢。

3. 作助动词，表示"可以""值得"等含义。例如：

(10) 屋里有可吃嘞东西吗，我都饿死啦。

(11) 排骨又没有多少肉，有啥可吃嘞。

(12) 都吃完了，有啥可说嘞。

例（10）"可"表示"可以"，例（11）（12）表示"值得"。

（二）作副词

1. 表强调语气，相当于"确实、的确、一定"的含义。例如：

(13) 你再不说话，我可真走啦。

(14) 要有啥事，你可得替我说话。

(15) 明个（明天）上会（赶集）你可得给我买黍面油糕吃。

2. 作程度副词，"可"重读，用在性质形容词前面，着重表达程度高，是一种高量级的程度副词，相当于"很、非常、特别"，句子带有说话者的主观情感，主观性较强。例如：

(16) 我妈做饭可好吃呢。

(17) 兀娃可坏着呢。

(18) 兀条路可难走着。（那条路特别难走。）

3. 作时间副词，表示"已经"。例如：

(19) 还没呢，可夏天啦。

(20) 几年不见，娃可大学生啦。

(21) 兀女子才多大，可结婚啦。（那个姑娘才多大，就已经结婚了。）

句中"可"在表示"已、已经"时间概念义的同时，亦传达出说话者出乎意外的语气。

4. 作频率副词，"可"用在动词或形容词前面，表示语义重复，相当于"又"，亦经常与"又"连用，加强其对过去某一动作或性状、事件（已然）的重复。例如：

（22）你可（又）来了。

（23）他可（又）病了。

（24）娃可（又）吃多了。

另外，"可"用在动词前，亦可表示对未然事件或动作的重复，相当于"再"。例如：

（25）你先回去，明个可来。

（26）这饭真好吃，过几天可做。

（27）上课啦，先回教室，一会儿下课了可干。

5. 作否定副词，"可"+动词，表否定语义，动词可以是认知动词、能愿动词、判断动词等，整个句子表达说话者对听话者或所涉及的人、事情一种漠然、蔑视、怀疑、不屑一顾等情感倾向和语气。例如：

（28）可知道他来了没有。（不知道他来了没有。）

（29）他可懂得呀。

（30）你可认识伢。（你不认识他。）

（31）他可愿意看娃呀。（他不愿意看孩子。）

6. 作范围副词，表示"满、全"，用于处所名词前面。例如：

（32）娃没了，他爷可村着寻娃嘞。（孩子丢了，他爷爷满村找孩子呢。）

（33）伢就可操场着来回在兀走。（他就整个操场来回在那儿走。）

（34）没事，你就叫他可院跑，又没（丢失）不了。

（三）作语气词，多用于句末

（35）管他作么（怎么）说，反正我就退休呀可。

（36）娃长大啦，说啥都不听可。

（37）寻咾半天都没寻着可。

（四）作转折连词，表示"可是"之义

（38）我还没说嗦呢，伢可走了。

（39）你可说他做嗦嘞？

（40）可耍听他说，他就没一句实话。

二、"可"的历时考察及语义演变

《说文·可部》:"可,肎也。从口、丂,丂亦声。"《广韵·哿韵》:"枯我切,上哿溪。许可也。"可,本义为同意、允许。《史记·李斯列传》:"始皇可其议,收去《诗》《书》百家之语以愚百姓,使天下无以古非今。"

"可"表示"能够""堪、值得""是、对""适合"等。《诗·秦风·黄鸟》:"彼苍者天,歼我良人。如可赎兮,人百其身。"《诗·豳风·东山》:"町疃鹿场,熠燿宵行。不可畏也,伊可怀也。"《韩非子·南面》:"然则古之无变,常之毋易,在常古之可与不可。"《庄子·天运》:"故譬三皇五帝之礼义法度,其犹柤梨橘柚邪?其味相反而皆可于口。"

"可"表示"正好、恰好"。《乐府诗集·鼓吹曲辞一·战城南》:"战城南,死郭北,野死不葬乌可食。"唐·李商隐《辛未七夕》:"由来碧落银河畔,可要金风玉露时。""可"亦能重叠为"可可",犹云恰恰也。元·武汉臣《生金阁》第三折:"不想失错了,可可打了相公背上。"

"可"相当于"岂、哪",表示反诘。汉·王充《论衡·齐世》:"如以上世人民侗长佼好,坚强老寿,下世反此;则天地初立,始为人时,长可如防风之君,色如宋朝,寿如彭祖乎?"张相《诗词曲语辞汇释》卷一:"可知,犹云岂知或那知也。"

或表转折语气,犹却也。唐·李白《相逢行》:"相见情已深,未语可知心。"

后引申出"对着""寻常,形容轻微""病愈""尽着、限在某个范围之内"等语义。唐·刘禹锡《生公讲堂》:"高坐寂寥尘漠漠,一方明月可中庭。"宋·陈允平《江城子》:"瘦却舞腰浑可事,银蹀躞,半阑珊。"宋·赵长卿《诉衷情》:"疮儿可后,痕儿见在,见后思量。"清·文康《儿女英雄传》第二十五回:"他还是把一肚子话可桶儿的都倒出来。"清·曹雪芹《红楼梦》第七十五回:"这几样细米更艰难,所以都是可着吃的做。"

或表强调,相当于"真的、确实"。宋·叶隆礼《契丹国志·天祚帝本纪》:"观夫孱主,可谓痛心。"

元代时,"可"又相当于"再"。元·武汉臣《老生儿》第三折:"我去庄院人家,汤热了这酒。吃了呵,可来取我这把铁锹。"

"可知道"在元代时已出现,表示"难怪""当然""须知"等含义。元·郑光祖《王粲登楼》第三折:"那王仲宣别也不别,竟自去了,有这般傲慢的!可知道荆王不肯用他。"元·郑廷玉《后庭花》第一折:"你便道:'李顺,你要饶么?他道:'可知要饶哩。'"元·吴昌龄《张天师》第二折:"老人家不晓事,耳根边只管聒絮,可知我染病哩。"

三、"可"在其他方言中的共时分布

"可"在普通话和方言中,都是一个高频口语词。关于"可"的不同功能及其语法化,乔全生(1995)、张雪平(2005)、齐春红(2006)、刘丹青、唐正大(2011)、张谊生(2014)、张秀松(2016)等不少学者也做过一定论述。另外也有研究者从语义功能方面谈及"可"在不同方言中的各种用法。

沈明(1994)指出"可"在太原方言中是一个多功能词,语义丰富。主要含义有:①适合;②恰巧;③到处;④副词,可表转折、强调等语气;⑤减轻。

张国微(2010)、常乐、邓明(2019)发现"可"在晋中榆次方言是个高频副词,主要用法有:①强调语气表示程度加深;②表程度弱化;③做副词,相当于"非常、特别"等;④相当于"满、整个、全";⑤表示"适当、符合""正好、恰好"等语义。

马梦玲(2014)发现"可"在青海方言中出现在句中时表示"再""又""却"等含义,用在句尾时表示应答或强调的语气。

祁淑玲(2015)运用语义地图模型理论,详细阐释了天津方言"可"的五种语义功能。

由此可见,"可"在汉语方言中的功能丰富多样,既能作动词、介词、连词,还可作副词、语气词等,每一大类又细分不同的用法与意义。

四、"可"语义之间的关联性

"可"作为晋南方言中一个多功能的高频词,各个语义之间存在一定的关联,下文针对"可"的一些主要用法深入分析。

(一)由动词"可"到助动词"可"

"可"作动词,表示"同意、允许"。这一用法与意义在晋南已消失。但在方言中表示"适合、符合",应是由本义引申出来的。"同意、准许"意味着主体认为客观事实或对象是正确的、合理的,所以当客观对象与主观预期相一致时,就会认为是相匹配的,因此引申为"符合、适合"。例如:

(41)衣服总要可身嘛。

(42)给娃做鞋要可脚着,太紧太松都不行。

(43)裙子要可腰着好看,不要太松咾。

例句中"可身""可脚""可腰"即是"和身材相符合""和脚的大小相符合""和腰的尺寸相符合"语义,"可"后面能搭配的名词并不多见。

当"可"表示"符合、适合"语义时,就意味着说话者认为这种事情可以做、值得去做;若"可"后面接的又是动词时,则变为辅助性动词,即助动词,表示"值得做某种动作行为""可以"等语义。例如:

(44)就这么点事情,有啥可说嘞。

(45)俩人奈(的)饭,有啥可做嘞。

(46)各人屋里人死啦(自己家里人死了),有啥可惊(害怕)嘞。

前三例中"可"后面修饰动词"说、做"或形容词"惊",表示"值得说/做/惊",实际上句子表达的是否定含义,表达没有什么值得说/做/惊的事情。

(二)动词"可"到副词"可"

1.动词"可"到时间副词"可"

动词"可"表示"符合、适宜"语义时,传达出说话者认为客观情况与主观预期是合理的、一致的。当二者情况发生矛盾,违反这种合理性时,即

认为"不符合、不合适",但说话者不能主观控制事态的发生时,就引申出时间副词"已经"语义。例如:

(47)我还没到呢,会可开完啦。

(48)你还没结婚呢,他可离婚啦。

(49)不觉着嘞,可冬天啦。(没怎么觉着呢,已经冬天了。)

(50)好长时间不见,娃可五岁了。

例句中"可"表达"已经"含义,同时流露出说话者出乎意外、意想不到的意思。也说明在说话者的意识思维中,前后句子带有一定溯源推测在其中。例(47)说话者认为"他到了"和"开会"存在时间先后关系,例(48)说话者认为"你"和"他"结婚的时间应该是同步的,例(49)(50)认为"冬天应该不会这么快到来""孩子应该不会这么快就五岁了"。事实上,这些事态与说话者的预期是相反的,已然发生或完成,由此表达出"已经"语义。

2.时间副词到频率副词

"可"在句中作状语,可以修饰动词、形容词,相当于副词"又"。

(51)刚卖咾没几天,树上奈（的）果子可（又）红啦。

(52)刚换哩衣裳,可溷脏啦。(刚刚换的衣服,又弄脏了。)

(53)夜个（昨天）才吃咾面,今个（今天）可（又）吃面。

例句中的"可"相当于"又",句中"又"可同现,"可又"同用进一步凸显事件或性状、时间等重复出现或变化。"又"表示频率,"可"与"又"经常一起出现,语义受到感染,因此也表示频率。当"可"表示"又"时,"又"即可省略,由"可"独自承担此功能。从语义上说,"可"在表示"已经"语义时,若涉及的事件曾经发生过,现在重现的话,则是与过去相一致、相符合,"可"即为频率副词"又"。从上述例句中我们发现,"可"往往出现于分句中,前后有表示或暗示一定的原因或条件或时间的变化,所以"可"表示频率概念语义就能理解。

"可"出现在句中主要谓语动词前面,若某事件已经发生过,将来再次出现时,"可"即表示"再",整个句子表达继续或重复前面的动作或事件。

例如：

（54）天黑啦，你先回去，有空咾可（再）来。

（55）我乏啦（累了、困了）先睡啦，睡醒嘞可（再）说。

（56）我先立（站）一会儿，不行了可（再）坐下。

例句中"可来"表示再次来，说明已经来过。"可说"即"再说"，表示已经说过了，睡醒后继续说。"可坐"表示"再次坐"，因为站立之前是坐过的。"可"出现的语境也提示"可VP"中VP是发生或出现过的动作行为，即使句中没有明显的说明条件，也能通过一定的语境来理解。

3. 否定副词"可"

"可"与表示认知类动词、助动词以及判断动词组合时，表示否定语义。例如：

（57）你问他不是白问嘛，他可知道作么（怎么）做。

（58）管他是做嗦哩，我可认得他是谁。

（59）你可能把事做么绝呀。

"可"的这种用法可追溯到东汉前后，表示一种反诘语气。唐代之后，此用法十分普遍，句末与反诘语气词相呼应，带有强调意味，表达相反的意思，带有否定含义。"可"作助动词，表示"值得做某种动作行为或可以"语义，即言说者认为事件或动作行为本身存在一定的合理性，那么当句子前后语义出现矛盾时，言说者对此提出疑问，认为不合理。因而当"可"出现在助动词、认知类动词及判断动词的前面时，句子表达相反的语义，即否定谓语动词。同时也传递出言说者的主观认识，从而加强其主观性，带有一定的语气色彩。"可"在晋南使用频率较高，一定程度上沿袭古汉语的反诘语气，表示否定、强调、传疑的语义，但句式上略有变化，不仅使用在反问句中，也可以出现在陈述句中，不过句末常伴有语气词"呀、哩、嘞"等同现。如"我可是你呀。（我不是你。）""我可能把伢兀都拿走呀。（我不可能把它们都拿走。）"句中"可"相当于"岂"。

(三)由动词到介词

"可"作动词时,表示"符合、适合",可带名词性宾语,语义蕴含一定合理性、可行性。那么在一定范围内是可实施、可操作的,语义进一步引申,表示在某个范围之内最大限度地从事某动作行为,相当于"满、全"。例如:

(60)上体育课老师不怎么管,学生就可操场着疯跑。

(61)年轻个(的)时候可世界跑,老啦还不得回来。

(62)你妈正可村着寻你吃饭呢,你还不快些回去。

例句中"可操场"表示"在操场这个范围之内,不超出这个范围","可世界"表示"满世界,不超出世界这个范围","可村"表示"全村,在村子这个范围之内","可"后面常与处所名词组合。这种用法亦是古汉语用法的传承。

小结:通过对晋南方言"可"的功能语义分析,我们发现大多数语义与"符合、适合"相关联,这一语义制约着其他语义的发展与演变。在各项语义中,"可"作副词的功能最丰富。在语义引申过程中,"可"由客观语义发展到蕴含一定的主观态度,最后发展到纯语法功能(作为语气词、连词),由此大致勾勒出"可"语义演变路径,如下

可:符合、合宜 → 助动词 → 否定副词
            → 介词
            → 副词 → 时间副词 → 频率副词

【赶】kæ53

"赶"是一个比较活跃的口语词,用法复杂,意义丰富。"赶"既能作动词,又可作介词,且兼作连词。作动词时,既可作普通动词,又可作使令动词。更为独特的是"赶"作为介词,语义功能尤为特殊,可表示处所/时间源点、经由、等到……时候、方向、依据、处置、被动等功能。伴随"赶"由实词语法化为虚词功能的转变,读音也有所改变,由上声变为阳平。下文对"赶"的多功能用法进行全面考察,结合历史文献与其他方言的表现,探讨晋南方言中"赶"的语义演变机制。

一、"赶"的语义特征与功能

（一）作动词

1. 作普通动词。例如：

"赶"读作［kæ53］，意义较丰富，与普通话用法基本一致。

（1）人家要得紧，这几天就要赶出来。

（2）回来正好赶上吃摊子（吃酒席）。

（3）你覅急，还有一个钟头嘞，肯定能赶上火车。

（4）伢兀（她）女子个子高，都快赶上她妈了。

例（1）"赶"表示"加快行动"，例（2）表示"遇上"，例（3）表示"追赶、追逐"，例（4）相当于"比得上"。

2. 作使令动词，相当于"让"，构成"S+赶+NP+VP"格式。例如：

（5）他都这么大啦，覅管他，赶他个人做。

（他都那么大了，不要管他，让他自己做。）

（6）做下好饭啦，他奶只赶孙子吃，就不叫媳妇吃。

（做好饭的时候，他奶奶只让孙子吃，就不让儿媳妇吃。）

例句中"赶"表示使令意义，大多出现在祈使句中，表达说话者的建议、请求、命令等语义，NP相当于兼语成分，既是"赶"的宾语，又充当VP的主语。

（二）作介词

1. "赶"相当于"等到……时候"，用在时间词或时间短语之前或者用于假设小句中，表示等到某个时间或时机时，整个句子表示未然事件或时态。例如：

（7）赶你姐嫁去个再说。（等到你姐姐出嫁的时候再说。）

（8）我赶明个就回来啦。（等到明天的时候我就回来了。）

（9）赶你吃完饭天都黑啦。（等到你吃完饭的时候天都黑了。）

2. "赶"相当于"从"，用在处所词或时间词前面，表示处所、时间的源点，句子大多表示已然事件或时态，构成"S+赶+NP+VP"格式。例如：

（10）我赶北京回来。（我从北京回来。）

（11）娃赶书房走回来。（孩子从学校走回来。）

（12）伢媳妇赶过年后就没回过村。（他的媳妇从过年后就没有回过村。）

（13）这小家伙赶一岁多就不尿裤啦。

另外，"赶"有时用在处所词前面，表示"经由"语义。例如：

（14）你赶我门口路过都不说进来坐一下。

（15）赶小路走肯定能快一些。

3. "赶"表示动作依据的一种方式或标准，相当于"按照、依据"。例如：

（16）就赶这么做。

（17）赶我说差不多就卖啦，再搁几天说不定还要低呢。
（依我说价钱差不多就卖了，再放几天说不定还要降价呢。）

（18）要是赶以前兀（那样）标准，像你这样差远啦。

4. "赶"相当于"朝、往、到、向"，后接方位词或其他名词，表示动作行为的方向、终点或人物源点。例如：

（19）赶这岸撂，我能接上。（往这边扔，我能接上。）

（20）赶我屋吃饭走，我妈都做好饭了。（到我家吃饭去，我妈都做好饭了。）

（21）看电影赶后头坐，坐前头伤眼窝。（看电影时往后面坐，坐前面伤眼睛。）

（22）你赶我妈借咯多少钱？（你向我妈借了多少钱？）

5. "赶"表关联，相当于"与、和"，声调变读为阳平［kæ13］。例如：

（23）你赶这事有关系吗？（你与这件事有关系吗？）

（24）这事赶她妈肯定有关系。（这是和她妈肯定有关系。）

（25）今年庄稼虫多，赶天年有关系。（今年庄稼虫多，与天年有关系。）

6. "赶"表处置，相当于"把"。例如：

（26）你回来就赶门关咯。

（27）你取笤帚呀，赶地上这瓜子皮扫扫。（你去取笤帚，把地上的瓜子皮扫一扫。）

（28）赶你妈叫回来作啥呢，我就会做饭。

7."赶"表被动意味，相当于"被"。例如：

（29）梯子赶我叔借走啦。

（30）水赶他喝完啦。

（31）果子都赶冷子打光啦。（苹果都被冰雹打光了。）

8.作比较标记。

8.1"赶"用在差比句中，引出比较对象，相当于"比"，属于"基准+结果"类型，构成"X+赶+Y+Z+W"格式，其中Z表示比较的结果，W表示比较结果的量化值，当然也可省略。例如：

（32）我赶他高5厘米。（我比他高5厘米。）

（33）我姐赶我大4岁。

（34）他跑嘞赶他哥快咾5秒。

（35）种油葵赶种稻黍轻省。（种油葵比种玉米省事。）

"赶"主要用于肯定式的差比句中，表示否定式的差比句时，一般用"不胜""没有"等说法。例如：

（36）我不胜/没有他高。

（37）到高中个时候，女生不胜/没有男生学习好。

8.2用于平比句中，表示两个事物或对象在某些性质、方面基本相同或相差不大，"赶"引出平比对象，构成"X+赶+Y+一样/一般/差不多+Z"格式，有时Z可省略，此时语音变读阳平调［kæ13］。例如：

（38）我赶我哥一般高。

（39）我屋光景赶他屋差不多。（我家日子和他家差不多。）

（40）娃赶女子可不一样。（儿子和女儿可不一样。）

类似的结构进一步引申就可发展出表示比拟的介词用法。例如：

（41）你赶猪一样，能吃能睡。

（42）伢娃可黑着，脸就赶炭一样。（他的孩子特别黑，脸就和炭一样黑。）

例句中将"你"比作"猪"，"脸"比作"黑炭"。这一类型与表平比的句子相比，结构相似，但X、Y的性质并不一样。平比时，X、Y是同类型的性质；比拟时，X与Y属于不同性质的对象，如"人"与"猪"的比拟。

（三）作连词

"赶"作连词，连接两个平行成分，相当于"和"，语作阳平［kæ13］。例如：

（43）我赶我哥都吃过啦。

（44）小明赶我都是山西人。

（45）耍手机赶学习能一样？

二、"赶"在文献中的用法以及其他方言的分布情况

《说文·走部》："赶，举尾走也。从走干声。"赶，本义指兽类翘起尾巴奔跑。"赶"表"追逐"是后起之义。《正字通·走部》："赶，追逐也。古览切。"唐·张鷟《朝野佥载》卷二："庄曰：'昔有人相庄，位至三品，有刀箭厄。庄走出被赶，斫射不死，走得脱来，愿王哀之。'"《朱子语类》卷一："如天行亦有差，月星行又迟，赶它不上。"明·冯梦龙《醒世恒言》卷三："只怕后生家还赶我不上哩。"之后进一步引申，出现不同语义与词性的变化。

元曲已出现介词"赶"，相当于"趁"，表示时机。元·关汉卿《尉迟恭单鞭夺槊》："赶早把他哈喇了，也还便宜。"元·无名氏《谢金吾诈拆清风府》："孩儿，你不可久停久住，便索赶早出城，回三关去。"

至迟在明代时，"赶"出现了"比"语义。明·凌濛初《初刻拍案惊奇》卷一："此公正该坐头一席。你每柱自一船的货，也还赶他不来。"现代作品也有记载。西戎《纠纷》："妇女们见有意见没人管，于是下地的人数一天赶一天少了。"在清代时"赶"产生"至、到"语义，有时"赶到"一并使用。清·文康《儿女英雄传》第二十三回："要赶到人家满了孝，姑老爷这庙还找不出来，那个就对不起人家孩子了！"第三十六回："下欠的奴才也催过他们，赶明年麦秋准交。"清·吴趼人《二十年目睹之怪现象》第四十一回："我不到关上，他也无从知道，赶他知道了，我又动身了。"与此同时也有介词"朝着、向"的用法。清·文康《儿女英雄传》第十二回："一席话把个安太太疼得不由得赶着他叫了声：'我的儿！你千万不要如此！'"

"赶"在晋南周边方言中也常见，用法上有同有异。李改样（1999）曾指

出"赶"在山西芮城有两种用法：一是用于比较句，相当于"比"，主要用来比较性状和程度；二是用于时间名词前，表示等到或即将到来的时候。刘静（2009）对山西大同方言的"赶"字用法进行了详细的描述，其中"赶"作介词时，有五种用法：一表示起点，二表示经过，三表示等到某个时候，四构成"赶……叫"格式，五用于比较句，既可以是差比句，也可以构成渐进比较句。《现代汉语方言大词典》（综合本）显示，"赶"表示"比较、如、比、及"语义时，在哈尔滨、武汉、成都、乌鲁木齐、银川、万荣等方言点都存在。"赶"可用在时间名词前面，表示"等到某个时候"，在银川、忻州、万荣、哈尔滨、乌鲁木齐等方言点都有体现。王春玲（2011）对西充方言"赶"的用法做过详细分析，认为"赶"作介词用于比较句中，源于其动词，而且是方言内部固有的一种句式。黑维强（2016）进一步指出，"赶"字式的差比句在北方汉语方言中较为普遍，主要分布在山西、陕西、山东、河南、内蒙古、新疆、宁夏、四川等地，并且详细分析了陕北绥德方言的"赶"，结合方言资料和历史文献，其文提出"赶"字比较句源于"追逐、追赶"语义。尚童欣（2019）指出运城方言"赶"表示空间起点、时间起点与终点、方向、经由、比较等含义。

三、"赶"多功能语义之间的关联

通过上面的描写与分析，我们可以看出晋南方言"赶"比普通话要复杂丰富得多。"赶"的各个语义之间有无关联，尤其是从动词到介词、连词的演变，其内部演变的动因及机制，更值得深入研究。（"赶"由动词语法化为处置标记和被动标记，不在下文讨论范围之内。）

（一）普通动词演变为使役动词

"赶"表示"追逐、追赶"，其中蕴含这样的语义：参与对象至少是双方（甲方与乙方），一般是有生命的生物。"赶"表明这一动作本身带有明确的对象性、方向性，会带来空间、时间的变化，甲方的"追逐"也会对乙方带来一定的影响，若这种行为非乙方自主意愿或希望的结果，那么"赶"就具有使役的色彩，即"赶"由普通动词引申为使令动词。例如：

（46）你赶他爸做饭，你就歇一会。（你让孩子爸爸做饭，你就休息一会儿。）

（47）你赶娃先缓一会儿再做作业嘛。（你让孩子先缓缓再做作业嘛。）

例句中"赶"追逐的结果并不是缩小双方时空的距离，而是对另一对象"他爸""娃"带来一定的影响，这种行为并不是本身的自主意愿，所以"赶"表示使役动作，演变为使令动词。

（二）动词与介词的语义关联

1."赶"由动词到介词的演变

"赶"表示"追赶、追逐"之义蕴含着这样的基本事实：参与对象不是在同一起点，彼此之间存在一定的差距，从而一方要追赶、超过另一方，由此不外乎产生这样的结果：未赶上、赶上了、超过了，所以也就可能引申出"比得上，跟……一样"这种语义，而在追赶、追逐时，是朝着同一方向前进的，进而产生位移，有了一定空间距离的变化。在隐喻或转喻的作用影响下，"赶"的对象进一步扩展，由空间领域可以转向人物、时间、认知、能力等方面，从而实现由具体到抽象、有形到无形的映射与关联。

"赶"搭配的对象是时间、空间名词时，表明其带有一定目标性、位移性、方向性的趋动。在转喻的作用下，若运动趋向起点，则就演变为介词"从"。若强调其方向性，则演变为"向、朝"等介词义。例如：

（48）我刚赶外前回来，热死了。（我刚从外面回来，热死了。）

（49）我爸赶村里来，提了两袋果子。（我爸从村里来，提了两袋苹果。）

（50）他赶上大学起就没给屋要过钱。（他从上大学开始就没有向家里要过钱。）

以上例子表明，"赶"已经介词化，"赶"后面搭配的宾语是时间词、方所词，侧重表示动作行为的起始点或起始处，相当于"从"。再如：

（51）赶回走就行啦。（往回走就行了。）

（52）赶墙根走就淋不到雨啦。（朝墙根走就淋不到雨了。）

（53）你赶这搭坐，休理他。（你往这里坐，不要理他。）

以上三例"赶"演变为表方向的介词"朝、往"等，这与"赶"的本义有关系。由于动词"赶"动作具有方向性，当后面搭配方所词时，进一步强化其方向语义功能。再如：

（54）赶他兀么做，做到多乎啦。（照他那么做，做到什么时候了。）

（55）你霎犟啦，就赶老师说得兀么学习，肯定能学好。

（你不要顶嘴了，就照老师说的那样学习，肯定能学好。）

（56）赶国家政策来说，你就不符合这条件。

（按照国家政策来说，你就不符合这条件。）

以上三例表明"追逐、追赶"的目标对象不是人物、时间、空间时，而是一种仿照、参照某人或某物的方式，这是一种抽象的"赶"，由此"赶"演化为一种表依据的介词。

从历时演变中，我们也看出"赶"在明清时期已引申出介词的用法，晋南方言"赶"介词化也是近代汉语的一种相袭沿用。

2.由动词到比较标记

"赶"表示"追逐、追赶"时，意味着不同对象朝着相同的方向前进，二者之间存在一定差距和层级分布，也就蕴含了"比较"的含义，若参与双方是处于平行对等的两事物，句子后面又有其他补足成分，表示"赶"的结果，"赶"演变为介词"比"。例如：

（57）他赶他哥高一些。

（58）黑衣服赶白嘞耐褚多嘞。（黑衣服比白衣服耐脏多了。）

（59）骑电车赶骑车子快多啦。（骑电动车比骑自行车快多了。）

例句中"他"与"他哥""黑衣服"与"白衣服""骑电车"与"骑车子"都是对等的平行对象，每句后面有"高""多""快多"等相应的补足成分，"赶"不再侧重动词的方向性、位移性，更强调其"比较"义，"赶"就演变为比较介词"比"。

"赶"表示比较时，若是相同的结果，则是一种平比，比较双方都参与这个动作行为，句中动词带有伴随义。例如：

（60）我赶我妈都没吃饭。（我和我妈都没有吃饭。）

（61）这娃赶他爸都能吃。（这孩子和他爸都能吃。）

（三）由介词到连词的演化

上面的分析显示，"赶"由动词引申出比较标记，在表平比时，有时带有伴随含义，由伴随义再引申发展出并列义，即演变为连词，可以连接几个对等成分。关于类似语素的演变，吴福祥（2003b）曾论述过汉语"伴随动词＞伴随介词＞并列连词"语法化链，所以"赶"从伴随介词到并列连词的演化应该也符合这一演变链。同时为了区别其他语义功能，"赶"表平比以及作连词时，语音由去声变读阳平。例如：

（62）你赶（和）我妈一样瘦。

（63）我赶（和）他一起做吧。

（64）他爸赶他妈都到南方打工去啦。（他爸和他妈都到南方打工去了。）

例（62）"赶"作为平比标记，符合"X+赶+Y+一样/一般/差不多+Z"这种格式，Z多为形容词。后两例（63）（64）"赶"属于并列连词，构成"X+赶+Y+VP"格式，"赶"这种句式更多强调VP是X和Y都参与的动作行为，重点不再是比较的意味。

小结：事实上，"赶"的多功能模式并非独例，现代方言中类似的动词也有相近的演变方式。从类型学的角度看，"赶"经历的语义演变与许多表"伴随、跟随"义动词的演变路径有相似之处。吴福祥（2003）、江蓝生（2014）、吴福祥、金小栋（2016、2018）对跟随义动词或伴随介词的演变路径进行过深入的讨论，并总结出几种演变模式。晋南方言"赶"的复杂演变中亦有类似的演化路径，一定程度上与其他方言的"跟""连"等语素有异曲同工之处。从上面的分析来看，"赶"在不同方言的功能存在一定差异，这也说明"赶"在不同区域经历的语义演变和发展阶段并不同步，处于不同发展阶段。综上所述，我们对"赶"的语义演变方向与路径即可进行归纳，从而更清晰了解其发展脉络，如下：

```
赶：追赶、追逐 ──→ 方所（处所/时间源点、经由、方向、终点、方式）
                    （介词）
  （跟随动词）──→ 比较 ──→ 差比
                         ──→ 平比 ──→ 比拟
         ↓                        ──→ 并列连词
      使役动词
```

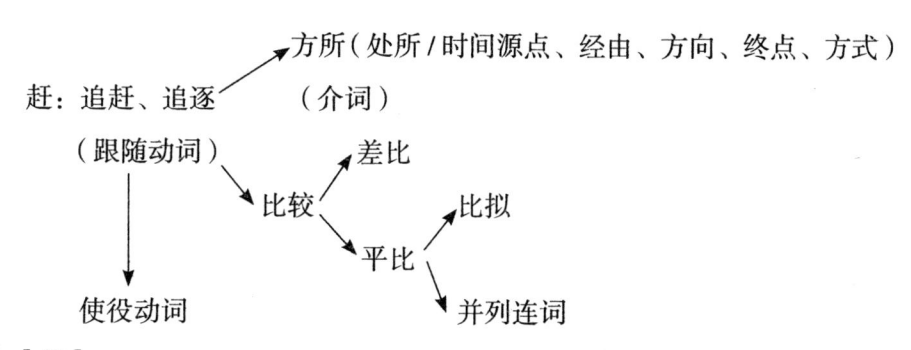

【着】

"着"在晋南方言中是一个用法较复杂，形式丰富的多功能词语。既可以作动词，也可以作形容词和助词，读音有多种：[tʂau][tʂauˀ][tʂhou]/[tʂhɤ]等，[tʂhou]/[tʂhɤ]在某些条件下会弱化为轻声（这种用法不在本节讨论范围内）。不同语音对应的用法与语义有所不同，即使语音相同，也有多个语义与之相对应。当然，这与"着"本身的来源有一定关系。下面详细描述"着"的不同功能与语义，并揭示其语义之间的引申动因与途径。

一、"着"的读音与语义特征

（一）阳平[tʂau13]的用法

1.作动词，表示（有目的性、目标性）投掷、砸等含义。例如：

（1）你拿砖头着他。

（2）你用石头块着一下树，肯定球就掉下来啦。

（3）不知道谁把娃头都着破啦。（不知道谁把孩子的头砸破了。）

"着"与"活"连用为"着活"，作谓语动词，表示"吃亏、受挫、上当受骗、栽跟头"等语义。例如：

（4）这回着活啦，叫人给骗啦。（这回上当了，被人骗了。）

（5）你进下这么多货又卖不了，这下着活了吧。

（6）你哥着活啦，新媳妇又跟人跑啦。（你哥上当了，新媳妇又跟人走了。）

2.表示"禁得住、受得了"。例如：

（7）小娃娃哪着得住你打。（小孩子哪受得了你打。）

（8）挣再多奈钱，也着不住花呀。（挣再多的钱，也禁不住花呀。）

（9）她再愿意也着不住她妈在后头煽风点火。

3."着"作连词，表示"因为"语义，多用于表因果关系的复句中。例如：

（10）二狗娃叫车撞死啦，还不是着他（开车）开嘞太快啦。

（11）光景为啥过嘞这么紧，还不是着他兀几年养猪嘞。

（日子为什么过得这么紧，还不是因为他那几年养猪呢。）

（12）兀娃寻不下对象，主要着他屋太穷啦。

（那个孩子找不下对象，主要因为他家太穷了。）

（二）去声 [tʂau33] 的用法

1.作动词，表示"走运"。例如：

（13）今个着啦，出门就拾咾五块钱。（今天走运，一出门就捡到了五块钱。）

（14）他着啦，媳妇要了一个小子（男孩），儿女双全。

（15）兀家伙又着啦，买彩票中咾100万元。

2.作形容词，表示"对、正确"。例如：

（16）着啦，就是这搭。（对了，就是这个地方。）

（17）这回你着啦，他可说差啦。（这次你对了，他说错了。）

（18）你可瞅着，不敢认错人啦。

（19）这回树栽着啦。（这次树栽对了。）

"着"亦可重叠成"着着"，进一步肯定说话人的想法、建议，或者表示事情的发展正如某人所料等含义。例如：

（20）着着嘞，没问题。

（21）你爸还说不敢出问题，结果呢，着着嘞就有问题。

例（20）表示"对对的，对着呢"，例（21）表示"正好、恰巧"语义，整个句子表达正如预料的情况一样出了问题。否定时，"着"前加"不"，既可以表示客观事物、事情存在的状态，也可以表示人处于一种非正常的状态。或者在动词前面加"没/没有"。例如：

（22）你写嘞不着。（你写得不对。）

（23）你又没做着。（你又没做对。）

（24）他爸不着火（不对劲）啦，估计快不行啦。

（25）娃脸色瞅着都不着啦，赶紧送医院走。

例（22）（23）是对事实的客观叙述，表示"不对"，例（24）（25）两例"不着（火）"表示"不对劲"，也表示人或事情处于一种生病、难受、糟糕等的状态，"着"可与"火"连用，多用于否定句中。

（三）阳平［tʂhuo13］的用法

该读音"着"的语义较丰富，主要作动词，有时也作形容词。

1. 表示"燃烧、着火"，作动词。例如：

（26）——炉子还着（燃烧）吗？——着［tʂhuo13］（燃烧）着［·tʂɤ］呢。

（27）房子着啦，赶紧给你爸打电话。

（28）搭些硬柴，（火）着嘚更旺。

2. 表示"灯发光、亮、亮着"的含义。例如：

（29）房里灯还着着［·tʂɤ］呢。（房里灯还亮着呢。）

（30）你叫蜡着着［·tʂɤ］一会儿再吹灭。（你让蜡烛燃上一会儿再吹灭。）

（31）他拿着手电筒一着一灭耍嘚。（他拿着手电筒一亮一灭玩呢。）

3. 表示"接触、挨上"。例如：

（32）脚还没着地嘚，人家一叫又走啦。

（33）兀一天就不着家，成天在外头逛。（他每天就不在家待着，总在外面逛。）

（34）衣服就不着身，老是精身子。（衣服就不挨身体，总是光着身子。）

4. 表示"焦了、煳了"，作形容词。例如：

（35）火太大啦，馍馍都着啦。

（36）你做饭就不操心，烙馍（烙饼）都着成啥啦。

（37）一进屋就闻着一股着着味。

（38）都是些着着，作么吃呀？

例句显示"着"可以重叠为"着着"，强调"着"的程度，在句中作定语。

183

二、"着"的历时考察

着,著之俗字,唐宋之后多写作"着"。《广韵·药韵》:"着,张略切。又直略切。""着"入声舒化后,由于文白异读,在北京话中分化为不同读音:文读为[tʂuo],白读为[tʂau]。

(1)"着",张略切,北京音读为[tʂuo]。本义为附着。《类篇》:"着,附也。"西汉·贾谊《论积贮疏》:"今殴民而归之农,皆著于本。"西晋·陈寿《三国志·方伎传》:"血脉不复归,必燥着母脊。"

后表"穿着"。《孔雀东南飞/古诗为焦仲卿妻作》:"著(着)我绣夹裙,事事四五通。"唐·王维《西施咏》:"邀人傅脂粉,不自着罗衣。"

后引申"接触、挨上"。唐·朱庆馀《南湖》:"野船着岸又春草,水鸟带飞夕阳。"唐·韩愈《石鼓歌》:"牧童敲火牛砺角,谁复着手为摩挲。"

又表"教、使"含义。唐·李白《酬殷明佐见赠五云裘歌》:"故人赠我我不违,著(着)令山水含清晖。"元·石君宝《秋胡戏妻》第二折:"我既为了张郎妇,又着我做李郎妻,那里取这般道理。"

"着"亦表示"在"。唐·元稹《定僧》:"落魄闲行不着家,遍寻春寺赏年华。"

唐宋时"着"已有表示"把"或"被"的用法。唐·韩愈《遣兴》:"莫忧世事兼身事,须着人间比梦闲。"唐·元稹《酬孝甫见赠》:"怜渠直道当时语,不着心源傍古人。"元·无名氏《争报恩》:"可怜见,我正要吃几钟酒,吃便吃,则不要着大夫人知道。"

(2)着,直略切,北京音读作[tʂau]。表示燃烧。后引申出遇着、受到。宋·陆游《午寝》:"庭花着雨晴方见,野客叩门去始知。"唐·杜甫《曲江对雨》:"林花着雨燕支湿,水荇牵风翠带长。"之后又有"中、恰好合上"语义。明·吴承恩《西游记》第九回:"依方位,百下百着。"另有表示"对、得当"含义。明·施耐庵《水浒传》第十五回:"只因用人不着,半路贼人劫将去了。"

三、"着"的语义演变

通过"着"的历时考察，可以看出"着"来源较复杂，语义演变更为丰富，几种读音与语义之间存在相应的关系。晋南方言"着"的多功能性也是其明显的例证。

"着"中古属宕开三入声药韵字，表"衣着"来自知母，表"附着、睡着"来自澄母，其他读音与意义都来源于此。晋南方言"着"多个读音、各自功能的演变遵循着语义的一般引申规律。

（一）由"附着"到"投掷"义的演变

"着₁"本义为附着，蕴含着这样的语义：对象 A 附着、依赖于对象 B，动作有一定目标性、方向性。"着［tṣau13］"作动词，由本义"附着"引申与扩展，从而发展出使动用法，表示（有目的性、目标性）投掷、砸。例如：

（39）你拿书着他，他肯定就醒来了。

（40）我正在路上走，不知道谁拿胡墼疙瘩着我嘞。

（我正在路上走，不知道谁拿大土块砸我呢。）

（41）你还有准头哩，一下就把球着下来了。

例句中"着"，表示带有目标性的砸、投掷，从而使得投掷对象"附着"于某物上面，可能并非持续性，有的只是短暂性的接触。例（39）使得"书"与"他"相附着，例（40）使得"胡墼疙瘩"与"我"相附着，例（41）使得某物（使用的工具或物品）与"球"相附着。

"着"表示"投掷、砸"，若是从投掷者的角度看，中了目标，达到预期或潜意识中的目标、效果，则引申为"走运"，说明这是一件得当的事情或行为，那么在转喻的作用下，进而引申为"对、正确"的语义。表示"走运""对、正确"含义时，"着"读作［tṣau33］，以此区别"着"的其他语义功能。例如：

（42）上午语文考试着了，正好作文题目是老师前几天讲过嘞。

（43）今个着了，一出门公交车就来了。

（44）刚娃媳妇这回要着了，要（生）了一个小子（男孩），把他妈高兴嘞。

（45）这回买着了，（衣服）穿在身上刚好合适。

例（42）（43）"着"表示"走运"，事情的结果与说话者内心的期望是一致的，也表达出一种意外的满足与惊喜。例（44）（45）表示"正确、对"语义，相对来说，说话者内心有一个潜意识的判断与认知，若是与客观事实或最初的期望相符合，则是"正确的"。

（二）由"附着"到"禁得住"的引申

若A与B附着的话，蕴含着这样的语义：若持续一段时间，A、B需有一定的承受力、忍耐力，由此引申出"禁得住、承受得起"语义。这里的对象A、B可以是具体的事物、人物，亦可以是抽象的事物。此语义多用于否定句。例如：

（46）这东西是塑料做下的，着不住（禁不住）你坐。

（47）就是再省钱，一千块钱也着不住我两个月花呀。

（48）他娃再能行，也着不住他妈老这么欺负伢（他）媳妇，迟早要离婚。

例句中"着"是"附着"义的进一步引申，若有一定的承受力，则继续保持"附着"状态；若没有相当的承受力，则不再附着，状态会改变。

（三）"着"由动词到连词的演变

从语义上说，"着"本义为"附着"，后引申出"遭受、受到、感受"的含义，从而带来一定的后果，这就可能导致事件、状态的发生，所以产生一定的因果关系，继而表示原因，发展出连词的用法。历史上"被""吃"也有表原因的用法。正如江蓝生（1989）所说的："从逻辑上讲，被动一般表示遭受某种不幸，而这种不幸往往成为某种事态或结果的原因。'被''吃'表示原因的用法正是遵循这一逻辑关系产生的。"①

在宋明时期，文献作品中"着"也有类似用例。宋·蒋捷《贺新郎》："迷因底，叹晴乾不去，待雨淋头，休休著甚来由？"元《老乞大》："活时节着甚么来由不受用？"明·施耐庵《水浒传》第十四回："我着甚来由苦恼这遭，

---

① 江蓝生.被动关系词"吃"的来源初探［M］//江蓝生.近代汉语探源.北京：商务印书馆，2007：40.

多亏晁盖完成，解脱了这件事。"明·兰陵笑笑生《金瓶梅》第五十三回："月娘道：'你道我昨日成日的不得看孩子，着甚缘故不得进来？'"以上例子可以看出"着"常与"甚来由/甚缘故"连用，表示原因，主要用于问因的句子中。

今晋南"着"表遇见、受到语义时，一般是固定的搭配对象，如"着风""着雨""着凉"等，由此带来不理想、不如意的后果，含有一定的因果关系，"着"又多用于复句中的某一小句，所以表示原因关系，引申为连词。例如：

（49）都着（因为）我妈（磨蹭）啦，要不是就赶上火车啦。

（50）都着（因为）睡过头啦，害得娃又迟到啦。

（51）事情没办成，着（因为）你没寻对人。

例句中"着"后面搭配"我妈（磨蹭）""睡过头""你没寻对人"等结构，由于受到这些因素的影响，从而导致"没赶上火车""娃迟到""事情没办成"等结果，前面的因素事实上也是造成这样结果的原因，再加上"着"的搭配对象是小句，前后句子带有因果关系，所以"着"演变为表因果关系的连词。此义"着"读作 [tṣau13]，这一用法应是对近代汉语时期"着"作介词表原因用法的进一步发展。

（四）"焦了、煳了"语义的引申

此义"着"读作 [tṣhuo13]，来自古澄母字，与（一）（二）（三）不同源，符合晋南方言"古全浊声母今逢塞音、塞擦音，无论平仄都读作送气音"的特征。"着"在唐宋时表示"燃烧"语义，今晋南沿袭使用。例如，"房子着啦。""炉子着了。"若超过一定的界限、范围，则表示"焦了、煳了"，"着"发展出形容词的功能。例如：

（52）烙烙馍个时候，火不敢太旺咾，要不都着啦。

（做烙饼的时候，火不要太旺了，要不都焦了。）

（53）锅里的饭都着成啥啦，你还不过去瞅一下。

（锅里的饭都煳成什么了，你还不过去看一下。）

（54）我不嫌弃，就爱吃着着馍。（我不嫌弃，就爱吃烤焦了的馒头。）

小结："着"的语义演变复杂交叉，既有单纯语义之间的引申发展，又有语法化的进一步深入。晋南方言"着"的用法既有对古代汉语、近代汉语的传承，又有自己的语言特色。伴随语义的演变，为区别不同功能，语音也发生了相应的变化。我们通过"着"的语义引申，结合语音的变化，勾勒出 a、b 两条演变途径，如下：

a. 着［tʂau13］

附着 ⟶ 投掷、砸 ⟶ 禁得住、受得了
　　　　　　　　⟶ 吃亏、受挫、栽跟头
　　　　　　　　⟶ 走运 ⟶ 对、正确［tʂau33］
　↓
遭受、受到 ⟶ 表原因（连词）

b. 着［tʂhuo13］

接触、挨上 ⟶ 燃烧 ⟶ 灯发光
　　　　　　　　　⟶ 焦了、煳了

【到】tau33

"到"在晋南方言中是个使用频率颇高、功能发达的常用词，它的用法非常丰富且独特。"到"作动词，表示"到达""使令、容任"含义；作介词，表示"朝、往、从、依照"等含义，又作处置标记和被动标记。下文详细描述"到"的语义特征和多样功能，分析"到"多个语义演变之间的内在联系。由动词到介词的演变，也会发生语法化，尤其是"到"作处置标记和被动标记，这一部分不做重点研究。

一、"到"的语义特征

"到"主要作动词和介词。作动词时，分别表示一般行为动作和使役动词。作介词时，既表动作起始的方向，相当于"从"，又介引动词宾语，作处置标记，也可引进动作的施事者，作被动标记。

(一)动词"到"

1.行为动词"到"

"到"表"到达、达到"义,这种用法与普通话相同。例如:

(1)我到屋就跟他说,你放心。(我到家就跟他说,你放心。)

(2)到年下(过年)唠,我妈就回来啦。

2.兼语动词"到"

"到"有使令、容许的含义,相当于普通话"让"。例如:

(3)老师到我回去取钱去。

(4)都休挡她,到她走。(都别拦她,让她走。)

(5)都嫑理他,到他哭,看他能哭到啥时候。

(都别理他,让他哭,看他能哭到什么时候。)

"到"作使役动词时,有时并非兼语句。例如:

(6)我奈钱到他赶紧还,我还等着盖舍呢。

(我的钱让他赶紧还,我还等着盖房子呢。)

(7)衣服都到她洗,可不半天洗不完。

(二)介词"到"

1."到"相当于"往、朝",与表方位的词语组合,表示动作位移的方向、终点。例如:

(8)你只管(一直)到前走就行啦。

(9)端端走(直直走),到东拐就瞅着啦。

"到"表示"往、朝"义时,还可与单音节形容词、动词组合,表示动作发展的程度或方向。例如:

(10)他再偷钱,就到死里打。

(11)没事,就到烂里扯。

2."到"相当于"从",表示动作的出发点。例如:

(12)这么黑啦才到地里回来。(天这么晚了才从田里回来。)

(13)我爸到北京回来啦。(我爸从北京回来了。)

189

（14）到二月个时候他就没来上班了。（从二月的时候他就没来上班了。）

3."到"表示动作依据的一种方式或标准，含有"依照、按照"的含义。例如：

（15）到我说就算啦，再休寻伢啦。（依我说就算了，再不要找他了。）

（16）你瞅着，就到这么写。（你看着，就照这么写。）

4."到"介引受事对象，相当于介词"把"。例如：

（17）到门（给）关唠。（把门关了。）

（18）你到椅子（给）搬过来。（你把椅子搬过来。）

（19）他从背后猛猛嘞走到我跟前，到我（给）吓了一惊。

（他从背后猛然走到我面前，把我吓了一跳。）

5."到"相当于介词"被"，含有被动含义。例如：

（20）一上客车钱就到人（给）偷啦。（刚上汽车钱就被人偷了。）

（21）地里奈果子全到冷子打啦。（地里的苹果全被冰雹打了。）

（22）风刮嘞可大啦，路上兀电线杆都到刮断啦。

（风刮得特别大，路上的电线杆都被刮断了。）

二、"到"的历时语义及其他方言的用法

《说文·至部》："到，至也。从至刀声。"本义为到达、抵达。《诗经·大雅·韩奕》："靡国不到。"《论语·季氏》："民到于今称之。"后表示"往、去"。汉·班固等《东观汉记·吴佑传》："民有相争诉者……或身到闾里，重相和解。"唐·韩愈《赴江陵途中寄赠三学士》："逾岭到所任，低颜奉君侯。"又表动作结果。宋·岳飞《条具襄阳随郢三郡防守状》："臣收复到襄阳、随、郢三州。"

"到"在汉语方言中有不同的功能与意义。杜克俭（2000）指出运城临猗方言的"到"主要有三种用法：一是作动词，分行为动词和使令动词；二是作介词，相当于"往""依照""把""被"的用法；三是作助词。赵雪莹（2012）指出"到"在运城平陆方言可作介词，表示动作的起点，相当于普通话"从"。张邱林（2013）指出陕县"到"相当于"从"义，表示起点、经过、

处所等含义,这种现象在广东台山、开平、新会、恩平等地也有反映。尚童欣(2019)指出运城方言的"到"可以表示处所所在、起点位置、经由位置、方向等含义。

《现代汉语方言大词典》收录的42个方言中,"到"除了与普通话相同的语义之外,在南昌、黎川方言中语法化为助词,相当于普通话"着";在广州、厦门话中,可以用在形容词和表示程度补语之间,相当于"得";在金华、海口、乌鲁木齐、西安、洛阳等地方言中,"到"语法化为介词,表示动作的方向或所处,相当于"往""从"。

三、"到"的语义关联

相比普通话与其他方言而言,晋南方言"到"的语义及功能较为独特。"到"的语义关联在文献资料中很难梳理出发展脉络,只能从共时语义中进行探寻。

(一)"到"由行为动词到使役动词

"到"作位移动词,表示"到达、抵达",运动推移的目标是空间与时间。"到"的基本语义蕴含着运动主体具有[＋对象性]、[＋位移性]、[＋方向性]的特征,搭配对象由时空转向人时,"到"不再带有位移的性质,但保留[＋对象性]、[＋方向性]语义,引申出使役义,促使"到"演变为使役动词。例如:

(23)你赶紧到你妈知道这事。(你赶快让你妈知道这件事。)

(24)你到我穿上衣服唠再走。(你让我穿上衣服了再走。)

上述例句"到"表示"让、允许"之义,"到"不再是明显的位移运动趋向,但某种行为仍带有一定的推移性、方向性,使得最终目标转到"你妈""我"身上,发出动作的对象亦是有一定的控制力或影响力的表人名词或代词。"到"演变为使役动词。

(二)由动词到介词的引申

"到"是表示位移性的动词,带有一定的方向性。"到"本身不是动作行为较强的动词，经常用在表处所或位置、方向的名词或代词时，容易演变为带有方向性或某种方式的介词，随之语义也发生变化。例如：

（25）你到哪搭买下肉？（你从哪里买的肉？）

（26）到这岸走，霎踩到泥了。（往这边走，不要踩着泥了。）

（27）不会你还不知道学，就到你姐兀么装（就按照你姐那样的方式装）。

例（25）"到"相当于"从"。由行为动词"到"演变为表示动作起始点的介词"到"，主要是语义视点的反转，将终点看作源点。例（26）"到"相当于"往"，表示"走"移动的方向。例（27）"到"表示"依据、按照"，指学习装苹果的方式、努力的方向。

小结："到"在晋南方言中的多功能特征既有语义引申的发展演变，也伴随一定的语法化。例如，"到"演变为被动标记和处置标记，更多涉及语法化，所以不深入探讨[①]。我们从语义演变的角度，可以勾勒出其引申途径："到"基本义为"到达、抵达"，是行为动词，引申出"容许"义，发展为使役动词。"到"本义蕴含的特征，使得其演变为表义丰富的介词。如下：

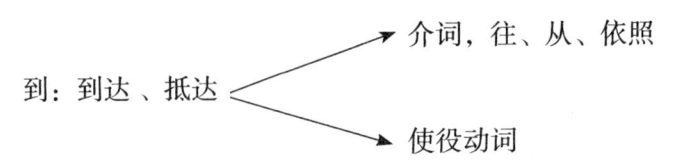

```
                    → 介词，往、从、依照
到：到达、抵达
                    → 使役动词
```

---

① 李仙娟.晋南方言"到"的用法及其语法化［J］.励耘语言学刊，2019（1）334-339.

第七章　晋南方言词汇的地理分布及其类型

方言的形成与演变，都会受到共同语或周边方言的影响，语言接触亦不可避免，由此会带来方言词汇的借用或叠置并存。运用地理语言学方法对某一区域方言词汇进行分析，能够直观呈现其地理分布特征，亦能显示词汇扩散的地理轨迹。正如曹志耘（2002）所说的："地理语言学以众多地点的语言事实为调查基础，利用语言地图的方式描述语言现象的地理分布状况，结合社会文化因素解释这些分布的原因，探索语言变化的过程和机制。"[①]

这一章我们以晋南方言常用口语词为调查对象，选择15组词目，对其地理分布进行考察，结合历史文献，将方言词的共时分布与历时演变相结合，探索不同说法的扩散轨迹。地理语言学比较侧重分析语言差异，因而我们在选取对象时，主要选择区域间有一定差异、分布较为规律的常用词条，分别绘制成方言地图，以更加直观地呈现晋南方言词汇的竞争演变与发展趋势，并对其扩散路径、形成时间进行一定的推测。在对方言词汇的地理分布考察中，我们会发现两种或多种词形并存，这是语言发展的不同阶段中各种说法的叠置，说明其仍处于一种演变竞争过程之中，这种现象多发生在不同区域方言的交界地带或边缘层次。这不仅体现了晋南方言的渐变性与过渡性，也说明词汇的演变是一个复杂的现象，这与不同历史层次词汇的保留、语言接触、方言创新等因素都有一定关系。同时一些非语言因素也会影响方言词汇的地理分布，例如，行政区划、自然地理、认知心理、移民历史等，都会对

[①] 曹志耘.老枝新芽：中国地理语言学研究展望［J］.语言教学与研究，2002（3）：1.

方言词汇的格局产生一定的影响。通过对晋南方言词汇地理分布格局的分析，展现区域方言词汇的语言特征，这样从词汇角度对晋南方言的分区有一个更为清晰的认识，并与已有的语音特征分区结果做比较，结合行政区划、山川河流等相关因素对语言特征进行解释。

地图与图例说明：

图例部分用 A、B、C……区分第一层次，再用 A_1、A_2、B_1、B_2 等区分第二小类，每类分别记方言词形与分布点数（括号内数字）。词形读音在行文中说明。若一地存在多种说法，不同词形之间用顿号隔开。

第一节 晋南方言词汇的地理分布

1.【开水】

一、主要词形及其地理分布

普通话"开水"一词在晋南方言中主要有以下说法："滚水""煎水""熬水"。其中大多方言点都只有一种说法，个别方言点两种说法并存。我们将其分为三大类型：其中 A 系"滚水"使用的区域最广泛，主要分布在运城、临猗、永济、芮城、万荣、稷山、河津、绛县、新绛、夏县、闻喜、平陆、垣曲、侯马、曲沃、襄汾等方言点。B 系"熬水"的说法主要分布在浮山、吉县、霍州、翼城等方言点。C 系为两种说法并存，其中 C_1 "煎水""滚水"并存，仅限永济；C_2 "滚水""熬水"并存，仅限临汾。详见图 7–1。

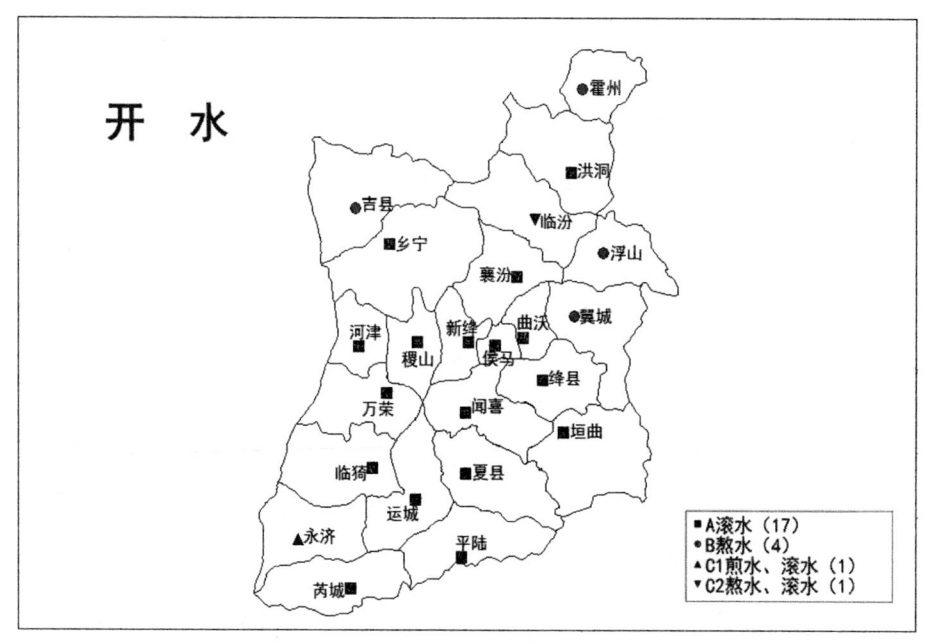

图 7-1 开水

二、历史来源

《说文·火部》:"煎,熬也。"《说文·火部》:"熬,干煎也。"

"煎水""熬水"出现较早,但都作动宾短语,并非指代开水。西晋·陈寿《三国志·魏志》:"以若所为,求若所致,犹缘木求鱼,煎水作冰,其不可得,明矣。""熬水"一词至迟在金代也已出现。金·元好问《续夷坚志》:"用砂锅熬水二大碗,熬及一半。"

"滚"表示"沸腾"义在宋代已出现。《朱子语类》卷十:"譬之煎药,须是以大火煮滚,然后以慢火养之。""滚水"一词用来指称开水,在近代亦出现。元·马致远《寿阳曲·洞庭秋月曲》:"一锅滚水,冷定也,再撺红几时得热?"清·曹雪芹《红楼梦》第五回:"一个老婆子,提着一壶滚水走来。"

"开水"表示"煮沸的水"于近代出现,时间较晚。清·吴敬梓《儒林外史》第三回:"我扶著他,你且到做工的那里借口开水来灌他一灌。"清·曹雪芹《红楼梦》第三十五回:"姑娘,吃药去罢,开水又冷了。"

由此看来,"煎水""熬水"表示"开水"语义,即作为名词在文献中没有记载。"滚水"比"开水"出现得较早，但"开水"出现后则为通用词。

三、周边方言的分布

与晋南相邻的关中方言，目前通行范围最广的是"煎水"与"开水"（张永哲，2016），只有少数方言点采用"滚水"的说法，例如，渭南、蓝田、（西安）鄠邑区、乾县等地，由此看出"煎水"在关中方言的使用区域最为广泛，与晋南方言有一定差异。相对来说，"煎水"在其他区域并不多见。"滚水"在晋南的地理分布最为广泛，尤其是中原官话汾河片的解州小片与绛州小片，在整个区域呈现一个连续的分布状态。当然"滚水"一词并不仅仅局限在晋南，与周边相邻的晋中、晋北、河北、河南以及安徽、甘肃、四川、江西、广西、贵州等地的地理分布亦非常广，甚至在闽南语、粤语、潮语中的使用频率也较高。所以说"滚水"一词可能属于北方方言通行区域较广的一个常用词，后扩散到长江以南部分区域。从"熬水"的分布区域看，主要分散于平阳片的部分县市，而且基本处于中原官话与晋语的过渡地带，或已经属于晋语区的边界地带，如汾西就是"熬水"与"滚水"并存，蒲县、石楼说"熬水"。周边的晋语多采用"滚水"，例如，平遥、太谷、介休、祁县、榆次、太原等方言点。由此看出"滚水"在晋南明显占优势，使用最广泛，"熬水"次之，主要在中原官话汾河片与晋语交界的过渡区域分散存在，"煎水"仅在永济方言出现，这与永济所处地理位置、语言接触有一定关系。永济与陕西的合阳、大荔隔河相望，受关中方言影响所致。

从认知语言学的角度看，不同区域人们对同一事物的关注点不同，那么反映事物的属性、称说事物的名称就会有所差异。"滚水"一词更侧重水开时的沸腾状态。"煎水""熬水"则注重其形成的过程，强调其久煮的性质。

2.【冰雹】

一、词形分类及地理分布

"冰雹"一词在晋南有多种说法："冷子""冷疙瘩""冷子疙瘩""冷雨"等。

我们将之分为三大系：A系"冷"类、B系"疙瘩"类、C系兼用两种说法。其中A系包含"冷子"与"冷雨"两个小类。B系包含"冷疙瘩"与"冷子疙瘩"两个小类，C系指"冷子""冷疙瘩"并存类。详见图7-2。

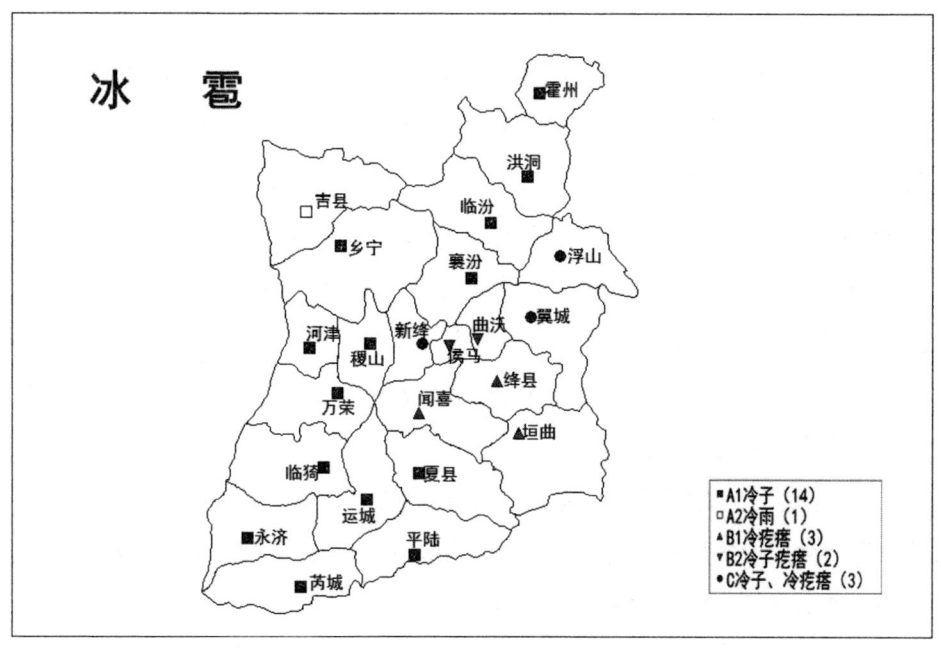

图7-2 冰雹

A系"冷子"这一说法主要分布在霍州［lɔ212·tsʅ］、洪洞［le33·tsʅ］、临汾［lɤ51·tsʅ］、襄汾［lɒ31·tsʅ］、乡宁［la31·tsʅ］、稷山、河津［lia53·tei］、万荣、运城、临猗［lia31·tsʅ］、永济、芮城、平陆、夏县［liɛ:35］等地。"冷雨［lia53 y53］"只有吉县一个方言点存在这种说法。

B系"冷疙瘩"分布在闻喜［liɛ55·ki·ta］、绛县［li51 kɿ24·tʌ］、垣曲。"冷子疙瘩"主要分布在曲沃、侯马。C系"冷子"与"冷疙瘩"两种说法共存于浮山、翼城、新绛等地。由此我们可以看出"冰雹"的大致分布规律，"冷子"主要在晋南的北部与南部，即汾河片的平阳小片与解州小片，"冷疙瘩"主要分布在晋南中部绛州小片，在绛州小片与平阳小片的过渡地带或接触的边缘地带，"冷子""冷疙瘩"两种说法同时存在，或将两种说法融合为"冷子疙瘩"。吉县由于特殊的地理位置，正处于中原官话汾河片与晋语的

197

交界地带，受晋语的影响，将"冰雹"称为"冷雨"。

二、历史来源及命名依据

"冰雹"至迟在唐宋之际已经产生。唐·李延寿《北史》卷三："六月，安州遭冰雹。"据项梦冰考证[1]，"冰雹"一词产生年代应早于"冷子"，《歧路灯》第七回出现"冰雹"的多种说法：冰雹、雹子、冷子雹冰、硬雨，"冰雹"应是历史上中原地区的"冰蛋子"与南边"雹（子）"两种词形接触所产生的混合词形。另外项梦冰（2012）曾拟测出相关词形的历史关系，他认为中原官话区发生过"雹子—冰蛋子—冷蛋子—冷子"的词汇替换过程。《汉语方言地图集》词汇卷007显示[2]，"冷子"在北方官话区，尤其是中原官话区（山西南部、陕西、河南、宁夏、武汉）基本上呈现连续分布的状态，是长江以北官话区最为通用的一个方言词。

"冷疙瘩"更着眼于"冰雹"的形状，"冷子疙瘩"应是"冷子"与"冷疙瘩"两种词形接触融合的结果。部分方言点的民众可能认为"冰雹"与"雨滴"有相似之处，所以称之为"冷雨"。

三、周边方言的说法

山西晋语有关"冰雹"的说法也较丰富，并州片北部多采用"冷蛋子"，例如，太原、清徐、文水、太谷、祁县等地，并州片的南部，即靠近平阳小片的方言点采用"冷子"，例如，蒲县、平遥、孝义、介休、汾阳等地。吕梁片称作"冷雨"，例如，永和、石楼、隰县、柳林、临县、岚县、兴县等地。[3] 关中方言则普遍采用"冷子"。由此说明，"冷子"在晋南的地理分布明显占优势，是晋南"冰雹"的主要说法。由于地缘相连与语言接触，"冷雨"应是受晋语吕梁片的影响所致。"冷疙瘩"则是绛州小片部分方言点的创新，更多着眼"冰雹"的形状。

---

[1] 项梦冰. 说"冰雹"[J]. 现代语言学, 2013（1）：1-6.
[2] 曹志耘. 汉语方言地图集[M]. 北京：商务印书馆, 2008：007.
[3] 侯精一, 温端政. 山西方言调查研究报告[M]. 太原：山西高校联合出版社, 1993：209-211.

3.【明天】

一、主要词形及地理分布

"明天"一词在晋南主要有三种类型：明（儿）个、明朝、明旦个。A系"明（儿）个"主要分布于洪洞、吉县、浮山、稷山、运城、临猗、垣曲。B系"明朝［tau］/［tsau］"主要分布于霍州、襄汾、翼城、曲沃、乡宁、河津、万荣、夏县。C_1系"明（儿）个""明朝"两种说法并存，主要分布于侯马、新绛、绛县、闻喜、平陆、永济、芮城。C_2系"明（儿）个""明旦个"两种说法并存，仅限于临汾。详见图7-3。

二、历史来源

中古汉语时期"个"可作为时间名词的后缀。例如，宋·苏轼《蝶恋花》："苦被多情相折挫。病绪厌厌，浑似年时个。"元·王实甫《西厢记》第三本第四折："恨已深，病已沉，昨夜个热脸儿对面抢白，今日个冷句儿将人厮侵。""明日个"至迟在元代时出现。无名氏《水仙子·杂咏》："昨日个舞榭歌台，今日个花残月缺，明日个烟水重叠。"元·关汉卿《包待制智斩鲁斋郎》："这弹子举贤荐贤，他来的扑头扑面，明日个你团圆却教我不团圆！""明儿个"出现的时期相对较晚，大概出现于清朝。清·曾朴《孽海花》第六回："那家人满心不安，倒红着脸替主人道歉说：'主人睡中觉还没醒哩！明儿个自己过来给大人请安吧。'"

"明朝"表示"明天"这一时间系统是中古时期出现的。南朝宋·鲍照《拟行路难》："君不见城上日，今暝没尽去，明朝复更出。"唐·寒山《诗三百三首》"今日畏人攀，明朝诗谁扫。"白居易《效陶潜体诗十六首》："今朝不尽醉，知有明朝不？"据唐传扬（2018）分析，"明朝"源于中古时期长江下游地区，之后在南方部分方言系统占统治地位。

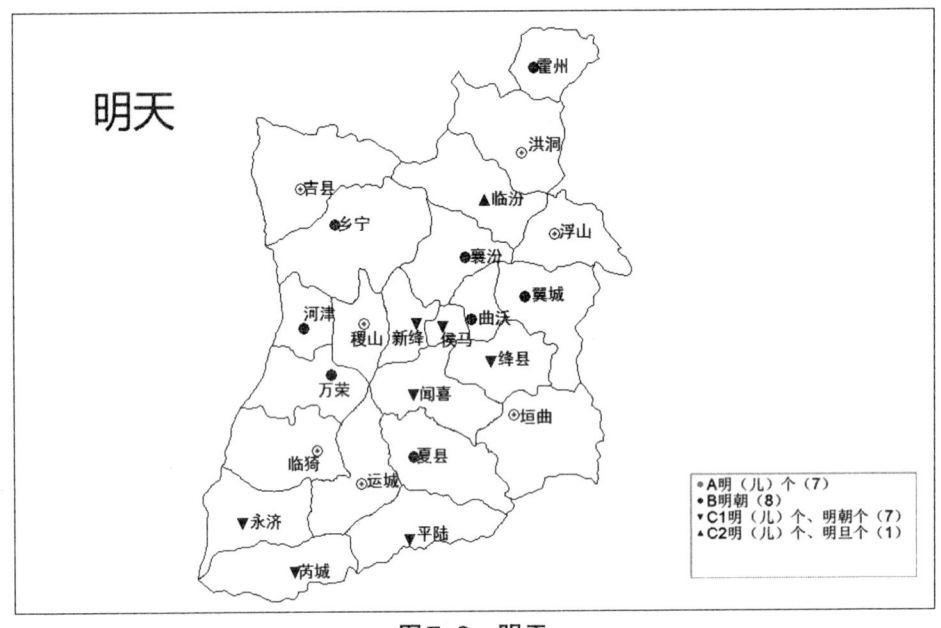

图7-3 明天

《说文》:"旦,明也。"《尔雅·释诂》:"旦,早也。"据何亮(2017)考察,"明旦"一词出现时间较早。东汉·班固《汉书·王莽传》:"其明旦即乙未,立春之日也。"南朝宋·范晔《后汉书》卷十:"即案历。明旦日吉,遂率百官及故客上陵。"从今方言的分布看,吴语区多数方言说"明朝、明朝头",闽语说"明旦"表示明天。

三、从词形分布看扩散轨迹

由此看出"明朝"出现较早,在晋南的地域分布也较广,相对来说占优势,在平阳小片和绛州小片分布较多,在绛州小片和解州小片相邻的区域也有分布。"明儿个"出现相对稍晚,在绛州小片和解州小片的区域分布较广,在平阳小片也有少数方言点使用。"明旦个"使用区域最少,零星分布。所以说"明天"不同说法的地理分布并没有明确的界限,从北到南,呈现出一个连续分布、逐步过渡的状态。关于"明天"的称说,山西晋语区的说法也较丰富,并州片太原说"明儿",平遥、文水、汾阳说"第明",太谷说"早起",

吕梁片石楼、临县说"明儿",隰县、汾西说"明朝"。关中方言大多说"明儿、明儿个",少数方言说"明日(个)",例如,西安说"明儿个",合阳说"明儿、明儿个",韩城说"明日(个)""明早",渭南说"明个",大荔说"明儿"等(邢向东,2012;张永哲,2016)。由此可以看出,晋南"明(儿)个"型与关中方言保持一致。

表"明天"概念义的词语在各地都是口语常用词,不会受到周边方言的强势影响。晋南方言虽处于山西晋语与关中方言的中间区域,但保留方言内部特征,显现出渐变的过渡性。

4.【玉米】【高粱】

一、"玉米""高粱"词形及地理分布

(1)"玉米"在晋南的说法丰富多样,主要有以下说法:玉麦、稻黍、玉稻黍、玉谷、棒子、荬草。我们将之分为四大系:A"稻黍"系,包括 A_1 玉稻黍,主要分布于吉县、乡宁、侯马、河津、万荣、运城、平陆、稷山、新绛、闻喜;A_2 稻黍,主要分布于霍州、浮山、临猗、永济、夏县。B"玉—"系,包括 B_1 玉麦,分布于翼城、绛县;B_2 玉谷,仅限于芮城。C 棒子系,主要分布于临汾、洪洞、襄汾、曲沃等地。D 荬草系,仅限于垣曲。

由此看出,"玉稻黍"在晋南方言中占绝对优势,其次是"稻黍""棒子","玉谷、玉麦、荬草"相对比较零散,规律性不强。详见图7-4。

(2)"高粱"一词在晋南的说法也复杂多样,主要说法有稻黍、红稻黍、柴稻黍、草稻黍、荬荬、柴荬草、高粱等。我们将之分为三大系:A 稻黍系,具体分稻黍、红稻黍、柴稻黍、草稻黍四类;B 荬系,分荬荬、柴荬草两类;C 高粱系。具体地理分布如下:

A_1"稻黍"主要分布于临汾、襄汾、洪洞、曲沃、吉县、翼城、稷山、万荣、河津、运城、芮城、平陆、新绛、闻喜等地。A_2"红稻黍"主要分布

于霍州、侯马、乡宁等地。A₃"柴稻黍"主要分布于浮山、永济。A₄"草稻黍"分布在夏县。B₁"荞荞"分布在绛县。B₂"柴荞草"分布在垣曲。C"高粱"分布在临猗。

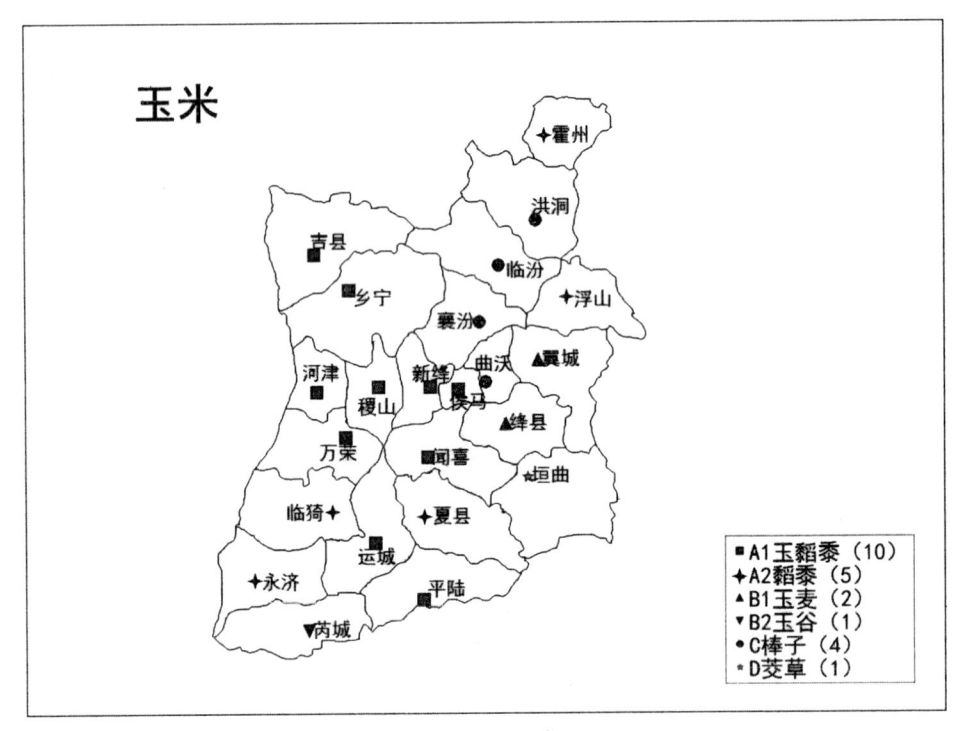

图7-4 玉米

由此看出，"稻黍"系在晋南明显占优势，其词形的地域分布最为广泛；"荞系"说法的地理分布非常受限，仅分布在绛县、垣曲两个方言点。"高粱"仅分布于临猗一地。详见图7-5。

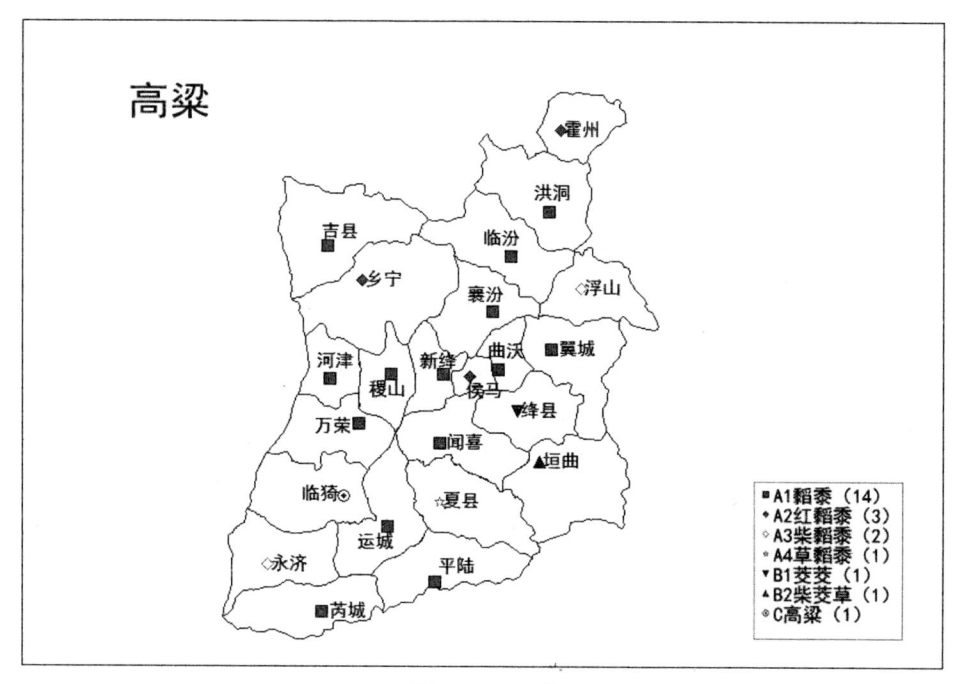

图7-5 高粱

二、历史来源与命名依据

"玉米"原产美洲,大概明朝时传入我国。关于此作物的名称,确实纷繁复杂,观察《汉语方言地图集·词汇卷·玉米》(曹志耘主编,2008)就可略知一二,即使北方官话方言也存在多种相异的说法。"玉米"在早期文献中写作"御麦""御米"。明·田艺蘅《留青日札》卷26:"御麦出于西番,旧名番麦,以其曾经进御,故曰御麦。"徐光启《农政全书》一书出现"玉米"的书法,可能源于"御""玉"同音,"玉"亦是美好字眼。清·程瑶田《九谷考》:"稷,大名也。黏者为秫,北方谓之高粱,或谓之红粱,通谓之秫秫,又谓之蜀黍。"《山西通志》卷一百记载:"玉蜀黍亦曰玉秫,又名御麦,出处有之。"《类篇》:"稻,土皓切。关西呼蜀黍曰稻蜀。"《字汇》:"稻,土皓切。音讨。关西呼蜀黍曰稻蜀。"景尔强(2000)、邢向东(2002、2010)亦指出"蜀黍""稻黍"即高粱,"玉稻黍"指玉米。

我们对照"玉米""高粱"的不同词形，发现二者的地域分布有一定规律，彼此相互对应。详见表7-1。

表7-1 "玉米""高粱"不同词形对照表

玉米	玉稻黍、棒子	稻黍	荍草	玉麦
高粱	稻黍	红稻黍 柴稻黍 草稻黍	柴荍草	荍荍

从表7-1中，我们观察"玉米""高粱"不仅说法相对应，命名理据也区别对应。当"玉稻黍"指称"玉米"，则"稻黍"指称"高粱"，二者即可区分。当"稻黍"指称"玉米"时，"高粱"则用"红稻黍""柴稻黍""草稻黍"来指称，分别从颜色、功用、口感等方面去命名，以此与"玉米"相区别。同样"荍草"指称"玉米"，则用"柴荍草"称说"高粱"，来体现二者的异同性。

三、周边方言的地理分布

有关"玉米"与"高粱"的说法，晋语并州片多称作"玉荍子"与"稻黍"，例如，平遥、介休、祁县、太谷、清徐、太原等地，毗邻平阳小片的汾西、隰县、石楼等地称作"玉稻黍""稻黍"与"红稻黍"，紧邻解州小片的韩城、合阳、宜川、大荔等地则称"御麦"与"稻黍"，关中片方言称作"御麦""包谷"与"稻黍"。

"玉稻黍"与"稻黍"分别是"玉米""高粱"在晋南最为广泛的说法，其次分别是"稻黍"与"红/柴/草稻黍"，而这些方言点正好处于中原官话汾河片的主要分布区域，"玉谷、玉麦、荍草"以及"荍荍、柴荍草"，这些说法虽然丰富多样，但并不占优势，不是主流说法。从地理分布看，它们主要是处于中原官话汾河片与陕西关中片、山西晋语或者河南解州小片的边缘地带，或者处于一种混合方言的包围之中，由于语言接触或普通话的推广，不可避免相互影响，所以说法上与汾河片方言的中心地带有一定差异。

5.【南瓜】

一、词形分类及地理分布

南瓜，是晋南常见的一种农作物，种植非常普遍。"南瓜"在晋南主要有四种说法：倭瓜、金瓜、北瓜、南瓜。

我们将其分为四种类型：A系分两小类，其中A_1"北瓜"分布于洪洞、侯马、曲沃、河津、稷山、闻喜、平陆、夏县、绛县、新绛等地，A_2"北瓜、倭瓜"两说的，分布在襄汾、万荣。B系分两小类，其中B_1"倭瓜"，主要分布在临猗、运城等地；B_2"倭瓜、金瓜"两说的，分布在临汾。C"金瓜"，主要分布在霍州、翼城。D"南瓜"分布在永济、芮城、垣曲、乡宁、吉县、浮山等地。详见图7-6。从地图上可以观察到，部分方言点并不是单一说法，有时两种称说并存，同时可以看出，"北瓜"的地理分布区域最广，其次是"南瓜""倭瓜""金瓜"。

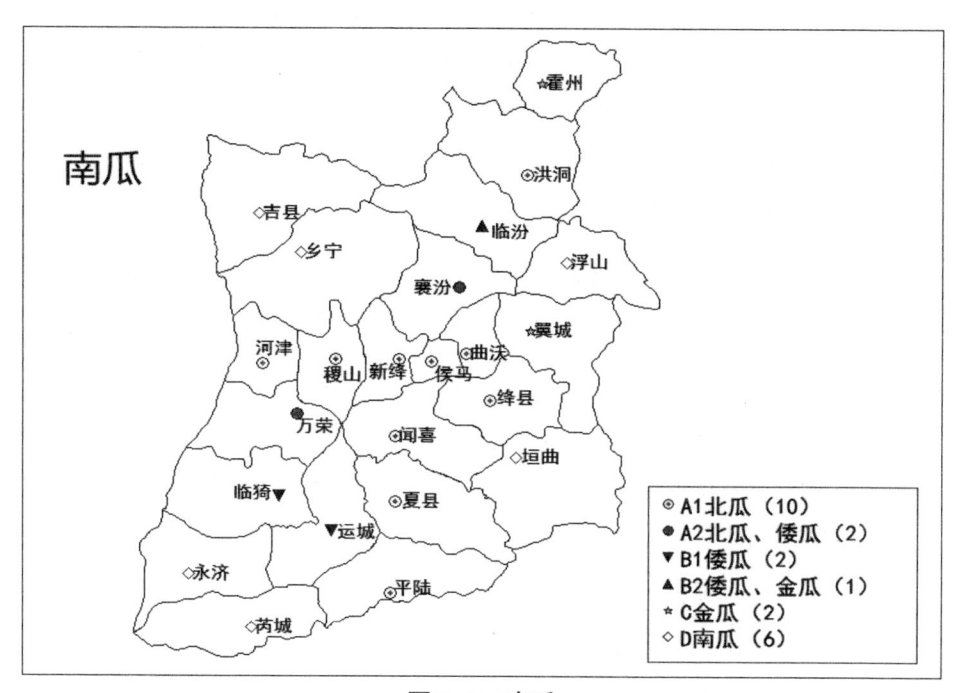

图7-6 南瓜

二、历史来源及命名理据

南瓜，起源于美洲，大约明代时传入我国东南沿海，至清朝时已经普遍种植。有关南瓜的记载，多见于农书、本草书、饮食书以及方志中。南瓜的不同说法，明清时期的文献与方志多有记载。

南瓜，称作"金瓜"，主要是着眼于南瓜的色泽，这一说法在我国东南部更为普遍，亦广泛存在于河北、河南、山西中部以及山东部分地区，我们推测这是南北平行创新的结果。明·李时珍《本草纲目》、清·吴其濬《植物名实图考》都记载着"南瓜"，所以"南瓜"估计一直就是通用的说法，但在传播到各个地域之后有了不同的称语。今晋南部分县市称作"南瓜"，应是其影响的结果。

"北瓜"似乎与南瓜相对立，是从方位角度命名，而且在晋南的分布格局非常广泛，在河北、河南、山东以及安徽、江西、湖南、浙西地区也存在这种说法，由此推测历史上出现过移民或语言的扩散传播现象。"北瓜"原为南瓜的一个品种，颜色深绿，瓜形较小，相对于颜色金黄，瓜形较圆的南瓜而言。在某些方言区"北瓜"实指西葫芦或西瓜的一种类型。元·刘唐卿《白兔记》第十一出："卧牛冈上六十二亩瓜园，一年四季有瓜，东瓜、西瓜、南瓜、北瓜，出产之所，争奈四围墙倒，常被小人偷瓜盗果。"清·张春帆《九尾龟》第一百四十三回："只见金兰一个转身，手内托着两个瓜子碟儿，一碟西瓜子，一碟北瓜子，走近身旁来敬秋谷。"从南瓜传入我国的时间来看，《白兔记》中所载的"北瓜"不是"南瓜"，应为另一种瓜类。《九尾龟》中"北瓜"即为南瓜。

有关"倭瓜"的说法，《解县志》（1919）载："有一种瓜，俗名倭瓜，又名南瓜。此种传自日本。故名倭瓜。后因倭与讹同音，讹有南义，遂误为南瓜。"可见"倭瓜"一说是从来源上命名的，认为南瓜来自日本，事实上，南瓜传入中国有多种途径，以广东、福建、浙江为最早。近代文学作品中也有出现。清·曹雪芹《红楼梦》第三十九回："又有两三个丫头在地下，倒口袋里的枣儿、倭瓜并些野菜。"清·李汝珍《镜花缘》第十二回："幸而贵处倭瓜甚贱，倘竟贵于诸菜，自必以他为首。到了宴会，主人恭恭敬敬捧一碗倭瓜上来，能不令人喷饭？"

从地图分布格局上看，虽然"北瓜"所占地域最广泛，但分布规律并不是特别清晰，其余说法的分布又较为分散。可能源于南瓜与人们日常生活的密切性有关系。越是日常生活用品，方言的差异越大，因为各地民众对其认知的侧重点不同，由此凸显出来的属性并不一致，从而使得命名的理据具有一定主观性。

6.【土豆】

一、不同词形及地理分布

"土豆"一词在晋南主要有五类说法：山蔓菁、山药蛋、洋芋（子）、洋芋蛋（子）、面蛋，其中山药蛋、洋芋（子）的说法最为普遍。我们将之分为三个类型：A"山蔓菁"系，包括两种说法：A_1"山蔓菁"分布于霍州、乡宁、洪洞等地；A_2"山蔓（菁）蛋儿"分布于浮山。B"蛋"系，具体有"山药蛋（儿）""洋芋蛋（子）""面蛋"三种说法。B_1"山药蛋"分布于临汾、曲沃、稷山、新绛、侯马、夏县、平陆等地，襄汾、翼城、闻喜三县兼说"洋芋蛋（子）"，将之归入B_2。B_3"面蛋"主要分布在垣曲、绛县两地。C"洋芋（子）"系，C_1"洋芋"主要分布于河津、吉县、临猗、永济、万荣等地，C_2"洋芋""山药蛋"两种说法并存，主要分布在运城、芮城两地。详见图7-7。

二、不同说法的命名理据

"土豆"一词的不同说法反映了当地民众认知的差异。不同地域对土豆的认知并不一致，这与对已有事物的认知有一定关系。对"土豆"命名时，各地民众结合当地作物、生产经验对其加以称说。"土豆"与蔓菁形状相似，都为圆形，地下茎块状，适合在高寒地区生长，因而霍州、汾西、隰县等地称之为"山蔓菁"。晋南虽不产芋头，但其与"土豆"有一定共性，因此为区别国内原有产物，因此有了"洋芋（子）"的说法。因其形状为圆形，又出现了

"洋芋蛋（子）"的说法。因"土豆"与"山药"同属薯类，加上其外在的圆形，因而"山药蛋（儿）"成了晋南最为普遍的说法。"甘绵"是土豆的口感，所以垣曲、绛县又将其称为"面蛋"。

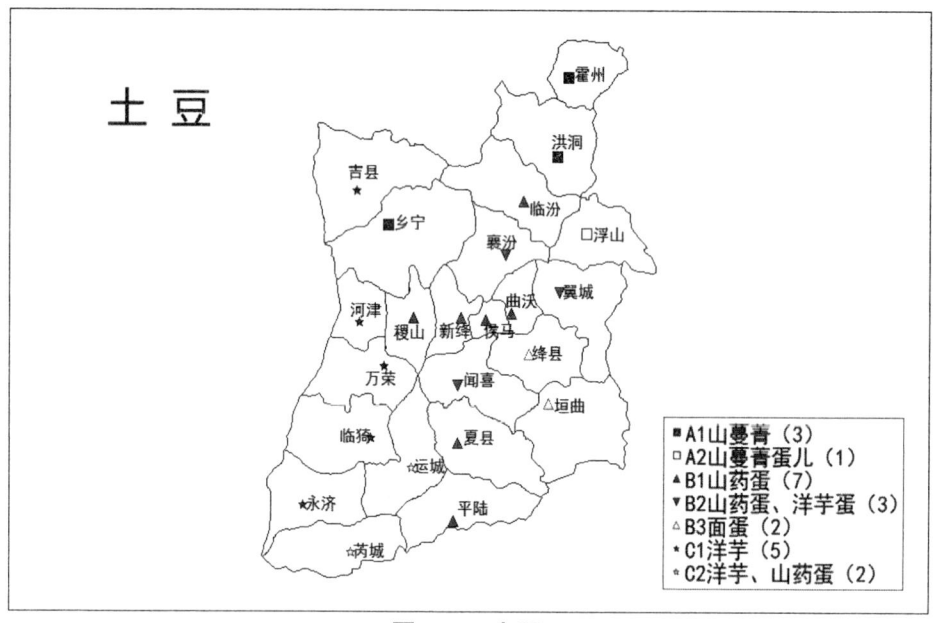

图7-7 土豆

三、地理分布格局

关于土豆的称说，晋语并州片多采用"山药蛋"，吕梁片说"山药、山药蛋儿"，关中方言则较为一致，基本上都称作"洋芋"。由上可知，关于土豆的五种说法在晋南的地理分布呈现出一定的规律。"山蔓菁"分布的区域是中原官话与晋语的过渡地带，相邻方言点像石楼、隰县、蒲县、汾西等地称作"山蔓菁"，这几个县属于晋语吕梁片。"山药蛋（儿）"分布区域属于晋南中部地带，基本属于汾河片的平阳小片与绛州小片。浮山"山蔓菁蛋儿"亦是方言接触的结果，"山蔓菁"与"山药蛋儿（或洋芋蛋儿）"两种说法的融合。"洋芋（子）"分布区域属于晋南的西南地带，基本属于汾河片的解州小片。"洋芋蛋子"应是"洋芋（子）"与"山药蛋"的糅合，主要分布在绛州小片与解州小片的过渡地带。"面蛋"分布的区域仅局限在绛县、垣曲两地，应是方言创新的一种说法，着眼于"土豆"的形状与口感。

7.【炕】

一、"炕"词形与地理分布

"炕"在旧时北方农村常见。"炕"的称呼在晋南有两种说法：炕、焙。其中 A 系"炕 [ˌkhɤ] / [ˌkhuo]"主要集中在霍州、洪洞、翼城、浮山、吉县、临汾、襄汾、曲沃、侯马、乡宁、稷山、新绛、绛县、夏县、闻喜、平陆、垣曲等方言点。B 系"焙 [pheiˀ]"主要集中在河津、万荣、临猗、永济、芮城、运城等方言点。详见图7-8。

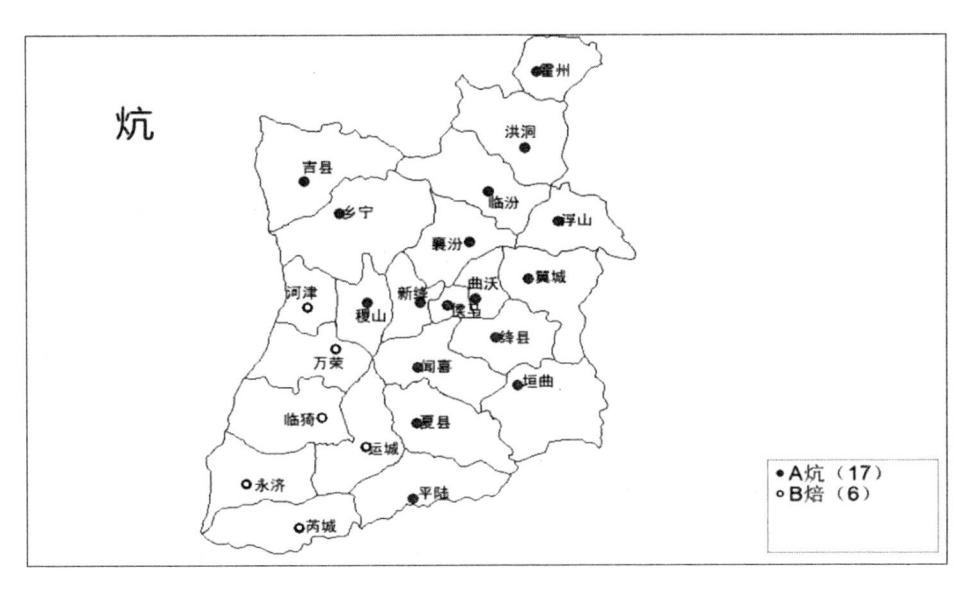

图7-8 炕

二、历时考察

《集韵·火部》："焙，蒲昧切。"《正韵》："步昧切，音佩。煏也。"《正字通》："普妹切。音佩。煏也。"《字汇》："焙，步昧切。音佩。煏也。"《说文·火部》："煏，火干也。"《字汇》："煏，皮亦切。火乾物也。"

"焙"的基本义是"微火烘烤",作动词。唐·卢仝《走笔谢孟谏议寄新茶》:"摘鲜焙芳旋封裹,至精至好且不奢。"唐·白居易《题施山人野居》:"夜火焙茶香。"又指焙茶的装置或场所。唐·陆羽《茶经·茶之具》:"焙,凿地深二尺,阔二尺五寸,长一丈,上作短墙,高二尺,泥之。"后引申指烘物之具。宋·叶梦得《避暑录话》卷上:"衣未尝置于笼,为一大焙,方五六尺,设薰炉其下,常不绝烟。每解衣,投其间。"

"煏"的本义是"用火烘干",同"焙"。北魏·贾思勰《齐民要术·伐木》:"凡非时之木,水沤一月,或火煏取乾,虫则不生。"而今晋南方言仍在使用,但意义与功能发生了变化,作名词,读音[phei²],表示"炕"。如"天冷嘞不行,赶紧上焙。""焙上坐哩全是人。"

《说文·火部》:"炕,干也。从火亢声。"《玉篇》:"炕,炙也。""炕",文献中早有提及,最初作动词,表示"烘烤、烤干"。《诗经·小雅·瓠叶》:"有兔斯首,燔之炙之。"毛传:"炕火曰炙。"至迟宋代时,"炕"已作名词,表示"土炕,即北方人用土坯或砖头砌成的一种床,底下有洞,可以生火取暖"。宋·范成大《丙午新正书怀》:"稳坐被炉如卧炕,厚裁绵旋胜披毡。"清·顾炎武《日知录》:"北人以土为床,而空其下以发火,谓之炕。"

由此说明"炕""焙"二者较早时期都已出现。"炕"在宋代时已作为北方的"床具"而存在,"焙(煏)"虽作器具,但文献没有明确记载曾作过"床具",很可能是晋南方言解州小片的独特用法。

三、"炕"地理扩散轨迹

"炕""焙"二者的分布地域相对较为清晰,"炕"主要集中在汾河片的平阳小片和绛州小片,这两小片在地理位置上紧密相连,与山西晋语说法相一致。"焙"主要分布于解州小片,包括芮城、永济、临猗、运城、河津、万荣等县。向西跨越黄河之后,我们发现陕西韩城、合阳、宜川、大荔等地亦采用"焙",它们属于解州小片的陕西方言点,而关中方言多采用"炕"。所以"焙"可看作中原官话汾河片解州小片一个典型的特征词。

8.【外祖父、外祖母】

晋南方言关于"外祖父、外祖母"的称谓复杂多样，既有古语的传承，也有方言的创新，与"祖父、祖母"的称谓相对应。

一、称呼类型与词形分布

"外祖父"在晋南的主要说法有：舅舍爷、舅婆爷、姥爷、姥家爷、外爷。我们将之分为三大系：A 姥爷系，包括姥爷、姥家爷，其中 A_1 "姥爷"主要分布于洪洞、临汾、襄汾、浮山、翼城、曲沃、侯马、乡宁、绛县、垣曲；A_2 "姥家爷 [lɔ33 tɕie33 ia35]"分布在霍州。B 舅舍爷系，包括舅舍爷、舅婆爷，B_1 "舅舍爷"主要分布于河津、稷山、万荣、临猗、夏县、闻喜、新绛；B_2 "舅婆爷"分布于芮城；B_3 "舅舍爷""舅婆爷"两种说法都存在的，分布于运城、平陆。C 外爷系，吉县、永济称作"外[uei33]爷"。详见图7-9。

"外祖母"在晋南的主要说法有：姥娘、姥姥、姥家娘、舅舍[ʂaʔ]娘[₌nyo]/[₌nio]/[₌niɛ]、舅婆娘、外婆、外娘。我们将之分为三大系：A 姥姥系，包括 A_1 "姥娘"，主要分布于洪洞、临汾、襄汾、浮山、翼城、曲沃、侯马、绛县；A_2 "姥家娘 [lɔ33 tɕie33 ni35]"分布于霍州；A3 "姥姥"分布于乡宁、垣曲。B 舅舍娘系，包括舅舍娘、舅婆娘，B_1 "舅舍娘"主要分布于河津、稷山、万荣、临猗、夏县、闻喜、新绛；B_2 "舅婆娘"分布在芮城；B_3 "舅舍娘""舅婆娘"两种说法都存在的，分布于运城、平陆。C "外婆"系，包括"外婆"分布在吉县，"外娘"分布在永济。详见图7-10。

由此可以看出，"外祖父、外祖母"的称呼在晋南是相互对应的。A 系主要分布于平阳小片及其与绛州小片的过渡地带，B 系主要分布于解州小片及其与绛州小片的边缘地界，C 系主要分布在汾河片与晋语区或关中片的过渡地带。从使用区域来说，A 系、B 系明显占优势，是晋南方言的主要说法。从地理分布来看,"外祖父、外祖母"的几种称呼在地域上呈现出一个连续分布、逐渐过渡的轨迹。

二、"外祖父、外祖母"与"祖父、祖母"的对应类型

(一)历时考察

历史文献中早已存在"外祖父、外祖母"的记载,不过多为书面语。《尔雅·释亲》:"母之考为外王父,母之妣为外王母。"《仪礼·丧服》:"出妻之子为母期,则为外祖父母无服。"《晋书·魏舒传》:"外祖母以魏氏甥小而慧。"

晋南方言"外祖父、外祖母"称呼大多与"祖父、祖母"称呼相对应,一般是由"祖父、祖母"称呼语的词根加相应的语素构成。"祖父"的称呼基本为"爷/爷爷","祖母"的称呼基本为"婆、娘、奶"之类。

"爷",最初指父亲。《木兰诗》:"军中十二卷,卷卷有爷名。"唐·杜牧《别家》:"初岁娇儿未识爷,别爷不拜手吒叉。"后转指祖父。明·沈榜《宛署杂记·民风二》:"祖曰爷。""外甥称母之父曰姥爷。""姥爷"指称外祖父。

"娘",南北朝时可指代母亲。《木兰诗》:"旦辞爷娘去,暮宿黄河边。"唐·杜甫《兵车行》:"耶娘妻子走相送,尘埃不见咸阳桥。"又指长一辈或年长的妇人。

"婆",自六朝产生之后语义处于演变之中,指代较丰富。可指"母亲或母亲一辈的女性"。《乐府诗集·折杨柳枝歌二》:"阿婆不嫁女,那得孙儿抱。"又指"祖母及祖母一辈的亲属妇女"。南朝齐·王琰《冥祥记·史世光》:"其家有六岁儿见之,指语祖母曰:'阿爷飞上天,婆为见否?'"唐·韩愈《祭滂文》:"十八翁及十八婆卢氏,以清酌庶羞之奠,祭于二十三郎滂之灵。"

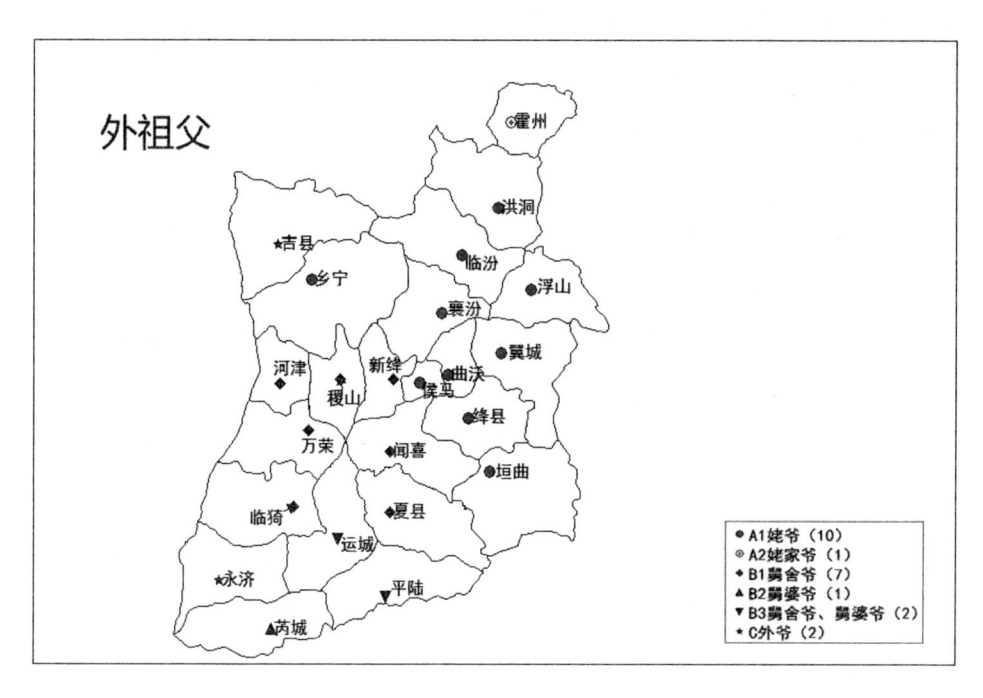

>>> 第七章 晋南方言词汇的地理分布及其类型

图7-9 外祖父

图7-10 外祖母

213

"姥"自产生之后，可指代丈夫的母亲、老年妇女等。在明代时，可指代"外祖母"。明·沈榜《宛署杂记·民风二》："外甥称母之父曰姥爷，母之母曰姥姥。"清·曹雪芹《红楼梦》第四十一回："板儿见没了他姥姥，急得哭了。"

同时期出现了"姥娘"，多写作"老娘"，指称"外祖母"。明·兰陵笑笑生《金瓶梅》第六十七回："左右我是你老爷老娘家，不然，你但有事就来缠我。"清·曹雪芹《红楼梦》第七十四回："你是司琪的老娘，他的表弟也该姓王，怎么又姓潘呢？"

由此看来，晋南方言"外祖父母"称谓词，都是唐宋之后兴起的。"爷"指代"祖父"，大约宋代时出现，相对时间较晚。"娘"在文献中并没有出现指称"祖母"的用法，应是近代出现的一种现象，是一种方言的用法。"婆"在唐宋时期已经可以指称"祖母"。"姥姥"在明代时可称呼外祖母。

（二）晋南方言"外祖父、外祖母"对应类型

A系是在祖父母前加"姥"构成。"姥爷"对应"姥姥"与"姥娘"，且"姥娘"占绝对优势。霍州进一步强调宗亲外戚的区别，用"姥家"修饰"爷、娘"，明确其与"爷、娘（祖父母）"的区别。

B系、C系从结构上看是一致的，都是修饰语素加"祖父母"词根构成，只是第一种形式B系是"舅舍/家"+"祖父母"构成，其中"舍"也是家的意思，即舅舅家，也就是娘家的意思，区分清楚女方父母，以此与男方父母相区别。这种称谓是晋南方言一个特色，可以看作区域特征词。

C系吉县、永济两地"外爷、外婆/外娘"的说法，采用的是"区别宗亲外戚的语素+祖父母"的构词方式，这也是常见的一种类型。吉县方言用"爷爷、婆婆"称呼"祖父、祖母"，永济方言用"爷、娘"称呼"祖父、祖母"，由此看来，这两个方言点的"祖父、祖母"与"外祖父、外祖母"的称谓是相对应的。

三、"外祖父母"的地理分布

晋南"外祖父母"与"祖父母"的称谓词,二者处于一个平行发展的过程。最南面的解州小片,采用 B 系的说法较多,从芮城北上一直到河津,说法较统一,而永济、吉县与此不一致,永济因地理位置上与关中相连,因而受其影响,所以用"外爷、外娘";乡宁与平阳小片接壤,语言的接触导致其与解州其他小片并不一致,而吉县处于中原官话与晋语的过渡地带,所以更倾向于晋语的说法,用"外爷、外婆"。

B 系说法不局限在解州小片,与此毗邻的绛州小片方言也有用"舅舍爷/娘"表示,像夏县、闻喜、稷山、新绛等方言点。而绛州小片的其他方言点,像侯马、曲沃、绛县、襄汾等方言点,因与平阳小片在地理位置上相连,所以采用了 A 系"姥爷、姥娘"的说法。

从"外祖父母"的地理分布看,整个称谓词从南向北延伸,由于地域相近与语言接触,呈现出一种逐步过渡的状态,尤其在地域相接的边缘地带。不同方言点采用何种说法,与人们的认知也有一定关系。"舅舍"系更侧重突出"女方",即娘家的关系,而"外爷/娘"系则突出宗亲与外戚的区别。称谓词相对来说一般较稳定,不容易受其他因素影响发生改变,所以这几种类型仍将保持各自的状态,长期共存。

9.【公公、婆婆】

一、词形分类与地理分布

"公公、婆婆(背称)"这一组亲属称谓词在晋南对应整齐。我们将其分为四类:A 公公/婆婆类、B 阿公/阿家类、C 夫家爸/夫家嬷类、D 老爷/老娘类。

A 公公/婆婆类,包括两组对应词:A_1 公公与婆婆,主要分布在襄汾、浮山、曲沃、侯马、乡宁、闻喜、新绛、绛县、夏县、平陆;A_2 公与婆,主要分布在临汾、洪洞、翼城、稷山、垣曲、吉县。B 阿公/阿家类,包括两组对应词:B_1 阿公与阿家,主要分布在万荣、临猗、芮城;B_2 阿家妈与阿公爹,主要分布于运城、永济。C夫家爸/夫家嬷［mɤ53］类，就一组对应词，分布于河津。D老爷［lau33ia35］/老娘［ȵi35］类，分布在霍州。详见图7-11。

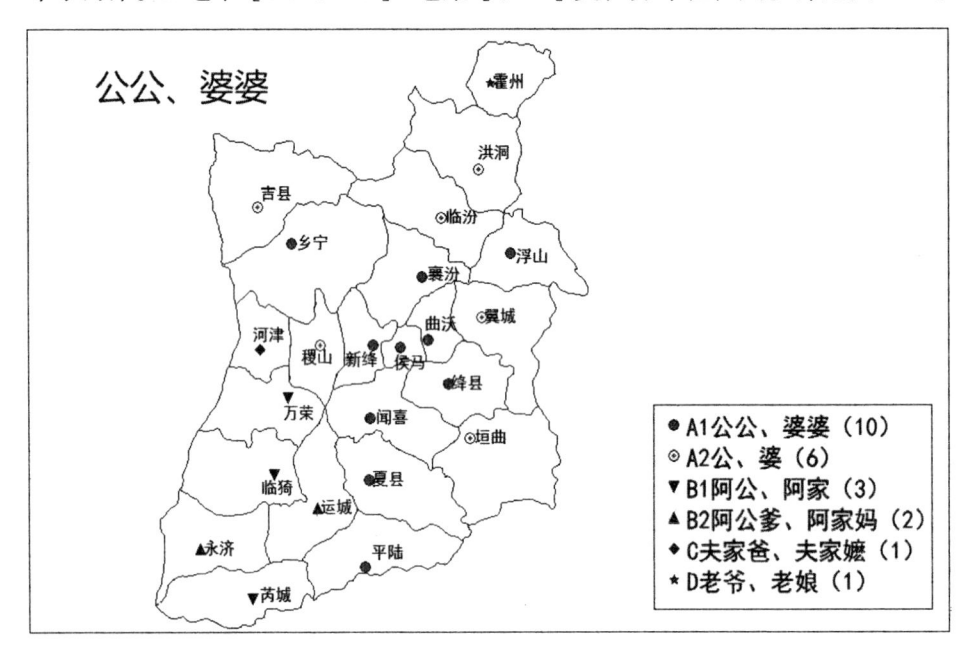

图7-11 公公、婆婆

二、历时考察

"公公""婆婆"至迟在元明时期已指称丈夫之父母。《三国志平话》卷上："学究妻子又来送饭，不见学究回来，告与公公得知，即时将引长子等去寻。"后可指称祖父或年长的男子。明·陈汝元《金莲记·捷报》："媳妇，自你公公与二子出门，杳无消息，不知功名如何。"高明《琵琶记·蔡母嗟儿》："公公婆婆，媳妇便是亲儿女，劳役事，本分当为。"

"阿公、阿家"一组词在中古也已出现，可指称丈夫之父母。南朝梁·沈约《宋书·范晔传》："晔妻先下抚其子，回骂晔曰：'君不为百岁阿家，不感天子恩遇，身死固不足塞罪，奈何枉杀子孙。'"唐·赵璘《因话录·谐戏》："衢州视事际，有妇人姓翁，陈牒论田产，称阿公阿翁在日，坐客笑之。"《因话录·商下》："王掷箸怒曰：'我不幸有此女，大奇事。汝为人妇，岂有阿家体候不安，不检校汤药，而与父作生日，吾有此女，何用作生日为？'"

"嬷"，明代时母亲的俗称。《字汇》："俗呼母为嬷嬷。俗字。嬷乃妈之转音。"今河津方言"嬷"前加"夫家"，以此与母亲相区别。

"老爷、老娘"，元明时代可指称父亲、母亲。元·无名氏《连环计》第二折："老爷休道一桩事，就是十桩事，你孩儿也依的。"明·施耐庵《水浒传》第四十二回："李逵道：'我只有一个老娘在家里。'"今霍州方言用"老爷、老娘"指称"公公、婆婆"，指代有一定变化。

三、周边方言的分布及扩散趋势

从不同说法的地理分布来看，A类明显占优势，分布最广，使用最多，主要存在于晋南平阳小片与绛州小片方言点。B类分布虽然不是很广泛，但是比较集中，主要分布于解州小片的方言点。C、D两类仅分布于一个点，极少。周边晋语主要称作"公公/婆婆""公/婆"，关中方言则基本加前缀"阿"，例如，韩城、合阳说"阿家大/阿家妈"，宜川、渭南称作"阿公/阿家"，西安称作"阿公/阿婆"。朱正义（2004）、邢向东（2010）等人认为"阿家"之"家"源于"姑"。由此推论这种说法更为古老，今晋南、关中应是沿袭唐五代西北方言的用法。由此可以看出，"阿"作词缀是解州小片与关中片共同的特征，也是区别于绛州小片与平阳小片的一个特征。晋南不同说法的整个地理分布格局，也反映了晋语向中原官话的渐变性与过渡性。

10.【娶媳妇】

一、不同词形及地理分布

"娶亲"在晋南方言中主要有五类说法：唤媳妇、唤新妇、引媳妇、索媳妇、娶媳妇等。我们将之分为四大系：A"唤媳妇"系，其中包括 A_1 唤媳妇，主要分布于霍州、临汾、浮山等地；A_1 唤新妇，仅分布于洪洞。B"引媳妇"

系，分布于河津、万荣两地。C"索媳妇"系，分布于乡宁、临猗、运城、永济、平陆、夏县、芮城等地。D"娶媳妇"系，分布于吉县、翼城、曲沃、侯马、闻喜、新绛、稷山、绛县、垣曲、襄汾等地。见图7-12。

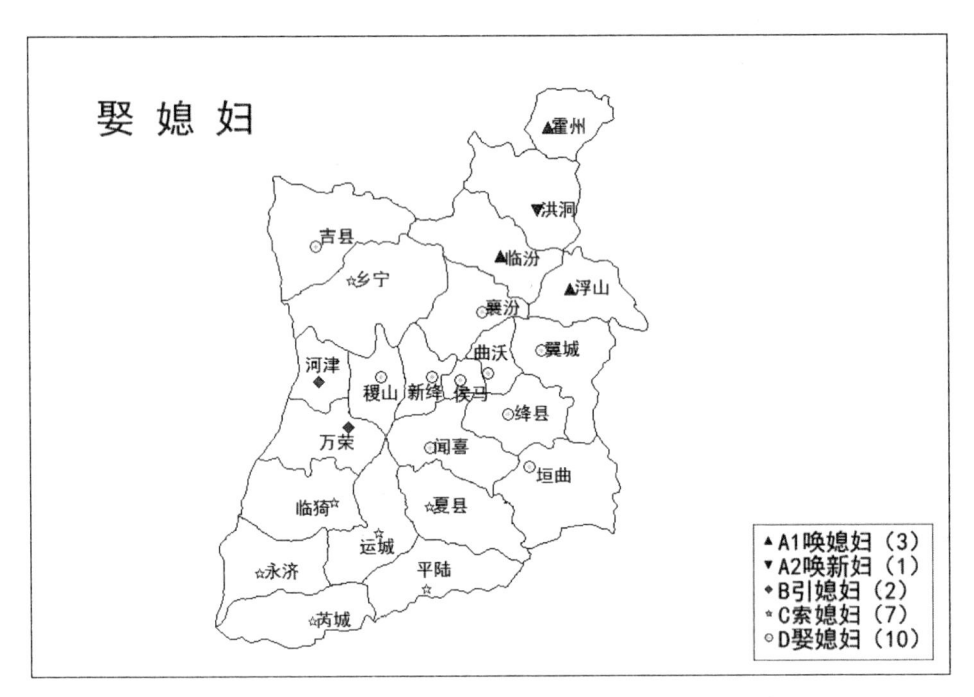

图7-12 娶媳妇

二、历时考察

（一）唤媳妇［xuan55 ɕi13 fu55］/［xuaŋ55 ɕi35·fu］

《说文·口部》："唤，呼也。从口奂声。"唤，本义为呼叫。《乐府诗集·木兰诗》："不闻爷娘唤女声。"唐·白居易《琵琶行》："千呼万唤始出来。"后引申指"呼唤使来、叫来"。唐·杜甫《病后遇过王倚饮赠歌》："遣人向市赊香粳，唤妇出房亲自馔。"

"娶亲"即将新娘从娘家迎接呼唤过来到婆家，同一般的"呼唤使来、叫来"具有相似之处，只是形式上更隆重、正式，是"呼唤使来"之义进一步、更具体的引申与拓展，因而"唤"与"媳妇"的搭配组合，便具有娶亲之义。

（二）引媳妇

《说文·弓部》："引，开弓也。"引，本义为拉开弓。后引申指引导、带领。《管子·法法》第十六："引而使之，民不敢转其力。"西汉·司马迁《史记·魏公子列传》："公子引侯生坐上坐，遍赞宾客。"又引申取过来、拿出之义。东汉·班固《汉书·李广苏建传》："引佩刀。"东晋·陶渊明《归去来兮辞》："引壶觞。"

"娶亲"，即将新娘从娘家"取过来、引过来"，"引媳妇"中"引"的用法是古汉语的相袭沿用，只不过义域范围由"取物"转到"取人"。"引"在晋南的语义较丰富，既可表示"引领、带领"之义，例如，"他娘引着娃逛去啦。""我引着你转转。"也可表示"照看（孩子）"之义。例如，"我这几天在城里引孩子呢。""媳妇要走地哩，婆婆在屋引娃着。"由此将替人照管孩子为职业的人称作"引娃的"。"引"亦可表示"抱养"，在河津方言中将抱养的孩子称作"引下的"。另外当地将新娘从花轿中请出来并引回到夫家的人称作"引媳妇的"。（见《万荣方言词典》第199页）

（三）索媳妇

晋南在表"娶亲"时，使用较广泛的还有一种说法：色媳妇。"色媳妇"在不同方言点的读音并不完全一致。其中"色"在临猗读作[sei31]，永济读作[ʂei21]，运城、平陆、芮城等地读作[ʂa31]，夏县读作[ʂɛ31]，乡宁读作[ɕia53]，这几种读音都符合其语音特点。

"色"的本字应为"索"。《方言》卷六："索，取也。自关而西谓之索。"《小尔雅·广诂》："索，取也。"后引申出"娶亲"之义。西晋·陈寿《三国志·蜀书》："先是权遣使为子索羽女，羽骂辱其使，不许婚，权大怒。"《三国志·魏书·吕布传》："术欲结布为援，乃为子索布女，布许之。"（见《汉字源流字典》第1011页）

《字汇》："索，又色责切，音色。"《中华大字典》："索，色窄切，音色。陌韵。"由此可见，"索"亦读"色"音。《敦煌变文集》："新妇闻之，从床忽起。'当初缘甚不嫌，便即下财下礼？色我将来，道我是底？'""已后与儿色妇，大须稳审。""色我""色妇"即"索我""索妇"。色、索可通用。

（四）娶媳妇

《说文·女部》："娶，娶妇也。从女从取，取亦声。"本义即娶亲。《孟子·离娄上》："舜不告而娶，为无后也，君子以为犹告也。"汉·桓宽《盐铁论·未通》："二十而冠，三十而娶，可以从戎事。"今吉县、翼城、侯马、曲沃、襄汾、稷山、绛县、垣曲等地说"娶媳妇"，沿用古义，与普通话相同，但读音略有差异。稷山读作［tɕhy34 ɕiəu213］（［媳妇］合音），翼城读作［tɕhi55 ɕi13·fu］，吉县读作［tshŋ33 ɕi35·fu］。

三、地理分布及周边方言的说法

"娶亲"在晋南的说法虽然较丰富，但地图显示还是有一定规律。"唤媳妇"主要分布于平阳小片，邻近县市像汾西说"唤媳妇"，隰县、石楼说"娶 ɕiəu44［媳妇］子"，平遥、祁县、文水、太谷、太原等地说"娶媳妇子"。"引媳妇""索媳妇"之说主要分布于解州小片，周边县市像合阳、韩城、大荔亦说"索媳妇"，渭南、西安等地则说"娶媳妇"，"引媳妇"在晋语区临县、吴堡、佳县、神木等地存在（邢向东，2012）。"娶媳妇"之说主要分布于绛州片。

由此可以看出，"娶亲"的几种说法中有的沿袭古用，有的是方言创新，每种说法在小范围内都比较一致，呈现集中分布的状态。相对来说，"唤媳妇""索媳妇"是晋南方言的独特说法。

11.【嫁女儿】

一、不同词形及地理分布

"嫁女儿"，晋南方言主要有两类说法：嫁女子、解［kai］女子。我们将之分为三大系：A"嫁女子"系，主要分布于运城、河津［tʂa44 n.y53］、万荣［tʂa33 n.y55］、芮城、永济、临猗、平陆、夏县、垣曲等地。B"解女子"系，B₁"解女子/儿"一说主要分布于霍州、洪洞、临汾、浮山、吉县、闻喜、新绛、绛县、稷山；B₂"解妮子/儿"主要分布于襄汾、翼城、曲沃、侯马。

C "嫁女儿""解妮子"并存系，仅分布于乡宁。详见图7-13。

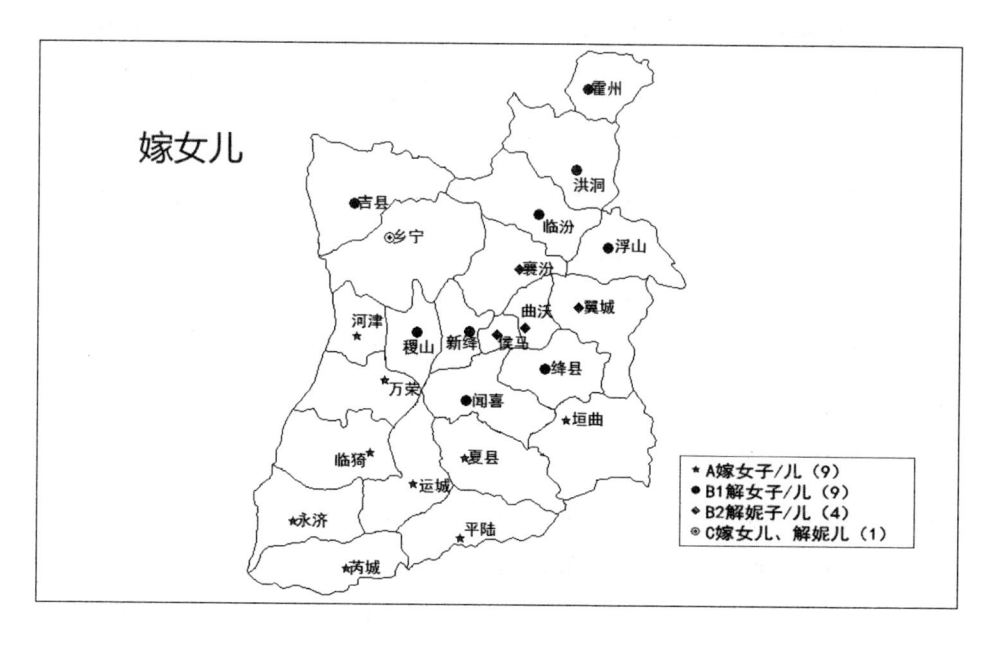

图7-13　嫁女儿

二、"解"本字考释

"解"表示"出嫁"义，但本字不是"嫁"。《说文·女部》："嫁，女適人也。从女家声。一曰家也，故妇人谓嫁曰归。"《广韵·祃韵》："嫁，古讶切。"嫁，属于假摄祃韵去声字。在晋南方言中假摄字并没有读如蟹摄的例子。

在晋南方言中"解"韵母读作 [ai]，根据其读音，我们推断本字应来源于蟹摄字。古蟹摄见母字，今晋南方言多有文白异读，白读音多读为 [ai] 韵，结合声韵调，其本字则为"解"。"解"读音较丰富，在《广韵》中有四个反切。其中表动词"解开"语义的"解"来自"佳买切"，在临汾、洪洞、浮山等地读作 ['tai]，与蟹摄见母的其他字发生同步变化（"街""芥"声母为 [t]）。与"嫁闺女"有关系的"解"来自"古隘切"，属见母去声字，读作 [kai']。由于"嫁闺女"是特有的短语，"解"的读音未随着其他字发生变化，所以存古。

221

"解"在古代可指称下级向上级行文报告。北齐·魏收《魏书·韩显宗传》:"近虽仰凭威灵,得摧丑虏,兵寡力弱,擒斩不多。脱复高曳长缣,虚张功捷,尤而效之,其罪弥甚。臣所以敛毫卷帛,解上而已。"南朝梁·沈约《宋书·礼志》二:"宋孝武帝孝建三年八月戊子,有司奏:'云杜国解称国子檀和之所生亲王,求除太夫人。'"又引申特指唐宋时举进士的人由地方发送入京。宋·欧阳修等《新唐书·令狐滈传》:"滈未尝举进士,而妄言已解,使天下谓无解及第,不已罔乎?"即唐宋时"解"已有发送、解送之义。后引申指"押送",尤其指押送犯人。宋·沈俶《谐史》:"一日所属,解一贼至,谓此即'我来也。'"

今晋南方言用"解女子"表示"嫁女儿",应是"解"的进一步引申义。唐宋时地方派人送进士入京,现今"嫁女儿"的场景也是如此,即女方亲戚朋友护送女子到婆家,晋南一般将送亲队伍称作"送女"。"解女子/妮子"中"解"有的读作去声,例如,洪洞[kai53 ȵy33]、浮山[kai44 ȵy33·tsʅ],也有读作上声,例如,新绛[kai44 ȵy31]、临汾[kai51 ȵy51·tsʅ]、霍州[kai33 ʐu33]、侯马[kai44 ȵi44 tsʅ],绛县、襄汾[kai44 ȵi44]。

三、地理分布的特点

"嫁女儿"两种说法的地理分布呈现出一定的规律性。"解女子"之说主要分布于平阳小片和绛州小片,"嫁女子"则主要分布在解州小片,每片方言点都呈现出连续分布的状态。再看周边方言的分布特征,平阳片往西北即为晋语的汾西、蒲县、隰县、石楼等地,"嫁女儿"用[kai33 v33·tsə]、[kai33ȵy11]、[kei31zəu31·tsʅ]、[kei413 ʐu413 tsəʔ4]表示,介休、平遥、祁县、太谷、清徐等地说"嫁闺女"。关中片方言主要说"嫁女"。所以说"解女子"一说主要是晋南平阳小片和绛州小片的说法,解州小片"嫁女子"与关中片相对一致,主要受共同语影响。

12.【拿】

一、主要词形及地理分布

表"拿"概念义的词主要有两种类型：拿、荷。A"拿"一说主要分布于翼城、曲沃、侯马、临猗、运城、永济、芮城、夏县、闻喜、新绛、绛县、垣曲、平陆等地。根据"荷"读音的特点，分作 B₁"荷"，主要分布于临汾 [xɔ51]、浮山 [xɤ33]、洪洞 [xo42]、襄汾、霍州 [xɔ33]、吉县 [xuo33]、乡宁，B₂"荷 [xæ]"，分布于万荣、稷山、河津三地。由此看来，"拿"分布区域较广，略占优势，是个通用词。"荷"分布区域亦广泛，且集中，非常有特色。详见图7-14。

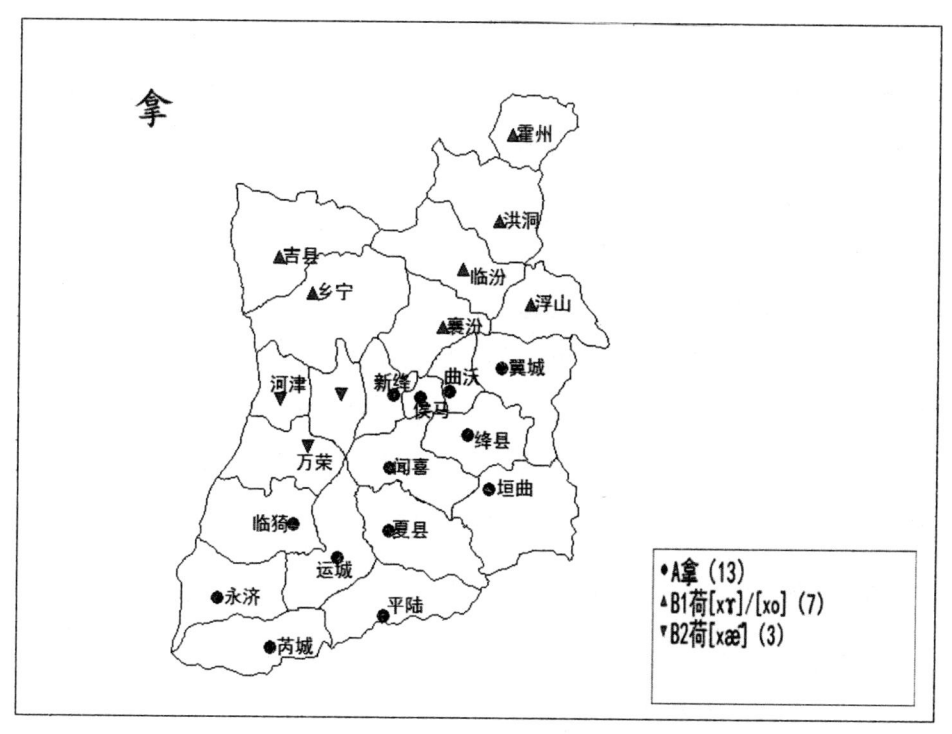

图7-14 拿

二、历时考察与周边方言用法

《广韵·哿韵》:"荷,负荷也。胡可切。"《慧琳经音义》卷三十二:"荷,负物於背也。""荷",又读作去声,此义表示用肩扛、背负。《论语·微子》:"以杖荷蓧。"《列子·汤问》:"遂率子孙荷担者三夫。"南朝梁·沈约《齐故安陆昭王碑文》:"挈妻荷子,负戴成群。"又引申承受、承担之义。汉·张衡《东京赋》"荷天下之重任。"据侯精一(1993)、姚勤智(2007)考察,晋中的太原、清徐、平遥、孝义、文水、和顺、榆次、太谷、祁县、榆社、交城等县市也存在"荷"的说法,晋北未见到。所以晋南临汾等几个县市的"荷"是相沿古语词,但用法上有所创新,不再是"用肩扛、背负、承受"义,而是表示"拿"之义,与地缘接近的晋中相一致。例如,"走书房去记得把钱荷上。(去学校时记得把钱带上。)""出门去把钥匙荷上。(出门的时候把钥匙拿上。)"拿,后起字。本作"挐"。宋·王之道《春雪和袁望回三首》:"老夫僵不扫,稚子走争拿。"明·施耐庵《水浒传》第五回:"只拿了桌上金银酒器,都踏匾了,拴在包裹。"由此看出,侯马、临猗、运城、垣曲等地用"拿"表示用手取之义,属于沿袭近代汉语说法。

地图显示,B_2"荷[ˊxæ̃]"读音独特,与B_1不一致。秋谷裕幸、邢向东(2009)详细分析了晋语、中原官话汾河片"拿"义词的语音分布与特点,指出B_1、B_2应同源。与晋南隔河相望的韩城、合阳、宜川、延川等方言点亦说"荷[ˊxæ̃]"。由此说明"荷"主要分布于晋南的北部与西部,这些区域正好与山西晋语并州片、吕梁片及关中片接壤,整个分布呈现一个跨区域的连续分布状态,从而可以看出晋南方言与周边方言处在一个过渡的渐变区域地带。

13.【蹲】

一、主要词形及地理分布

晋南表"蹲"义时,主要有"圪蹴、猴、蹴[tɕiouˀ]"三种类型。我们将之分为三个系:A"圪蹴"系,A_1"圪蹴"分布于霍州、临汾、浮山、芮城、垣曲;A_2"骨聚[ku31·tɕy]"仅分布于翼城;A_3"圪蹴""圪斗[kɯ33·tou]"

共存于洪洞。B"猴"系，B₁"猴"主要分布于襄汾、侯马、稷山、闻喜；B₂"猴""圪蹴"共存，主要分布于河津、万荣、吉县、绛县、新绛、曲沃。C"蹴"系，C₁"蹴"主要分布于临猗、永济、平陆、乡宁；C₂"蹴"与"猴"并存，主要分布于运城、夏县。详见图7-15。

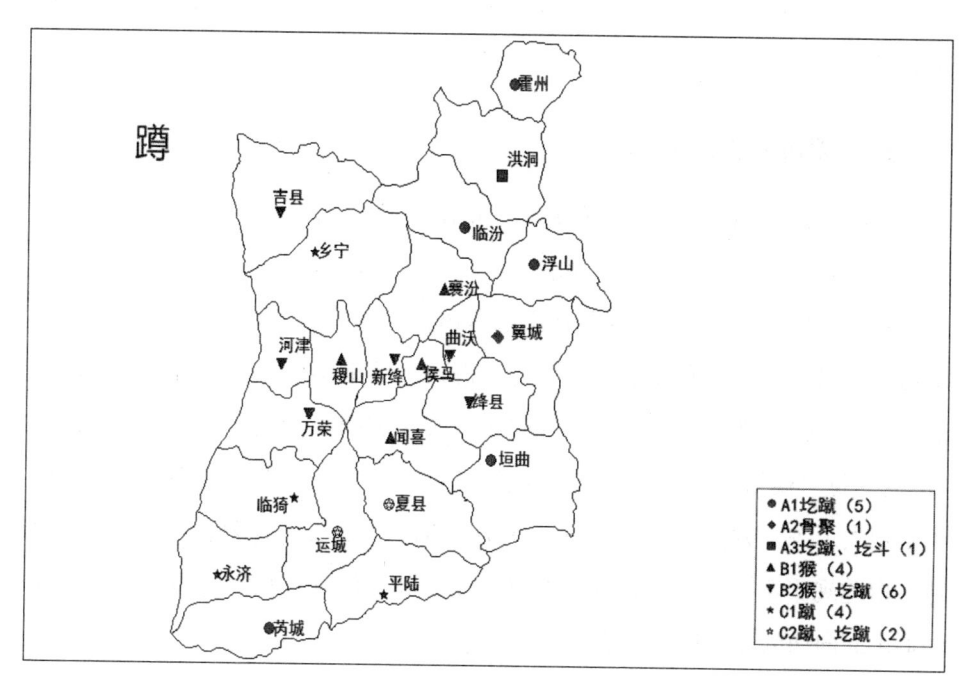

图7-15　蹲

二、"蹲"义词的来源及扩散轨迹

《说文·足部》："蹴，蹑也。从足就声。"《广韵·屋韵》："蹋也。七宿切。又子六切。"《集韵·屋韵》："就六切，音摵。蹴然，敬貌。"《孟子·告子上》："蹴尔而与之，乞人不屑也。"蹴，本义为踩、践踏。引申为踢、蹬。西汉·司马迁《史记·扁鹊仓公列传》："处后蹴鞠，要蹶寒，汗出多，即呕血。"又引申为追逐。宋·叶适《祭韩子师尚书文》："可以御狡谋，蹴横奔，定猝变，收奇勋。"再后来到近代，相当于"折"。明·凌濛初《二刻拍案惊奇》卷九："去拽那门时，谁想是外边搭住了的。狠性子一拽，早把两三个长

225

指甲一齐蹴断了。"

"蹴"表"蹲"义，在文献中未见记载，应是方言的创新用法。

《广韵·侯部》："猴猴，猱也。户钩切。"猴，原指猴子，近代引申指"像猴子似的蹲着"。清·曹雪芹《红楼梦》第十五回："好兄弟……别学他们猴在马上。"今晋南部分方言点将"猴"用作动词，表示"蹲"，应是沿袭近代汉语用法。

三、周边方言的分布

《汉语方言地图集·词汇卷135》显示："蹴""圪蹴"主要分布于山西、陕西、甘肃、宁夏、内蒙古、河北、河南等部分区域，使用范围较广，应属这一片方言的特色词。"圪蹴"在山西晋语区更是广泛使用，如太原、清徐、平遥、孝义、文水、和顺等地。今晋南汾河片的平阳小片或与晋语过渡区域的部分方言点主要使用此说法，绛州小片及与解州小片的衔接地带主要兼用"圪蹴"与"猴"，解州小片使用"蹴"。相对来说，"圪"头词在晋南的比例不是很大。关中方言"圪蹴""蹴"并存，例如，西安、合阳、韩城、渭南等地。由此观察不同说法的地理分布格局还是较为清晰，从而也可以看出不同词形由北向南的逐步扩散轨迹。

14.【（吃）撑了】

一、主要说法及地理分布

表示"吃得太多以致腹胀"概念义时，晋南主要有两种说法：撑、脝[ˊxaŋ]。A"（吃）撑了"一说主要分布于霍州、洪洞、临汾、襄汾、浮山、翼城、侯马、曲沃、乡宁、闻喜、绛县、垣曲等地，B"脝"一说主要分布于河津、万荣、临猗、稷山、运城、平陆、夏县、新绛等县市，C"脝""撑"并存于吉县。详见图7-16。

二、历时演变

《广韵·庚韵》:"脝,许庚切。膨脝,胀也。"《类篇》:"膨,蒲庚切。膨脝,腹大。又蒲孟切,胀也。"《玉篇》:"膨,蒲行切。膨脝,胀皃。"文献中"膨脝"常连用,有时又作"膨亨"。表示"腹部膨大"。唐·寒山《诗三百三首》:"饱食腹膨脝,个是痴顽物。"宋·范成大《次韵唐子光教授河豚》:"膨亨从此迹如扫,坐令梅老诗无力。"元·无名氏《盆儿鬼》第一折:"我家做酒只靠水,吃的肚里胀膨脝。"又表"饱食"。宋·陆游《新晴出门闲步》:"穷人旋画膨脝计,自买蹲鸱煮糁羹。"后又引申指胀大。宋·王安石《汝瘿和王仲仪》:"膨脝厕元首,臃肿异胪顶。""脝"今在晋南单用,读作上声[xaŋ],表示"膨胀,充满到容不下的程度""吃得太多""肚胀"含义。例如,"刚刚吃嘞太多,肚子脝嘞难受。""吃饱就行了,不要脝着吃。""不要再装了,再装的话,布袋就脝破了。"晋南口语中存在一个常用词"脝眼",表示"讨厌、恶心、碍事、讨人嫌",例如,"兀人吃饭就不顾眉眼,可脝眼着。""你咋这么脝眼,鼻涕流下啦都不说擤。"

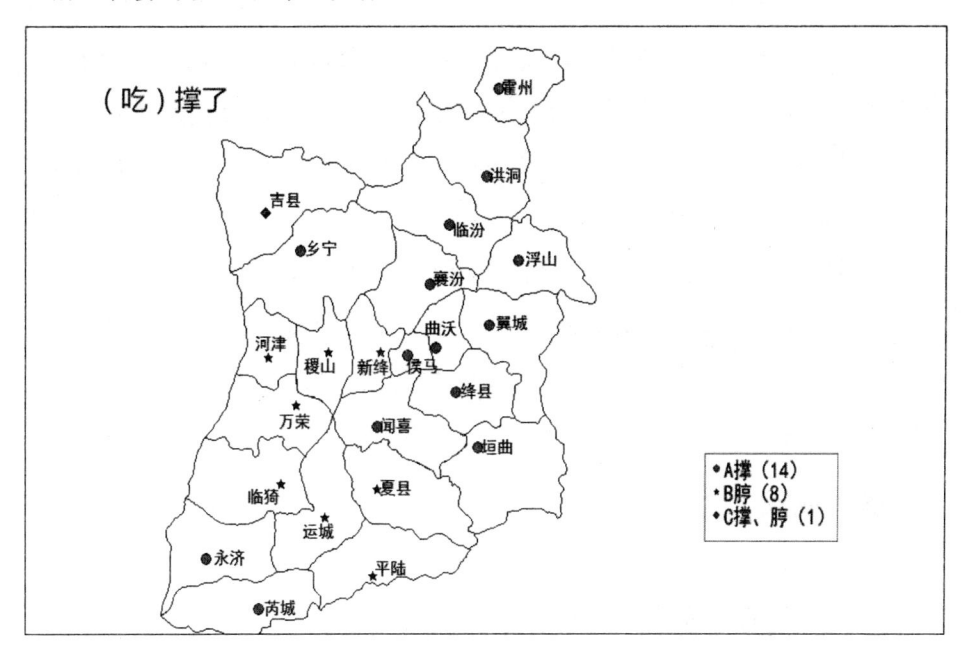

图7-16 (吃)撑了

《玉篇·手部》："撑，撑住。"《正字通·手部》："撑，俗撑字。"撑，本义为支住、抵住。唐·李白《扶风豪士歌》："天津流水波赤血，白骨相撑如乱麻。"后引申指装满、塞满。宋·王安石《古意》："当时弃桃核，闻已撑月窟。"元·宫天挺《死生交范张鸡黍》："首阳山殷伯夷撑的肥胖。"清·曹雪芹《红楼梦》第四十九回："那怕吃一只生鹿，撑病了，不与我相干。"进一步指过度饱满、充填使饱满，转而为形容词。

"撑"的几个义项，今晋南方言基本沿袭。可表"支撑、抵住"，例如，"你用桌子把门撑住，他就进不去啦。"进而表"装得过满、充满"，例如，"把布袋都撑烂了。"再进一步引申特指"饱胀"，例如，"又吃多了，肚子撑哩难受。"

由此可知，"脝""撑"在宋元时期都可指"过度饱满、饱胀"含义，晋南不同县市的说法皆沿袭古汉语，只是最初"脝"大多与"膨"连用，今方言独立使用。如今"撑"在普通话中仍使用，"脝"基本不再使用。

三、周边方言说法

从"撑""脝"的地理分布区域看，"撑"主要分布于临汾市及其所辖县市，"脝"的使用区域主要在运城市及其所辖县市。周边晋语主要使用"撑"，例如，平遥、祁县、文水、太原、清徐等地。关中方言主要使用"撑"或"胀"，例如，合阳、渭南、大荔、韩城、西安等地。由此看来，"撑"在方言中广泛使用，"脝"相对来说使用区域虽然不是很广泛，但较集中。

"撑""脝"的分布区域清晰，界限分明，即使周边方言多用"撑"表示，但作为表示"饱胀"之义的常用口语词，两种说法仍将长期共存竞争，"脝"短时期内不会被淘汰。

15.【完整】

一、主要词形及地理分布

在表"完整"概念义时，晋南主要有两种说法：囫囵、浑。其中 A 系"囫囫"一说主要分布于霍州、洪洞［ku22·lei］、临汾［xu21·luən］、襄汾、翼城、浮山［ku42·luəŋ］、侯马、曲沃、乡宁、吉县、稷山、新绛、绛县、垣曲、闻喜等县市；B系"浑"一说分布于河津、万荣、临猗、夏县、运城、平陆、永济、芮城等县市。详见图7-17。

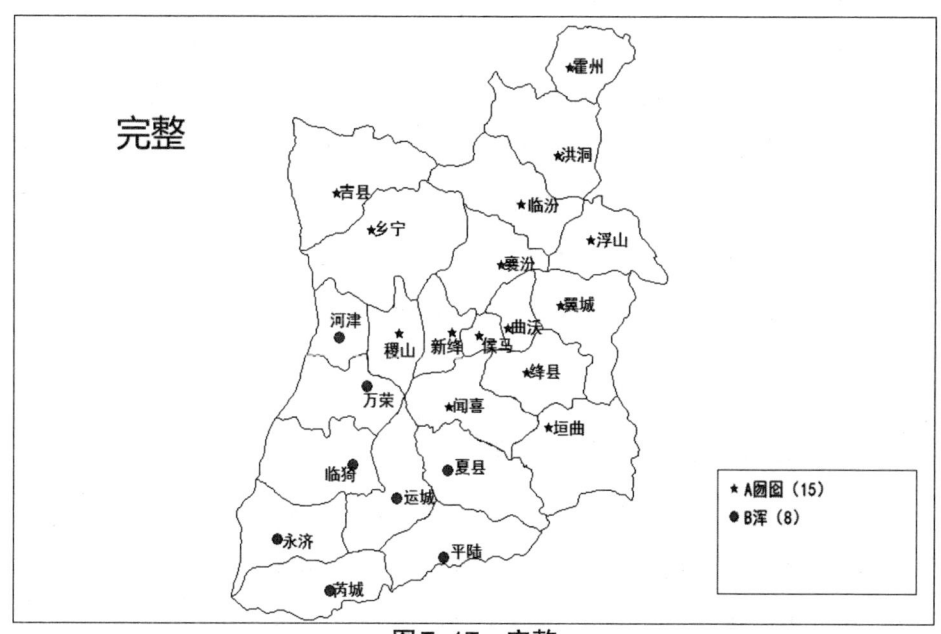

图7-17 完整

二、两种词形来源

"囫囵"也有作"浑沦""鹘沦"，指"笼统含糊；糊涂"。北宋《朱子语类》卷三十四："道理也是一个有条理底物事，不是囫囵一物，如老庄所谓恍惚者。"明·凌濛初《二刻拍案惊奇》卷一："没得解说，只囫囵说一句救荒无奇策罢了。"亦指浑然一体、不可剖析，用来形容整个儿的东西，表"完整、整个"之义。元·张可久《沉醉东风》："元气初包混沌，皮囊自喜囫囵。"明·吴承恩《西游记》第二十四回："见了果子，拿过来，张开口，轱辘地囫囵吞咽下肚。"明·李实《蜀语》："浑全曰囫囵。"

《说文·水部》："浑，混流声也。从水军声。"本义表示水喷涌声。后引

229

申指"水不清、浑浊"。《老子》:"敦兮其若朴,旷兮其若谷,浑兮其若浊。"又表示"混同"。《关尹子·二柱》:"浑人我,同天地。"再进一步引申表示"整个,全"。汉·扬雄《法言·问道》:"合则浑,离则散,一人而兼统四体者,其身全乎?"唐·刘恂《岭表录异》:"广南有春堂,以浑木刳为槽。"宋·陆游《农家》:"低垣矮屋俯江流,浑舍相娱到白头。"

由此可知,"浑"比"囫囵"在文献中更早表示"完整、整个"之义。今"浑"在运城、临猗等方言中本义已消失,"混同"义则用"混"表示,其余两个义项仍在使用。例如,"水都浑成啥啦,还能喝?""做了一天活,浑身难受。""浑"亦可表示"连带;连同"之义。例如,"夜黑咯昨晚太乏了,浑影子没脱衣裳就睡了,就没脱衣裳。""囫囵"在临汾、浮山等地亦保存两个义项。"荷一块囫囵砖来。(拿一整块砖来。)""你嘴里囫囵说啥,一句都听不清。(你嘴里含混说什么呢,一句都听不清。)"

三、周边方言说法及分布走向

纵观周边方言,蒲县、隰县、平遥、介休、文水、太谷、祁县等地用"囫囵",关中方言则用"浑"表示,例如,合阳、韩城、岐山、渭南、西安等地。由此说明晋南不同小片之间采取何种说法,与周边方言的语言接触有一定关系。从地图上我们可以看出,"完整"概念义的词形分布较为清晰,从南到北,一路北上,"浑"逐渐被"囫囵"所替换。晋南两种不同说法都是沿袭古汉语,只不过"浑"一说更为古老。

第二节 晋南方言词汇的地理分布类型及特征

一、晋南方言词汇的地理分布类型

通过观察方言地图,不仅语言特征在地理空间上清晰显现出来,而且方言的地理分布类型亦能表现出来。曹志耘(2011)指出"地理分布类型是指在具体的地理空间上呈现出来的,与山川等具体的地理因素相联系的分布特点和形状。地理分布类型是由方言现象的地理分布特点归纳出来的"[1]。从宏观上看,地理分布类型可以分作一致型与对立型。当然对立型与一致型是相对的,不是绝对的。同一个地区的方言,在某些语言特征上表现出一致型,在其他特征上也可能表现出来的是对立型。

(一)一致型

一致型,即一定区域内的方言具有共同的语言特征,在地理分布上呈现出一定的连续性。这种一致性的语言特征与地域分布、行政区划、历史文化、风俗习惯、语言认知等因素都有着密切的关系。通过前面的考察与分析,我们可以观察到晋南方言词汇在地理分布上具有一致性。

例如,"开水"的地理分布图。"开水"在晋南大多数方言点只有一种说法,用"滚水"表示,个别方言点说"煎水""熬水"。但后两种说法的分布区域较小,"熬水"分布于平阳小片,"煎水"仅限于永济。"滚水"在晋南的地理分布呈现出一个连续分布的轨迹,尤其在绛州小片与解州小片之间,且一致性较强,这种类型就属于一致型。

一致型的方言在区域上的分布范围可大可小。例如,"冰雹"在晋南的说法虽不完全统一,但表现出一定的规律性。在平阳小片与解州小片的方言点基本上用"冷子"表示,这两个小范围内呈现出一定的连续性、集中性。在绛州小片基本上用"冷(子)疙瘩"表示,内部一致亦较强。所以"冰雹"在小范围区域内呈现出来的语言特征亦符合一致型。

(二)对立型

对立型,这里指的是一个范围内方言的语言特征有一定差异性,没有明显的共同特征。即同一个词语,在不同方言点表现出相异说法,没有一致性的语言特征。这种对立型的方言有时表现出一定的分布规律性,也就是说 A 区域用甲说法表示,B 区域用乙说法表示,那么 A、B 区域就属于对立型的方

---

[1] 曹志耘.汉语方言的地理分布类型[J].语言教学与研究,2011(5):11.

言。有时对立型方言并没有明显的集中地理分布区域，不是一个连续的分布状态，而是分散在不同的方言点。

"焙"与"炕"，在晋南不同小片的分布有着明显的独立性。"炕"主要分布在平阳小片与绛州小片，"焙"主要分布在解州小片，由此构成二者之间的对立性。同样表达"完整"概念义时，"浑"与"囫囵"也构成明显的对立。"囫囵"主要分布在平阳小片与绛州小片，"浑"主要分布在解州小片。这两组方言词地理分布类型即属于对立型。

有时方言间的对立表现在南北区域的对立。晋南主要包括临汾和运城及其所辖的县市，从北到南呈现出一条狭长的分布区域，方言词汇的地理分布格局亦能显现出来。例如，"外祖父、外祖母"在临汾及其所辖县市基本称作"姥爷、姥娘/姥家娘/姥姥"，位于晋南的北部；运城及其所辖县市基本称作"舅舍爷/舅家爷、舅舍娘/奶/婆"，位于晋南的南部，由此构成南北对立。

二、晋南词汇的分布格局与语音分区的异同

关于方言分区，目前学术界广泛认可的是语音标准，对于词汇划分的标准，并没有形成一个统一的共识。相对来说词汇的标准和实施的原则，确实有一定的复杂性和难度。不过很多学者也认识到，在一定区域，若是存在一批区别特征明显、历史久远的核心词，也可以作为划分方言的标准。

《中国语言地图集》根据语音标准将晋南方言分作三个小片：解州小片、绛州小片、平阳小片，主要依据的条件是：清入、次浊入归阴平还是去声，去声是否分阴阳。这些语音特征清晰地将晋南方言区分开来。除了语音划分角度，我们还可以通过词汇的调查，进一步展现不同小片之间的语言特征。

通过前面章节的分析和本章晋南方言词汇的地理分布，我们发现三个小片之间既有一致性，又存在差异性，彼此之间的亲疏关系并不相同。相对来说，平阳小片与绛州小片的关系更为亲密，平阳小片与解州小片则较为疏远，解州小片与关中片方言更为密切。

在我们调查分析的15组方言词语的地理分布图上，"滚水""稻黍/玉稻黍"的说法分布于绛州小片与解州小片，两片区域较为一致。与此对立的"熬

水""棒子"等说法分布于平阳小片，与其他两区域构成彼此的对立。

将"冰雹"称之为"冷子"主要分布于平阳小片与解州小片，中部的绛州小片则说"冷（子）疙瘩"，与前者明显不同。将"土豆"称之为"山蔓菁"主要分布于平阳小片，"山药蛋"主要分布于中部绛州小片，"洋芋"主要分布在解州小片，所以三种类型彼此独立。

"囫囵""（吃）撑了""炕""公公 / 婆婆""解女子""圪蹴"等说法基本分布于平阳小片和绛州小片，区域内较为统一，相应的"浑""脖""焙""阿公 / 阿家""嫁女子"等说法分布于解州小片，与上面两区域存在明显的差异。

我们根据晋南方言词汇的地理分布格局，可以了解到内部的亲疏关系。虽然同处于一个大区域之中，彼此之间有一定的共性，但相邻地域的平阳小片与绛州小片的共性更多，关系更密切。

三、晋南方言词汇的过渡性与渐变性

晋南位于山西西南部，处于晋陕豫黄河金三角，北上为晋中，西进为关中，向东为豫西。晋南方言正处于晋语与中原官话的过渡区域。所以晋南方言在发展演变中，语言特征会逐渐地扩散与渐变，在方言的边界地带与交叉区域，往往表现得更明显。

"土豆"，在解州小片主要称作洋芋，到了中部地带，逐步存在"洋芋""山药蛋"共存的区域，或者融合为"洋芋蛋"的说法，再往北出现只说"山药蛋"的方言点，进一步向北扩散出现"山蔓菁蛋儿"说法，之后到晋南的最北县市，则变为"山蔓菁"，而周边一些晋语的方言点亦说"山蔓菁"。我们观察"土豆"各种说法在晋南的扩散轨迹，即能捕捉到中原官话到晋语的渐变性与过渡性。

表示"蹲下"概念义时，晋南方言虽有几种不同说法，但整个区域从南到北，亦能呈现出一个逐步扩散、演变的轨迹。最南边的几个县市主要用"蹴"表示，稍微向北出现"蹴""圪蹴"并存的方言，继续北上到了中部出现了"圪蹴""猴下"并存的局面，再往北到了平阳小片，基本都用"圪蹴"表示，与周边晋语相吻合。

四、影响词汇地理分布格局的因素

影响方言地理格局的因素较多,下面主要从历史行政区划、水陆交通、语言接触等方面来阐释。

(一)历史行政区划的影响

行政区划对语言文化的影响是显而易见的,历史行政区划与今方言分区、分片有较强一致性。[①]晋南方言与其历史行政区划基本吻合。春秋时期,晋南属晋国,战国时期,运城属于魏国,临汾属于韩国。在两汉时期,晋南属于司州河东郡,司州治所在京兆府长安。魏晋南北朝时期,司州治所在洛阳,晋南属于司州平阳郡与河东郡。北宋时属于陕西永兴路所辖,司州治所在长安。也就是说从西汉到北朝魏时期,晋南有相当长的时期属于陕西或河南。元明清时晋南属平阳府,与山西其他地方归属一个辖区。历史上晋南通往关中更为便利。晋南以黄河为界与陕西关中片隔河相望,从北到南分别有禹门口、夹马口、风陵渡、茅津渡等渡口和黄河—汾河—渭河水路相通,因而从人文心理、社会文化和方言趋同等方面综合考虑,晋南人更倾向以西安为中心的关中地区。[②]

所以晋南方言词汇既有内部的一致性,又存在一定的差异性。与周边山西晋语、关中方言既有相近之处,又保持独特性质。由此亦可以凸显晋南方言由晋语向中原官话扩散的过渡性与渐变性。

(二)水陆交通的影响

方言的形成发展与自然环境有着密切关系。在古代交通不便的自然条件下,一般来说,山川阻隔人群的交际与方言的传播,而河流则往往架起人们经贸往来与方言沟通的桥梁。晋南境内主要河流有黄河、汾河等。黄河主要流经乡宁、吉县、河津、万荣、临猗、永济、芮城、平陆、夏县、垣曲。汾河流经临汾、霍州、洪洞、襄汾、曲沃、侯马、新绛、稷山、河津、万荣等

---

① 赵秉璇. 晋语与山西历史行政区划[J]. 中国语言学报, 1995(7):163-166.
② 王临惠,张维佳. 论中原官话汾河片的归属[J]. 方言, 2005(4):376.

地。黄河、汾河共同流经地是河津、万荣。黄河、汾河对晋南人们的交流起到了融汇连通的作用。晋南向西隔河与陕西相望，虽然黄河构成了秦晋之间的天然分界线，但并未阻断人们的交往与语言的接触，反而起到了连通的作用，使得两岸方言有许多相似之处。

例如，表"完整"概念义，晋南存在两种说法："囫囵"与"浑"，其地理分布格局非常清晰。汾河流经之地基本说"囫囵"，而黄河流经之地基本用"浑"表示。晋南在表示"出嫁"之义时亦有两种主要说法："解[kai]"与"嫁"。汾河流经之地基本说"解[kai]"，黄河流经之地基本说"嫁"。

再如"公公、婆婆"，在晋南解州小片一般称作"阿公（爹）、阿家（妈）"，与其余两小片存在明显差异。毗邻的关中方言称作"阿公""阿家"，与解州小片相一致。可见黄河在两区域方言之间起到了一定的沟通作用。

（三）语言接触的影响

任何语言在发展演变过程中都会受到其他语言的影响，并且留下痕迹。方言在使用过程中，会受到周边方言或共同语的影响，从而造成一定程度的语言接触或渗透。分布在同一区域方言的语言特征比较趋同，尤其是中心地带的词汇大多相接近，而在边缘地带，尤其分属不同方言区片的交界之处，往往出现不同说法的叠置现象或融合现象。

"冰雹"在晋南方言的地理分布非常有规律。平阳小片和解州小片基本都说"冷子"，夹在中间的绛州小片说"冷疙瘩"，但在绛州小片与平阳小片的交界处，方言往往存在两种说法，例如，新绛、浮山、翼城同时说"冷子""冷疙瘩"。"吉县"说冷雨，与其他解州小片不一致，主要因素是吉县处于中原官话与晋语的交界地带，与晋语说法相一致，例如，周边隰县、石楼等地说"冷雨"。

"外祖父、外祖母"在吉县、永济的说法为"外爷、外婆/外娘"，与晋南其他方言点明显不同，源于所处地理位置与语言接触的因素。吉县处于解州小片与晋语的过渡区域，永济与陕西隔河相望，所以分别受到晋语、关中方言的影响与渗透。

小结：通过对晋南方言15组词条地理分布的分析，我们对晋南方言词汇有了更深刻的认识。晋南三小片之间既有共同特征，又彼此独立。由于地理位置的影响，晋南方言词汇既具有晋语的特征，又与关中方言保持密切关系，从而凸显出晋南方言的过渡性与渐变性。所以"从语言外部的影响来看，无论对太原还是西安，晋南都属于边缘区域。以太原为中心的晋语和以西安为中心的中原官话，对晋南中原官话汾河片的影响都有，但都没有那么强大。"[①]

---

① 沈明.山西省的汉语方言[J].方言，2008（4）：354.

参考文献

一、专著类

［1］北京大学中国语言文学系语言学教研室.汉语方言词汇［M］.北京：语文出版社，1995.

［2］曹志耘.汉语方言地图集［M］.北京：商务印书馆，2008.

［3］曹志耘.汉语方言的地理语言学研究［M］.北京：商务印书馆，2013.

［4］陈庆延.晋语特征词说略［M］//李如龙.汉语方言特征词研究.厦门：厦门大学出版社，2002.

［5］陈章太，李行健.北方话基础方言词汇集［M］.北京：语文出版社，1996.

［6］董绍克，李焱，赵红梅.汉语方言词汇比较研究［M］.北京：商务印书馆.2013.

［7］段玉裁.说文解字注［M］.上海：上海古籍出版社，1998.

［8］冯良珍，赵雪伶.霍州方言研究［M］.太原：北岳文艺出版社，2014.

［9］顾学颉，王学奇.元曲释词［M］.北京：中国社会科学出版社，1983.

［10］汉语大字典编辑委员会.汉语大字典［M］.成都：四川辞书出版社，2010.

［11］黑维强.绥德方言调查研究［M］.北京：北京师范大学出版社，2016.

［12］侯精一，温端政.山西方言调查研究报告［M］.太原：山西高校联

合出版社，1993.

[13] 江蓝生，曹广顺.唐五代语言词典[M].上海：上海教育出版社，1997.

[14] 江蓝生.后置词"行"考辨[M]//江蓝生.近代汉语探源.北京：商务印书馆，2007.

[15] 蒋绍愚.近代汉语研究概要[M].北京：北京大学出版社，2005.

[16] 绛县志编纂委员会.绛县志[M].西安：陕西人民出版社，1997.

[17] 景尔强.关中方言词语汇释[M].西安：陕西人民出版社，2000.

[18] 李崇兴.元语言词典[M].上海：上海教育出版社，1998.

[19] 李仙娟.认知视野下的河东方言人物词研究[C]//邢向东.西北方言与民俗研究论丛：第三集.北京：中国社会科学出版社，2017.

[20] 李如龙.汉语方言的比较研究[M].北京：商务印书馆，2001.

[21] 李荣.现代汉语方言大词典：综合卷[M].南京：江苏教育出版社，2002.

[22] 龙潜庵.宋元语言词典[M].上海：上海辞书出版社，1985.

[23] 罗竹风.汉语大词典[M].上海：上海辞书出版社，1994.

[24] 吕叔湘.近代汉语读本[M].上海：上海教育出版社，1985.

[25] 吕枕甲.运城方言志[M].太原：山西高校联合出版社，1991.

[26] 孟庆海.阳曲方言志[M].北京：语文出版社，1991.

[27] 潘家懿.临汾方言志[M].北京：语文出版社，1990.

[28] 钱曾怡.汉语方言研究的方法与实践[M].北京：商务印书馆，2009.

[29] 钱曾怡.汉语官话方言研究[M].济南：齐鲁出版社，2011.

[30] 桥本万太郎.语言地理类型学[M].余志鸿，译.北京：北京大学出版社，1985.

[31] 乔全生.洪洞方言研究[M].北京：中央文献出版社，1999.

[32] 乔全生.晋方言语法研究[M].北京：商务印书馆，2000.

[33] 乔全生.晋方言语音史研究[M].北京：中华书局，2008.

[34] 曲沃县志编纂委员会.曲沃县志[M].北京：海潮出版社，1991.

［35］芮城县志编纂委员会．芮城县志［M］．西安：三秦出版社，1994.

［36］山西省新绛县志编纂委员会．新绛县志［M］．西安：陕西人民出版社，1997.

［37］沈明．太原方言词典［M］．南京：江苏教育出版社，1994.

［38］史秀菊．河津方言研究［M］．太原：山西人民出版社，2004.

［39］王春玲．西充方言的语法研究［M］．北京：中华书局，2011.

［40］王福堂．汉语方言语音的演变和层次［M］．修订版．北京：语文出版社，2005.

［41］王军虎．西安方言词典［M］．南京：江苏教育出版社，1996.

［42］王力．汉语史稿［M］．北京：中华书局，1980.

［43］王力．王力古汉语字典［M］．北京：中华书局，2000.

［44］王临惠．汾河流域方言的语音特点及其流变［M］．北京：中国社会科学院出版社，2002.

［45］王临惠．临猗方言研究［M］．天津：天津社会科学院出版社，2007.

［46］王雪樵．河东方言词语辑考［M］．太原：山西人民出版社，1992.

［47］王云路，王诚．汉语词汇核心义研究［M］．北京：北京大学出版社，2014.

［48］王正元．概念整合理论及其应用研究［M］．北京：高等教育出版社，2009.

［49］温端政，张光明．忻州方言词典［M］．南京：江苏教育出版社，1995.

［50］吴建生．万荣方言志［M］．北京：语文出版社，1985.

［51］吴建生，李改样．永济方言志［M］．太原：山西高校联合出版社，1990.

［52］吴建生，赵宏因．万荣方言词典［M］．南京：江苏教育出版社，1997.

［53］吴为善．认知语言学与汉语研究［M］．上海：复旦大学出版社，2011.

［54］向熹．简明汉语史［M］．北京：高等教育出版社，1993.

[55]邢向东.神木方言研究[M].北京：中华书局，2002.

[56]邢向东，蔡文婷.合阳方言调查研究[M].北京：中华书局，2010.

[57]邢向东，王临惠，张维佳，等.秦晋两省沿河方言比较研究[M].北京：商务印书馆，2012.

[58]许宝华，宫田一郎.汉语方言大词典[M].北京：中华书局，1998.

[59]许少峰.近代汉语大词典[M].北京：中华书局，2008.

[60]永济县志编纂委员会.永济县志[M].太原：山西人民出版社，1991.

[61]余跃龙，郝素伟.浮山方言研究[M].北京：九州出版社，2009.

[62]袁斌.宋语言词典[M].上海：上海教育出版社，1997.

[63]垣曲县志编纂委员会.垣曲县志[M].太原：山西人民出版社，1993.

[64]张安生.同心方言研究[M].北京：中华书局，2006.

[65]张崇.陕西方言古今谈[M].西安：陕西人民教育出版社，1993.

[66]张相.诗词曲语辞汇释[M].北京：中华书局，1953.

[67]张谊生.现代汉语副词研究[M].北京：学林出版社，2005.

[68]张志毅，张庆云.词汇语义学[M].北京：商务印书馆，2001.

[69]赵红梅.汉语方言词汇语义研究[M].北京：中国广播电视出版社，2011.

[70]赵艳芳.认知语言学概论[M].上海：上海外语出版社，2001.

[71]周祖谟校.广韵校本[M].北京：中华书局，2011.

[72]周振鹤，游汝杰.方言与中国文化[M].上海：上海人民出版社，1986.

[73]朱耀龙.新绛方言志[M].太原：山西高校联合出版社，1990.

[74]朱正义.关中方言古词论稿[M].上海：上海古籍出版社，2004.

[75]张邱林.陕县方言的几种介词语法现象[C]//刘丹青.汉语方言语法研究的新视角：第五届汉语方言语法国际学术研讨会论文集.上海：上海教育出版社，2013.

二、期刊类

［1］毕谦琦."胡辇"考［J］.语言研究，2013（2）：95-98.

［2］常乐，邓明.山西晋语榆次方言的"可"［J］.语文研究，2019（2）：17-21.

［3］陈茂山.定襄话的非动作后置"行"：兼与余志鸿同志商榷［J］.语文研究，1985(2)：63-65.

［4］陈庆延.山西稷山话所见宋元明白话词语选释［J］.语文研究，1984（4）：59-60，65.

［5］陈庆延.晋语核心词汇研究［J］.语文研究，2001（3）：56-58，64.

［6］陈章太.北方话词汇的初步考察［J］.中国语文，1994（2）：86-91.

［7］陈章太，李行健.关于北方话词汇调查、整理、编纂的几个问题［J］.语言文字应用，1995（2）：2-8.

［8］陈章太，詹伯慧，伍巍.汉语方言地图的绘制［J］.方言，2001（3）：231-237.

［9］陈志明.晋南临猗（临晋）话的"着"［J］.语文研究，2007(3)：63-65.

［10］陈忠敏.语言的底层理论与底层分析方法［J］.语言科学，2007(6)：44-53.

［11］陈忠敏，庄初升，陶寰.历史层次分析法与汉语发展史观三人谈［J］.语言研究集刊，2017（2）：1-26，379.

［12］杜克俭.临晋方言的"到"字句［J］.语文研究，2000（2）：63-65.

［13］范慧琴.近代汉语中"行"的来源辨略［J］.广西大学学报，2009（S2）：222-223.

［14］冯良珍，赵雪伶.山西霍州方言的视觉动词［J］.方言，2018（1）：22-27.

［15］付新军.山东青岛方言"害+A/V"构式探析［J］.方言，2017（3）：376-380.

［16］郭锐.共时语义演变和多义虚词的语义关联［J］.山西大学学报，

2012（3）：151-159.

［17］何亮．汉语方言［昨天］［今天］［明天］的时间表达系统及其来源［J］．中国语文，2017（5）：589-601，639-640.

［18］黑维强．元明清白话词语札记［J］．中文自学指导，2001（6）：28-33.

［19］黑维强．陕北绥德方言"个"的读音和用法［J］．方言，2009(3)：283-289.

［20］黑维强．绥德方言"家"的用法、来源及语法化［J］．陕西师范大学学报，2015（2）：110-120.

［21］黄晓东，张倩．汾河下游方言的Glottogram研究：以稷山方言为例［J］．华中学术，2018（1）：118-125.

［22］江蓝生．连—介词表处所功能的来源及其非同质性［J］．中国语文，2014（6）：483-497，575.

［23］金小栋，吴福祥．汉语方言多功能语素"跟"的语义演变：兼论"跟随/伴随"义语素的几种语义演变模式［J］．语文研究，2018（3）：50-58.

［24］金小栋，吴福祥．汉语方言多功能虚词"连"的语义演变［J］．方言，2016（4）：385-400.

［25］李改样．芮城方言常用介词浅析［J］．语文研究，1999（1）：60-63.

［26］李蓝．方言比较、区域方言史与方言分区：以晋语分音词和福州切脚词为例［J］．方言，2002（1）：41-59.

［27］李如龙．关于方言基本词汇的比较和方言语法比较［J］．汉语学报，2012（3）：57-62，96.

［28］李荣．官话方言的分区［J］．方言，1985(1)：2-5.

［29］李荣．考本字甘苦［J］．方言，1997（1）：1-13.

［30］李仙娟．河东方言古语词考释［J］．山西大同大学学报，2012（2）：70-72.

［31］李仙娟．山西方言夫妻称呼语的历时分析与功能考察［J］．太原理工大学学报，2016（2）：35-39.

［32］李仙娟.认知视域下的方言人物词探析［J］.新疆大学学报，2017（3）：139-145.

［33］李仙娟.晋南方言"到"的用法及其语法化［J］.励耘语言学刊，2019（1）：328-340.

［34］李小平，曹瑞芳.汉语亲属称谓词"姐"的历时演变［J］.汉语学报，2012（2）：35-40，95-96.

［35］李玉晶.河南南阳话的频率副词"肯"及其来源［J］.语言研究，2015（4）：50-54.

［36］李玉晶.汉语方言频率副词"肯"的语义演变［J］.华中学术，2017（3）：148-155.

［37］刘宝霞.明清时期"理睬"义动词的历时演变和地域分布［J］.合肥师范学院学报，2013（2）：28-33.

［38］刘丹青，唐正大.话题焦点敏感算子"可"的研究［J］.世界汉语教学，2001（3）：25-33.

［39］刘静.大同方言中的"赶"［J］.山西大同大学学报，2009（2）：69-71.

［40］罗昕如.湘语中的"V人"类自感词［J］.湖南师范大学社会科学报，2006（5）：105-107.

［41］吕枕甲.垣峪话里的语素"头"［J］.语文研究，1982（1）：137-140.

［42］马梦玲.青海方言中"可"的语法特点［J］.青海师范大学学报，2014（3）：107-109.

［43］马启红.太古方言副词说略［J］.语文研究，2003（1）：60-65.

［44］潘家懿，郭望太.临汾方言里几个保留古义的口语词［J］.山西师范大学学报，1985(4)：94-95.

［45］齐春红.现代汉语语气副词"可"的强调转折功能探源［J］.云南民族大学学报，2006（3）：138-143.

［46］祁淑玲.基于语义图模型的天津方言"可"［J］.绵阳师范学院学报，2015（12）：100-104.

[47] 乔全生. 山西方言"子尾"研究[J]. 山西大学学报, 1995（3）: 55-65.

[48] 乔全生. 河东方言片的独立词"可"[J]. 方言, 1995（3）: 216-219.

[49] 乔全生. 山西方言人称代词的几个特点[J]. 中国语文, 1996（1）: 27-30.

[50] 乔全生. 山西方言的几个詈词后缀[J]. 方言, 1996（2）: 130-136.

[51] 乔全生. 山西方言"儿化、儿尾"研究[J]. 山西大学学报, 2000（2）: 70-74.

[52] 乔全生. 山西南部方言称"树"为［po］考[J]. 中国语文, 2002（1）: 66-69.

[53] 乔全生. 现代晋方言与唐五代西北方言的亲缘关系[J]. 中国语文, 2004（3）: 262-266.

[54] 乔全生, 张楠. 晋方言所见近代汉语词汇选释[J]. 山西大学学报, 2010（1）: 46-49.

[55] 乔全生. 历史层次与方言史研究[J]. 汉语学报, 2014（2）: 2-12, 95.

[56] 秋谷裕幸, 邢向东. "门槛""拿"义词在晋语和中原官话汾河片中的读音考察[J]. 语言暨语言学, 2009（2）: 239-267.

[57] 秋谷裕幸, 邢向东. 晋语、中原官话汾河片中与南方方言同源的古语词[J]. 语言研究, 2010（2）: 105-110.

[58] 沈明. 山西方言的小称[J]. 方言, 2003（4）: 335-351.

[59] 沈明. 山西省的汉语方言[J]. 方言, 2008（4）: 350-360.

[60] 沈明. 汉语地理语言学研究七十年[J]. 方言, 2019（3）: 273-282.

[61] 史秀菊. "一头拾来"的"拾"本字为"射"考[J]. 中国语文, 2002（1）: 77-79.

[62] 史秀菊. 从"师傅""书房""生活"等方言词看晋南尊师重教的文

化传统［J］.太原师范学院学报，2006（6）：107-109.

［63］谭耀炬."嬷嬷"考踪［J］.中国典籍与文化，2005(2)：113-116.

［64］汤传扬.也论汉语方言［昨天］［今天］［明天］的时间表达系统及其来源［J］.中国语文，2018（6）：742-749，768.

［65］田希诚.山西方言词汇调查笔记［J］.山西大学学报，1990（2）：60-63.

［66］王军虎.晋陕甘方言的"支微入鱼"现象和唐五代西北方音［J］.中国语文，2004（3）：267-271，288.

［67］王临惠.临猗方言的子尾与子变韵母［J］.山西师范大学学报，1993（1）：96-99.

［68］王临惠.《方言》中所见的一些晋南方言词琐谈［J］.山西师范大学学报，2001（1）：97-100.

［69］王临惠.山西方言"圪"头词的结构类型［J］.中国语文，2001（1）：80-82.

［70］王临惠.山西方言的"圪"字研究［J］.语文研究，2002（3）：59-62.

［71］王临惠，张维佳.论中原官话汾河片的归属［J］.方言，2005（4）：372-378.

［72］王临惠.晋豫一带Z变音源于"头"后缀试证［J］.中国语文，2013（4）：308-315，383.

［73］温端政.晋语"分立"与汉语方言分区的问题［J］.语文研究，2000（1）：1-12.

［74］吴福祥.汉语伴随介词语法化的类型学研究：兼论SVO型语言中伴随介词的两种演变模式［J］.中国语文，2003（1）：43-58，96.

［75］吴福祥.多功能语素与语义图模型［J］.语言研究，2011(1)：25-42.

［76］吴建生.万荣方言的"子"尾［J］.语文研究，1997（2）：48-52.

［77］吴媛.西安话的自感结构"V/A+人"及其与动宾/偏正结构"V/A+人"的对立［J］.宁夏大学学报，2011（2）：1-8.

[78] 夏俐萍. "X 人"致使结构及其词汇化[J]. 语言科学, 2016（6）: 645-654.

[79] 项梦冰. 说"冰雹"[J]. 现代语言学, 2013（1）: 1-6.

[80] 辛菊. 翼城方言"子"尾的特点[J]. 语文研究, 1999（1）: 64-66.

[81] 邢向东. 神木方言词汇的内外比较[J]. 语言研究, 2002(1): 101-113.

[82] 邢向东. 关于深化汉语方言词汇研究的思考[J]. 陕西师范大学学报, 2007(2): 117-122.

[83] 邢向东. 秦晋两省黄河沿岸方言的关系及其形成原因[J]. 中国语文, 2009（2）: 166-175, 192.

[84] 邢向东. 秦晋两省黄河沿岸方言词汇中的语音变异[J]. 方言, 2009（1）: 23-28.

[85] 邢向东. 西北地区汉语方言地图集的绘制[J]. 汉语学报, 2017（4）: 61-67, 96.

[86] 邢向东. 方言地图反映的关中方言地理[J]. 云南师范大学学报, 2017（4）: 16-25.

[87] 邢向东. 论语言研究中的问题导向[J]. 陕西师范大学学报, 2020(2): 86-94.

[88] 许宝华. 加强汉语方言的词汇研究[J]. 方言, 1999（1）: 21-23.

[89] 姚美玲. 唐代墓志中所见晋南方言词语拾零[J]. 语文研究, 2005（2）: 64-65.

[90] 姚勤智. 晋中方言古语词拾零[J]. 语文研究, 2007（2）: 61-63.

[91] 余志鸿. 元代汉语中的后置词"行"[J]. 语文研究, 1983（3）: 48-50, 63.

[92] 余志鸿. 元代汉语"-行"的语法意义[J]. 语文研究, 1987（2）: 16-20.

[93] 余志鸿. 元代汉语的后置词系统[J]. 民族语文, 1992（3）: 1-10.

[94] 张安生. 同心（回民）方言语词考释（二）[J]. 宁夏大学学报,

1996（1）：21-26.

［95］张崇，王军虎. 陕西方言词汇和语法方面的几个特点［J］. 西安外国语学院学报，1998（2）：38-42.

［96］张成材. 商州方言里的"形+人+哩"结构［J］. 语言科学，2003（1）：83-86.

［97］张国微. 山西榆次方言"可"的几种特殊语义功能［J］. 晋中学院学报，2010（5）：24-26.

［98］张惠叶，于银如. 从今晋南、关中一带汉语方言看宋西北方音通摄阳声韵的层次［J］. 中国语文，2013（5）：440-446，480.

［99］张向真. 关汉卿《窦娥冤》中河东方言口语词汇论析［J］. 山西大学学报，2012（6）：51-55.

［100］张秀松. 语气副词"可"的语法意义的生成研究［J］. 江苏师范大学学报，2016（4）：125-134.

［101］张永言，汪维辉. 关于汉语词汇史研究的一点思考［J］. 中国语文，1995（6）：401-413.

［102］张振兴，张惠英. 从山西话的称谓词看古代文明［J］. 语文研究，2003（2）：1-5.

［103］赵秉璇. 灵石方言中的后置词"行"［J］. 语言研究，1993（2）：132.

［104］赵雪伶. 用GIS手段探讨山西方言"蜻蜓"的俗词源［J］. 晋中学院学报，2016（5）：87-90.

［105］赵雪伶. 汉语方言"看类词"成员的地理历史演变［J］. 山西大同大学学报，2018（2）：70-73.

［106］赵雪莹. 山西省平陆县平陆方言中介词"给""到"的特殊用法［J］. 文学界，2012（11）：154-155.

［107］赵艳芳，周红. 语义范畴与词义演变的认知机制［J］. 郑州工业大学学报，2000（4）：53-56.

［108］钟如雄. 释"娑"［J］. 励耘学刊（语言卷），2008（1）：97-105.

［109］周利芳. 内蒙古丰镇话的人物词及其特点［J］. 汉字文化，2011（4）：

39–43.

[110]宗守云.张家口方言轻量程度副词"可"的逆转性和趋利性[J].中国语文,2013(2):137–141.

三、论文类

[1]郝滢.临汾方言词缀研究[D].天津:天津师范大学,2009.

[2]贺雪梅.陕北方言词汇研究[D].西安:陕西师范大学,2017.

[3]李丽.芮城方言研究[D].桂林:广西师范大学,2013.

[4]毛苗苗.曲沃方言的词汇研究[D].上海:上海师范大学,2015.

[5]尚童欣.山西运城市方言介词研究[D].太原:山西大学,2019.

[6]王红红.语言接触视角下的霍州话词汇变化研究[D].伊宁:伊犁师范学院,2016.

[7]魏红.明清时期山东方言特殊语法词研究[D].济南:山东大学,2007.

[8]翟维娟.山西新绛方言的儿化、子尾和重叠[D].天津:天津师范大学,2015.

[9]张楠.古文献中所见山西方言历史词汇研究[D].太原:山西大学,2010.

[10]张雪丽.洪洞方言"X+人"式使感形容词研究[D].湘潭:湘潭大学,2010.

[11]张雪平.副词"可"的功能演变及语义来源[D].开封:河南大学,2005.

[12]张永哲.关中方言词汇研究[D].西安:陕西师范大学,2016.

[13]张宇.闻喜方言词汇研究[D].兰州:西北师范大学,2013.

后 记

本书是在我的博士学位论文的基础上修改加工而成的。付梓之前，有许多话想说。

首先最应该感谢的是我的导师——邢向东先生。读博期间，先生身上严谨认真的治学态度、一丝不苟的治学精神、敏锐深刻的学术洞察力和踏实勤勉的学术作风，都深深地感染着我、激励着我、引导着我，促使自己在方言学术研究的道路上砥砺前行。尤其在博士毕业论文的选题上和写作中，邢老师给了我莫大的帮助与建议。记得2020年春季，在论文完成的最后阶段，恰逢新冠疫情的突然暴发，给大家的学习生活带来诸多不便。但邢老师依然一如既往地对我的论文的每个章节做了密密麻麻的批注。每次看完修改意见后，自己都会感觉茅塞顿开，论文写作也有了更好的启发和思路。不足之处是，自己的领悟能力有限，论文虽几经修改，仍没有达到预期的水平，留有些许的遗憾，只待今后再努力提升。其次，要感谢自己的硕士生导师王军虎先生。感谢您的指引，使得自己走上方言学的研究之路。在西安读博的那几年，谢谢您给予的帮助与关心。您和蔼可亲的笑容、平易近人的态度不时感染着我，也是激励着我奋进的动力。

感谢参加我博士论文开题、答辩的赵小刚教授、乔全生教授、黑维强教授、杜敏教授、惠红军教授、柯西钢教授等人，感谢他们不赐吝教，给予论文提出的宝贵建议。

感谢同门兄弟姐妹对我学习与生活上的关心与帮助。感谢我的多位同学、同事、学生以及所有方言点发音人给予调查过程中的帮助和配合。更感谢家人多年来背后默默的付出，正是你们的支持与安慰，才使得我能够静下心来，专心地从事学术研究。

从博士论文完成算起，至今差不多两年了。每每翻阅论文时，总有许多不满意之处，可真正修改时似乎又不知该如何下笔，所以本书并没有做过多的修改。囿于自己学识与能力，本书定有不少错误疏漏之处，敬请大方之家和读者批评指正。

2022年9月18日